D1695926

Für Peter
zum 29.6.84.
Vater

DAS AUGE WAR MEINE WELT

Ein Leben als Augenarzt

von

em. Univ.-Prof. Dr. K. HRUBY
ehem. Vorstand der I. Univ. Augenklinik, Wien

mit 12 Abbildungen

1983

VERLAG WILHELM MAUDRICH
WIEN — MÜNCHEN — BERN

Copyright 1983 by Verlag für medizinische Wissenschaften
Wilhelm Maudrich, Wien

Printed in Austria

Alle Rechte, insbesondere das Recht der Vervielfältigung und Verbreitung sowie der Übersetzung in fremde Sprachen, vorbehalten. Kein Teil des Werkes darf in irgendeiner Form (durch Photokopie, Mikrofilm oder ein anderes Verfahren) ohne schriftliche Genehmigung des Verlages reproduziert oder unter Verwendung elektronischer Systeme verarbeitet, vervielfältigt oder verbreitet werden.

All rights reserved (including those of translation into foreign languages). No part of this book may be reproduced in any form — by photoprint, microfilm, or any other means — nor transmitted or translated into a machine language without written permission from the publishers.

Geschützte Warennamen (Warenzeichen) werden nicht besonders kenntlich gemacht. Aus dem Fehlen eines solchen Hinweises kann also nicht geschlossen werden, daß es sich um einen freien Warennamen handele.

Druck: Ferdinand Berger & Söhne Gesellschaft m. b. H., 3580 Horn, Wiener Straße 21—23

ISBN 385 175 373 9

Inhaltsverzeichnis

Vorwort VII

I. Kapitel
Kindheit im untergehenden großen Vaterland (1912—1918) . . 1

II. Kapitel
Wanderjahre in der Heimat (1919—1921) 10

III. Kapitel
Rumänisches Zwischenspiel und die Folgen (1922—1923) . . . 20

IV. Kapitel
Deutsche Mittelschule und Mathematisch-naturwissenschaftliche Oberschule in Wien-Favoriten (1924—1931) 29

V. Kapitel
Abschied von der Oberschule und Vorklinisches Studium der Medizin (1931—1933) 42

VI. Kapitel
Klinischer Studienabschnitt und Abschluß des Studiums (1934—1936) 52

VII. Kapitel
Klinischer Hilfsarzt an der 2. Universitäts-Augenklinik in Wien. — Vorstand: Prof Dr. Karl David Lindner, Schüler von Hofrat Prof. Dr. Ernst Fuchs (1937) 63

VIII. Kapitel
Einmarsch Deutscher Truppen in Österreich; Errichtung des Protektorates Böhmen und Mähren und die Folgen (1938—1945) 73

IX. Kapitel
Kapitulation der Deutschen Wehrmacht. — Zusammenbruch der Deutschen Karls-Universität in Prag (1945) 81

X. Kapitel
Rückkehr an die 2. Universitäts-Augenklinik (Prof. Lindner) in Wien als Erster Assistent und Stellvertreter des Vorstandes (1945—1946) 93

XI. Kapitel
Ärztliche Behandlung, Lehre und Forschung (1947—1954) . . 103

XII. Kapitel
Prof. Dr. Karl Lindner feiert seinen 70. Geburtstag
(19. Jänner 1953) 114

XIII. Kapitel
Emeritierung Prof. Lindners, stellvertretende Leitung der
2. Wiener Universitäts-Augenklinik (1953—1954) 124

XIV. Kapitel
Vorstand der Universitäts-Augenklinik Graz (1955—1964) . . 133

XV. Kapitel
Vorstand der 1. Wiener Universitäts-Augenklinik (1964—1982) . 148

XVI. Kapitel
Krebsleiden und Tod der ersten Ehefrau Elfriede, geb. Schindler
(1969—1971) 167

XVII. Kapitel
Ende des Witwertums und Wiederverehelichung mit Elfriede,
geb. Frick (1972—1981) 177

XVIII. Kapitel
Der Arzt als Patient 188

XIX. Kapitel
Reisen, Einladungen, Kongresse, Vorträge 199

XX. Kapitel
Das neue Universitäts-Organisationsgesetz vom 11. April 1975 213

XXI. Kapitel
Quo vadis universitas? Pressestimmen zur gegenwärtigen Lage
der Österreichischen Universitäten und ihre Zukunft . . . 225

XXII. Kapitel
Über die Grenzen der Augenheilkunde (gekürzte und ergänzte
Antrittsvorlesung anläßlich der Übernahme der Grazer Universitäts-Augenklinik, gehalten am 24. 10. 1955) 235

XXIII. Kapitel
Kurze Abschiedsvorlesung, die nie gehalten wurde 249

Personenregister 256

Literaturverzeichnis 265

Erklärung medizinischer Fachausdrücke 267

VORWORT

Die gegenwärtige Buchproduktion ist größer denn je und die Buchmessen haben ein Höchstangebot erreicht. Daß die Zahl der Leser zugenommen hätte, darf man aber bezweifeln. Von Schul- und Lehrbüchern abgesehen, ist der Bücherleser von der Parkbank, dem Kaffeehaustisch, aus dem Eisenbahnabteil oder Flugzeug, aus der Straßenbahn und im Urlaub fast verschwunden. Eine unübersehbare Zahl bunter Magazine, als „Regenbogenpresse" bezeichnet, wird vorgezogen. Wozu dann noch ein Buch schreiben?

Der Hauptzweck meiner Schrift ist es, über Ereignisse zu berichten, die während meiner langjährigen ärztlichen Tätigkeit in Klinik und Praxis vorgefallen sind und mir so bemerkenswert erscheinen, daß sie der Vergessenheit nicht anheimfallen sollten. Zumal, wenn es sich um Ereignisse handelt, die anderen Persönlichkeiten überhaupt nicht bekannt oder nicht mehr in Erinnerung sind.

Mein Lebensweg begann in der Österreichisch-Ungarischen Monarchie und umfaßt die Zeit des ersten Weltkriegs, die erste österreichische Republik, die Zeit des „Ständestaates", die kurze Periode der deutschen Besetzung vor dem 2. Weltkrieg, die Kriegszeit selbst sowie die Jahre des Wiederaufbaus bis zur Gegenwart. Wie konnte ein Mensch alle diese Jahre mit unwandelbarer Gesinnung durchleben und seine Laufbahn ohne wesentliche Unterbrechungen in gerader Linie zu Ende führen?

Als in der Mittelschule Fremdsprachen gewählt werden durften, fühlte ich mich zum Lateinischen und zum Arztberuf hingezogen. Nach der Promotion fand ich zufällig einen besoldeten Hilfsarztposten bei Prof. Lindner an der 2. Wiener Universitäts-Augenklinik. Ich nahm mir vor, zunächst diesen Posten anzunehmen, ihn aber zu wechseln, wenn mir das Fach der Augenheilkunde auf die Dauer nicht zusagen sollte.

Ich habe zeit meines Lebens hinsichtlich meiner Laufbahn kaum etwas unabänderlich vorgeplant und dem Schicksal, oder wie man es nennen mag, breiten Spielraum gelassen. Anscheinend hatte ich dabei das Glück, stets zur rechten Zeit als Mann mit den eben gesuchten Qualitäten da zu sein.
Viel Dank schulde ich meinen Lehrern und Klinikvorständen Prof. Dr. Karl David Lindner (Wien) und Prof. Dr. Herwigh Rieger (Prag), die mich sehr gefördert und mich abgeschirmt haben, als ich in Gefahr geriet, in das politische Schußfeld der NS-Zeit zu geraten.
Daß nach dem 2. Weltkrieg meine Berufung zum Vorstand der Universitäts-Augenklinik in Innsbruck widerrufen wurde, hat mir in keiner Weise geschadet; als langjähriger erster Assistent bei Prof. Lindner und dessen Stellvertreter habe ich noch viel hinzugelernt und während dieser Zeit meinen internationalen Ruf aufgebaut. Auch die zweimalige Ablehnung meiner Bestellung zum Primarius der Augenabteilung am Landeskrankenhaus in Salzburg aus parteipolitischen Gründen bedeutete keinen Rückschlag.
Ich habe mir während meiner Laufbahn keine Aufgabe just in den Kopf gesetzt, bin aber auch keiner Anforderung ausgewichen. Nie habe ich behauptet, alles zu können und jede diagnostische oder therapeutische Methode zu beherrschen. Operationen, die ich während der ersten Jahre meiner Laufbahn noch nie gemacht hatte, studierte ich in einem Lehrbuch der Augenchirurgie und nahm das Buch mit den einschlägigen Skizzen und Abbildungen ohne Scheu in den Operationssaal mit. Während eines Eingriffs konnte es auch geschehen, daß ich als Operateur und mein Assistent vorübergehend die Rollen tauschten, z. B. wenn der Assistent Linkshänder und mir dadurch bei gewissen Handgriffen überlegen war.
Fehler, wie sie jedem unterlaufen können, sowie deren Vermeidung und Korrektur, wurden mit meinen Mitarbeitern in

ruhiger Atmosphäre besprochen. Die Patienten wurden in diese Gespräche in geeigneter Weise miteinbezogen. Schwierige Aufgaben wurden nur gut ausgebildeten Mitarbeitern überlassen, die auch selbst schon in der Lage gewesen wären, einer Klinik mit Erfolg vorzustehen. Die letzte Verantwortung für alle Ereignisse in der Klinik habe ich stets auf mich genommen. Überhebliche Bemerkungen über Kollegen innerhalb und außerhalb der Klinik waren streng verpönt. Klinische Gutachten wurden korrekt und ohne jede Nachsicht erstellt.

Leider gab es auch Mitarbeiter, die im Umgang mit Kranken nicht immer den rechten Ton fanden. Beschwerdebriefe über unfreundliche Behandlungen in der Klinik landeten immer wieder auf meinem Schreibtisch. Natürlich mußte ich die betroffenen Kollegen zurechtweisen. Die Beschwerdeführer habe ich aber zu mir gebeten, mich mit ihnen unterhalten und sie schließlich zu einer persönlichen (kostenlosen) Untersuchung und Beratung eingeladen. Alle verließen befriedigt und versöhnt die Klinik.

Den Universitäts-Kliniken obliegt bekanntlich neben der Krankenbehandlung, dem Unterricht der Studenten und der Ausbildung der Jungärzte auch die wissenschaftliche Forschung. Die Konzepte der wissenschaftlichen Arbeiten meiner Assistenten habe ich nicht selten bis tief in die Nacht hinein aufmerksam durchgelesen, verbessert, und mancher Mitarbeiter mußte eine Zweitschrift oder mehr verfassen, bis sein Manuskript in meinen Augen reif zur Veröffentlichung war.

Von meinem langjährigen Lehrer Lindner habe ich absolute Pünktlichkeit, Ehrlichkeit, Fleiß, Ausdauer und Humor im außerdienstlichen geselligen Kreis gelernt. Unser Altersunterschied betrug rund 30 Jahre, die menschlich nicht immer leicht zu überbrücken waren. Trotzdem sind wir einander nahegekommen und gelegentlich, wenn auch selten, vertraute er mir Sorgen an, die ihn gerade belasteten. Seine Augen durfte ich nur ein einziges Mal untersuchen und nur die Sehschärfe prüfen; sie war an beiden Augen vorzüglich. Eine weitere Augenuntersuchung wurde von mir nicht verlangt. Angeblich soll Prof. Lindner an einem chronischen Glaukom gelitten haben, das er selbst medikamentös unter Kontrolle hielt.

Bei weitem nicht alle Patienten, die mich konsultierten, haben mich auch honoriert. Ich habe Namen prominenter Persönlichkeiten in Erinnerung, die meinen Rat in Anspruch genommen, die Konsultation aber anscheinend als besondere Ehrung meiner Person empfunden haben. Es waren nicht wenige und manche kamen unangemeldet und regelmäßig zu einem Zeitpunkt, den ich für andere wichtige Dinge bitter nötig gehabt hätte.

In der vorliegenden Autobiographie habe ich vorwiegend eine chronologische Folge der einzelnen Kapitel gewählt; manchmal wird aber dem sachlichen Zusammenhang der Vorzug gegeben. Dem biographischen Text habe ich eine Kapitelübersicht mit Inhaltsverzeichnis, ein Literaturverzeichnis, ein Personenregister und einen Abschnitt mit Erklärungen medizinischer Fachausdrücke für Laien angefügt.

Die „Pressestimmen" im 22. Kapitel sind zum Teil wörtlich wiedergegeben. Die Verfasser werden im Literaturverzeichnis angeführt.

Dem Verlag Wilhelm Maudrich bin ich für die Herausgabe des Buches zu Dank verpflichtet.

Wien, im Herbst 1983.

K. Hruby

I. Kapitel:
Kindheit im untergehenden großen Vaterland (1912—1918)

Am Sonntag, dem 20. Oktober 1912, wurde dem Forstadjunkten Karl Hruby und seiner Verlobten Theresia Zdrahal im Dorfe Steinwand im damaligen Kronland Krain der zweite (und letzte) Sohn geboren. Der Säugling war gut gediehen und schwer, die Geburt war mühsam und dauerte lange; zudem war das Kind „trinkfaul", schlief viel und mußte zu den Mahlzeiten geweckt werden. Die Mutter konnte noch einen Milchbruder ernähren. Nun hatte das junge Elternpaar zwei uneheliche Söhne, der Dienstherr, Fürst Auersperg, hatte seinem Adjunkten bis dahin keine Heiratserlaubnis gewährt; meine Eltern konnten erst im folgenden Jahr in der Pfarrkirche von Pöllandl getraut werden. An gleicher Stelle hatte ich nach meiner Geburt vom hochwürdigen Herrn Pfarrer Maußer die Taufe empfangen und die Namen Karl Bruno erhalten. Auch mein Vater und dessen Vater hießen Karl, und mein älterer Sohn sowie mein erster Enkel heißen ebenso; er wird im Familienkreis Karl V. genannt. Herrn Pfarrer Maußer traf ich viele Jahre später unverhofft in der Grazer Augenklinik; der alte Herr verbrachte seine letzten Lebensjahre in einem Priesterheim der steirischen Landeshauptstadt.

Mutter war das 12. Kind ihrer Eltern, sodaß ich die mütterlichen Großeltern nicht erlebte. Großvater Franz Zdrahal war Hanake und zuletzt Pumpenwärter bei der Staatseisenbahn unweit von Olmütz. Mit etwa 60 Jahren wurde er von einem Schuldner, den seine debile Tochter Gusti ohne ihres Vaters Wissen gemahnt hatte, mit einem Pfeifenrohr erschlagen. Die Großmutter Juliane, geb. Pellischek, war schon früher in einer Brünner Irrenanstalt gestorben, in die sie wegen Verfolgungswahns eingeliefert worden war. Der Tod ihres Vaters löste bei meiner Mutter eine Frühgeburt aus, so daß mein

Bruder zeitlebens klein blieb. Großmutter stammte aus einer wohlhabenden Familie mit Mühlenbesitz. Tante Gusti verblieb lange Zeit in unserer Familie, war hauptsächlich unser „Kindermädchen", zeigte uns die von den Eltern vorbereiteten Weihnachtsgeschenke immer schon Wochen vor dem Fest und weihte uns in die Geheimnisse des Ehelebens ein. So wurde mein Interesse für Embryologie geweckt und oft studierte ich die entsprechenden Abbildungen in Vaters Lexikon. Zwischen Mutter und Tante gab es manchen Verdruß, und wenn es arg herging, beschimpften sie einander in tschechischer Sprache, die Mutter und Tante in ihrem Geburtsort Brünn neben der deutschen Schulsprache erlernt hatten.
Die väterlichen Großeltern haben mein Bruder Eugen und ich in lebhafter Erinnerung. Großvater war ein ehrwürdiger Patriarch mit langem Bart und Herr im Haus. Großmutter verstand es sehr gut, Großvater nie zu verärgern und doch das zu tun oder zu unterlassen, was sie für gut und richtig hielt. Großvater Hruby muß böhmischer Herkunft gewesen sein, sein Stammbaum verliert sich in der Gegend von Pilsen. Urgroßvater Johann Hruby lebte im damaligen Westungarn (heute Burgenland) und sprach ungarisch. Großmutter hieß mit dem Mädchennamen Weninger und stammte aus dem Marchfeld. Unser Großvater war Forstmann im Dienste der Herrschaft Thavonat und wohnte in einem Försterhaus in der Lobau abseits der Landstraße, die von Probstdorf nach Mannsdorf (Vaters Schuldorf) und Orth an der Donau führt. Er liegt mit Großmutter und einer Tante nahe der Gruft seiner Herrschaft auf dem Probstdorfer Friedhof begraben. Mein Stammbaum zeigt böhmische, mährische, niederösterreichische und deutsche Vorfahren, wie Königsmark, Schumann, Kastner, Binder, Massinger u.a.m. Ein Abbild der untergegangenen Donau-Monarchie.
Meine Erinnerungen reichen bis mitten in den ersten Weltkrieg zurück. Die Familie wohnte in einem Blockhaus tief

drinnen im Hornwald des Kronlandes Krain, wo ein großes Sägewerk aufgebaut worden war. Mein Vater und die Mehrzahl der wehrdiensttauglichen Männer standen im Feld. Oft hörten wir den Kanonendonner von der österreichisch-italienischen Front her.

Herr Direktor Peschaut war als oberster Beamter auf seinem Platze verblieben und die zurückgebliebenen Kriegersfrauen standen seiner Wahl offen. Auch meine gute Mutter hatte anscheinend Mühe, seinen Nachstellungen zu entgehen.

Nahe dem Försterhaus türmten sich Berge aus Sägemehl, auf denen wir Buben uns tummelten. Im Stallgebäude neben dem Blockhaus standen zunächst Ziegen, später auch eine Kuh; daneben gab es ein lebhaftes Hühnervolk, das sich der Habichte nicht erwehren konnte. Ein kleiner Gemüsegarten lag hinter dem Haus. Mein Bruder und ich deckten unseren Vitaminbedarf mit rohen Karotten und Kohlrüben. Wenn uns die Mutter dabei ertappte, gab es Strafen, denn sie hielt das rohe Gemüse für schädlich.

Zwischen den Brettertürmen vor dem Sägewerk verlief sich nicht selten ein Hase. Meine Mutter packte der Ehrgeiz, einen davon zu erlegen und griff zu Vaters Schrotflinte; dabei vergaß sie, die Jagdwaffe fest gegen die Schulter zu pressen, um den Rückstoß aufzufangen und zog sich durch den zuschnappenden Flintenhahn eine tiefe Rißwunde an der Nase zu. In den Morgen- und Abendstunden näherten sich auch Rehe unserem Hause und wurden liebevoll beobachtet.

Vom Sägewerk führte eine Schmalspurbahn weit in den bergigen Wald hinein. Es war ein besonderes Vergnügen, ein Rollwägelchen bergauf zu schieben, aufzusitzen und bergab zu fahren, wobei gegen den Spurkranz der Räder gedrückte Latten als Bremsen dienten. Im Wald fanden wir Beeren und Futter für die Ziegen und das Rind, alles das wurde mit dem Rollwägelchen nach Hause geschafft. Mutter und wir Buben saßen auf dem aufgetürmten Laub, und einmal mußten wir

vor unserem Ziel plötzlich erkennen, daß eine Weiche falsch gestellt und eine Entgleisung unvermeidlich war. Mein Bruder überschätzte die Gefahr, sprang ab, fiel rücklings auf den Hinterkopf und holte sich eine böse, blutende Platzwunde, die eine bleibende Narbe hinterließ. Mutter und ich blieben oben sitzen, weil wir den Absprung nicht wagten; das Wägelchen entgleiste, stand still und wir blieben unversehrt.
Obwohl meine Mutter die Hunde meines Vaters nicht gerade liebte, weil sie von den Pirschgängen Schmutz in die Wohnung brachten und Unordnung stifteten, war Mutter doch sehr besorgt, als unser Jagdhund während Vaters Abwesenheit eines Tages in den Wald entlief und nicht wiederkam. Mutter machte sich auf die Suche und ging so weit, daß sie den Heimweg nicht mehr finden konnte und Tag und Nacht verschollen blieb. Wir riefen Nachbarn zu Hilfe und einige machten sich auf die Suche. Meine Mutter hatte indessen einen Weg gefunden, den sie von einem Pirschgang mit meinem Vater her in Erinnerung hatte; sie folgte diesem Waldweg und kam schließlich zu einem Gehöft, dessen Einwohner sie erkannten, freundlich aufnahmen, labten und nach Hause zurückbrachten. Ein andermal begegnete meine Mutter während eines Fußmarsches zum Kaufmann nach Steinwand einer Bärenmutter mit Jungen. Mutter wußte, daß man sich in einem solchen Falle ruhig verhalten mußte und keine Angriffslust zeigen durfte; die beiden Mütter blieben lange stehen, prüften einander mit aufmerksamem Blick und da weiter nichts geschah, gingen sie ihres Weges.
Meinen Vater erlebte ich erstmals, als er auf Urlaub kam. Er erreichte unser Blockhaus in tiefer Nacht und mußte uns aus dem Schlaf klopfen. Mit meinem Vater hatte ich von der ersten Stunde an stets ein gutes Verhältnis, obwohl er Trinker war und von meiner Mutter schließlich für einen Lumpen und Tagedieb gehalten wurde. Tatsächlich war er ein armer, kranker, dem Alkohol verfallener Mann. Aber das wußte

ich erst später und meine Mutter wollte es bis an ihr Ende nicht wissen. Während seines Urlaubes zeigte uns Vater, wie die Kugel seines Militärgewehrs mehrere Baumstämme hintereinander durchschlagen konnte. Er erlegte Hasen, Rehe, Wildschweine und anderes Wild, das in Mutters Küche schmackhaft zubereitet wurde. Einmal wurde ein Wolf angeschossen; mit Vaters Jagdhund folgten wir der Schweißspur, an ihrem Ende fanden sich aber nur Wolfshaare und Blut, so daß wir den Eindruck gewannen, das verwundete Tier wäre von Artgenossen verschlungen worden.

Mein Bruder und ich hatten kleine, scharfe Äxte, mit denen wir das Holzhacken für die Küche übten. Mein Bruder hatte das Pech, die linke Pulsader an der Handwurzel zu treffen, so daß mit jedem Pulsschlag ein Blutstrahl aus der Wunde schoß. Schnell liefen wir nach Hause, aber als meine Mutter und Tante Gusti Blut sahen, fielen beide in Ohnmacht. Zum Glück war damals unser Vater daheim, so daß der Unterarm rasch abgebunden und die Blutung gestillt werden konnte.

Ein geregelter Schulbesuch in Steinwand war unmöglich. Der Gang durch den dichten Wald war während der warmen Jahreszeit der wilden Tiere wegen nicht ratsam und winters waren wir oft eingeschneit und von der Umwelt abgeschnitten. Ich erinnere mich eines einzigen Schulbesuchs, der wohl nur Formsache gewesen sein dürfte; außerdem war die Unterrichtssprache Slowenisch, das wir nicht beherrschten. Als die Zeit gekommen war, lehrte Mutter meinen Bruder das Schreiben, Lesen und Rechnen. Ich saß still dabei und behielt vieles in meinem Gedächtnis, so daß ich späterhin meinen gleichaltrigen Mitschülern immer etwas voraus war. Ich habe aber nie gelernt, ein Schreibgerät richtig zu halten und kann es auch heute nicht.

Neben dem erwähnten Schulbesuch blieb mir auch ein Kirchgang in Erinnerung, wenn auch weniger die Liturgie als das Einsammeln des Opfergeldes mit dem Klingelbeutel. Wem

sollte nicht ein Besuch beim Zahnarzt in Erinnerung bleiben? Die Gebisse meines Bruders und das meine befanden sich offenbar in einem desolaten Zustand und einige Extraktionen waren unvermeidlich. Mein Bruder wehrte sich mit Händen und Füßen, während ich den Tapferen spielte, den Folterstuhl wie ein Held bestieg und die Extraktionen — zweifellos ohne Anästhesie — widerstandslos über mich ergehen ließ, was mir Lob und Anerkennung des Zahnarztes eintrug.
Während des Kriegsdienstes mußte sich Vater einer Operation wegen eines Magengeschwürs unterziehen, das er sich angetrunken und angeraucht hatte. Damals wurde keine Magenresektion ausgeführt, sondern der Magen mit einer Dünndarmschlinge anastomosiert und dadurch ausgeschaltet, um die Heilung des Geschwürs zu ermöglichen. Der angestrebte Erfolg wurde aber nicht erreicht und Vater litt lebenslang an Magenschmerzen, die er mit Speisesoda behandelte; wie wir heute wissen, keine zweckmäßige Therapie. Da er immer schärfere alkoholische Getränke zu sich nahm und ein starker Raucher war, ging er einem frühen Tod entgegen, der uns noch beschäftigen wird. Vater hatte eine schöne Handschrift und wurde als felddienstuntauglicher Rekonvaleszent im Wiener Lazarett auf dem Steinhof als Kanzleischreiber verwendet. Viele Jahre später habe ich in einem Ivalidenakt die unverkennbare Handschrift meines Vaters gefunden. Der kleine Finger der rechten Hand war durch eine Kontraktur in extremer Beugestellung unbeweglich fixiert, was beim Schreiben hinderlich war. Daher mußte die linke Hand zu Hilfe genommen werden, mit der er die rechte Hand Zeile für Zeile vorschob. Vater beherrschte auch die Kurzschrift nach Gabelsberger und war alles in allem als Militärkanzleischreiber gut geeignet. Er war bis zum Zugsführer aufgestiegen, eine Charge, die ihm während des Kriegsdienstes u. a. die Führung eines Hinrichtungskommandos einbrachte, mit dem Befehl, Spione an Baumästen aufzuhängen. Später werden wir mei-

nem Vater noch als Feuerwehrkommandanten begegnen.

In Steinwand lebte die Familie des befreundeten Försters Skoupil. Er hatte zwei Söhne, die älter waren als mein Bruder und ich. An schönen Sonntag-Nachmittagen besuchten wir mit Mutter unsere Freunde und vertrieben uns die Zeit mit dem Betrachten der Bilder in der „Gartenlaube". Viele Jahre später erschien einer der Brüder Skoupil als gebrechlicher alter Herr in meiner augenärztlichen Ordination in Wien.

Mit unserem zweiten Nachbarförster, Herrn Niese, einem Bruder der bekannten Volksschauspielerin Hansi Niese, die u. a. auch die Rolle des Schusters Knieriem in Nestroys Lumpazivagabundus spielte, standen wir wegen der größeren Entfernung vorwiegend in telefonischer Verbindung. Ihm widerfuhr das Mißgeschick, sich in einer angeheiterten Gesellschaft einer Majestätsbeleidigung schuldig zu machen. Nachdem die — allerdings auch in der klassischen Literatur vorkommende — Äußerung ruchbar geworden war, drohte Förster Niese ein Strafverfahren mit allen damit verbundenen Konsequenzen. Seine Schwester, die beliebte Schauspielerin, faßte sich ein Herz, erwirkte bei Seiner Majestät eine Audienz, tat einen Kniefall und erwirkte für ihren Bruder kaiserlichen Pardon.

Trotz seines böhmischen Namens fühlte und wählte Vater national und in seiner Gegenwart durfte zwischen Mutter und Tante kein tschechisches Wort gesprochen werden. Seiner nationalen Gesinnung österreichischer Prägung blieb der Nationalsozialismus fremd: „Einen Hitler brauchen wir nicht" war seine häufig ausgesprochene Meinung. Von meinem guten Verhältnis zu meinem Vater war schon die Rede; wir waren „gute Kameraden" und irgendeine väterliche Züchtigung habe ich niemals erlebt. Bei meiner Mutter ging es nach unseren Bubenstreichen nicht immer ohne ernste Bestrafung ab; aber die gute Frau hat viele Opfer für uns gebracht, um uns auf der Sprossenleiter des Lebens in die Höhe zu bringen.

Als der erste Weltkrieg zu Ende ging und die Monarchie zusammengebrochen war, stellte sich die Frage, ob meine Familie für den neuerstandenen jugoslawischen Staat optieren oder nach Restösterreich zurückkehren sollte. Nachdem der Entschluß zur Heimkehr gefaßt worden war, sah sich Vater nach einem Posten um und fand ihn als Rechnungsführer bei Baron Tinti auf der Schallaburg bei Loosdorf in Niederösterreich. Die Familie Tinti war in der 2. Hälfte des 17. Jahrhunderts aus Italien nach Österreich gekommen und in rascher Folge in den Reichsritter- und Freiherrnstand aufgenommen worden. In der zweiten Hälfte des 19. Jahrhunderts erreichte Karl Wilhelm Freiherr von Tinti besonderes Ansehen als Landtagsabgeordneter, Mitglied des Herrenhauses und als Mitbegründer und erster Präsident der österreichischen Gesellschaft vom Roten Kreuz. Die Familie verarmte nach dem ersten Weltkrieg, da die für diese wirtschaftliche Krisenzeiten zu aufwendige Haushaltung vom Besitz nicht mehr getragen werden konnte. 1928 wurde auf dem Schloß eine größere Kunstausstellung, die vom Bundespräsidenten Hainisch eröffnet wurde, abgehalten. Der damalige Besitzer Baron Karl Ferdinand Tinti erweckte Anfang der dreißiger Jahre in Übersee mit seinem Bemühen, auf der Schallaburg ein internationales Institut zur Förderung des Friedens zu errichten, bei führenden Persönlichkeiten und Staatsmännern einiges Interesse.
1940 verkaufte Hugo Freiherr von Tinti die Schallaburg und andere Besitzungen an den einer alten westfälischen Familie entstammenden Josef Freiherrn von Nagel-Doornick. Dieser konnte sich nur kurz seines Besitztums erfreuen, da nach Kriegsende seine österreichischen Güter als deutsches Eigentum der russischen Besatzungsmacht übergeben werden mußten. 1955 gingen die ehemaligen deutschen Vermögenswerte aufgrund des Staatsvertrages zunächst in die Verwaltung der Republik über und wurden nach langen Verhandlungen nur

teilweise dem ehemaligen Besitzer rückerstattet. Von den bei der öffentlichen Hand verbliebenen Liegenschaften kam das Schloß 1967 durch Ankauf an das Land Niederösterreich. Die Schallaburg besitzt in ihrer Art im gesamten europäischen Raum kein Gegenstück. In den Jahren 1968—1974 wurde die Burg gründlich restauriert, einer eingehenden Bauuntersuchung unterzogen und 1974 mit einer vielbesuchten Ausstellung „Renaissance in Österreich" der breiten Öffentlichkeit zugänglich gemacht. Seither dient das einmalige Bauwerk immer wieder Ausstellungen und anderen künstlerischen und wissenschaftlichen Veranstaltungen.

Mit dieser Würdigung der Schallaburg sind wir den Ereignissen vorausgeeilt und kehren im folgenden Kapitel zum Auszug aus dem Hornwald zurück. Ich habe die Stätten meiner frühen Kindheit nie wieder aufgesucht, um viele schöne Erinnerungen unversehrt zu bewahren.

II. Kapitel:
Wanderjahre in der Heimat (1919—1927)

Nachdem der Entschluß gefaßt worden war, Jugoslawien zu verlassen, rüsteten wir zum Auszug. Möbel und Hausrat wurden im Bahnhof von Gottschee in einen Güterwagen verladen, die Familie folgte in einem Kutschwagen auf den gewundenen, schmalen Straßen des Hornwalds, an deren Rand die vertrauten breiten Huflattichblätter standen, die uns oft als Sonnen- und Regenschirme gedient hatten, während unter den alten Bäumen blaue Leberblümchen, gelbe Primeln, weiße Buschwindröschen und Storchschnäbel den Waldboden schmückten. Es hieß Abschied nehmen von den Köhlern mit ihren Meilern, die die Holzkohle lieferten, und von den Holzfällern, die am offenen Feuer Speckwürfel für ihre Polenta schmorten und nachts in kleinen Hütten aus Rinden und Holz dem neuen Tag entgegenschliefen; Abschied auch von den vielen Tieren des Waldes, die unsere Freunde geworden waren.

Im Güterwagen richteten wir uns häuslich ein, so gut es eben ging, und fuhren heimwärts ins restösterreichische Land, das wir Kinder noch nie betreten hatten. Unser Ziel war der Ladebahnhof von *Loosdorf* in Niederösterreich und schließlich die *Schallaburg,* von der wir schon gehört haben. Dort wurde uns in der Vorburg eine Wohnung eingeräumt und wir konnten uns im ganzen Schloß unbehindert herumtreiben, ausgenommen die Privatsphäre des Besitzers mit seiner Gattin und deren Mutter sowie den Wohnbereich des Verwalters. Die alte Dame starb nicht lange nach unserer Ankunft im Krankenhaus in Melk a. d. Donau und wurde dort begraben. Der Baronin mußte das Hinscheiden ihrer Mutter erst nach der Bestattung schonend beigebracht werden. Beim Begräbnis sah ich erstmals eine aufgebahrte Leiche mit Blumen und Kerzen rund um den Sarg, was einen tiefen Eindruck hinterließ.

Aus dem Nachlaß der verstorbenen alten Baronin von Tinti kaufte mein Vater eine vielbändige Weltgeschichte und ein Konversationslexikon, mit dem wir Buben allerdings erst viel später etwas anfangen konnten. Vater sparte nie mit seinem Geld, wenn er für die Fortbildung seiner Söhne etwas tun konnte.

Die Volksschule besuchten wir in Loosdorf. Morgens mußten wir zeitlich aus den Federn, im Winter war es noch dunkel, liefen den Schloßberg hinab, begleitet von einem Bach, in dem wir in unserer Freizeit Krebse fingen, trafen am Fuße des Schloßberges Schulbuben aus Anzendorf und marschierten gemeinsam nach dem eine gute Wegstunde entfernten Loosdorf. Nach Ende des Unterrichts machten wir uns auf den Heimweg, der sich oft in die Länge zog, zumal wir uns vor dem Abmarsch beim Kaufmann noch mit „Bockshördln" (Hülsenfrüchte, Johannisbrot vom arabischen Karobenbaum) und anderen Näschereien verproviantiert hatten. Das konnte unser Mitschüler Leitgeb nicht mehr tun; er wurde eines Tages tot in einem Bachbett gefunden. Als potentieller Erbe war er von einem Rivalen erschlagen worden.

Nachdem wir zu Haus angekommen und verpflegt worden waren, erledigten wir unsere Schulaufgaben. Noch lieber begleitete ich meinen Vater auf seinen Pirschgängen. Es gab Rebhühner, Wachteln und Hasen zu erlegen; auf dem Wege besuchten wir alle erreichbaren Gasthäuser, wo mir mein Vater „Kracherl" und Braunschweiger Wurst vorsetzen ließ; er selber trank Most oder härtere Getränke und meistens kehrten wir erst nach Einbruch der Dunkelheit nach Hause zurück. Mein Vater hielt große Stücke auf mich, und den Wirtshausgästen mußte ich vorzeigen, wie schön und gerade ich waagrechte und senkrechte Linien freihändig zeichnen konnte. Vater war damals noch ein gesund aussehender Mann, der weite Pirschgänge machen konnte und in der warmen Jahreszeit im nahen Schloßteich seine Schwimmkünste zeigte. In seiner Jugend war er auch Mitglied einer Fußballmannschaft gewesen. Außerdem konnte er auf der Querflöte blasen und die Geige spielen.

Ein besonderes Vergnügen waren Fahrten mit einem Kutschwägelchen in die nahe Stadt Melk mit ihrem berühmten Benediktinerstift am Ufer der Donau. Dort aß ich auch meine erste Orange und sah zum ersten Male einen Film, der allerdings sehr flimmerte und kulturell nicht sehr wertvoll gewesen sein dürfte. Mutter zeigte sich bei unseren Ausfahrten als Dame von Welt. Sie hatte nicht vergebens einige Jahre als Kammerzofe der drei Komtessen des Grafen Haugwitz gedient und unter der Aufsicht der Gräfin gestanden, die mit weißem Handschuh überall die Fingerprobe machte, ob irgendwo Staub lag. Diese Erziehung prägte meine Mutter für ihr ganzes Leben und sie hatte es mit ihrem Mann, einem Jäger und Forstmann, der auf saubere Schuhe, reines Gewand und einen auf Sauberkeit dressierten Hund wenig Wert legte, nicht leicht. Seinen einzigen Sohn hatte Graf Haugwitz durch Selbstmord wegen Kavaliersschulden verloren.

Gerne denke ich an den Aufenthalt in der Schallaburg zurück und immer, wenn ich auf der Westautobahn vorbeifahre, kann ich es nicht unterlassen, nach dem schönen Bauwerk Ausschau zu halten. Vaters Anstellung bei Baron Tinti dauerte leider nicht lange. Es gab Differenzen mit dem Verwalter wegen des Deputats und meine Mutter fühlte sich durch die unerfreulichen Auseinandersetzungen derart verletzt, daß sie meinen Vater, der die Dinge gelassener beurteilte, schließlich dazu brachte, den Posten zu wechseln. Die bäuerliche Genossenschaft in *Hohenruppersdorf,* im nördlichen Niederösterreich, suchte einen Fachmann, der ihren Forst- und Wildbestand überwachen sollte, da immer mehr Holzdiebe und Wilderer ihr Unwesen trieben. Mein Vater nahm diesen Posten an, hatte aber, wie sich zeigen sollte, keine glückliche Wahl getroffen.

Während der Übersiedlung von der Schallaburg nach Hohenruppersdorf wurden wir Buben in Wien, bei Onkel Hans Lehner und Tante Resi, einer Schwester meines Vaters, untergebracht. Der Onkel war kaiserlicher Hofchauffeur und wohnte im obersten Stockwerk des heutigen Messepalastes. Für uns war die Stadt mit ihrem regen Leben eine neue Welt und wir verbrachten einen guten Teil des Tages am Fenster und zählten die vorbeifahrenden Automobile und Straßenbahnzüge. Tante besuchte mit uns das damalige Strauß-Theater, an dessen Stelle heute ein Wohnblock steht. In diesem Theater wurden Operetten gespielt und wir sahen „Das Hollandweibchen", eine wenig bekannte Operette von Imre Kálman.

Onkel Hans bedauerte es sehr, daß er nicht zum Dienst eingeteilt war, als Thronfolger Erzherzog Franz Ferdinand und dessen Gemahlin Sarajevo besuchten; er hätte, wie er versicherte, die Fahrroute nicht verfehlt und das unheilvolle Attentat hätte — so meinte er — verhütet werden können. Onkel Hans starb früh an den Folgen einer venerischen Infektion. Sein Sohn Hans war Chorsänger in der Staatsoper und fiel im zweiten Weltkrieg. Die hübsche Tochter Hedi war an der Akademie für bildende Kunst als Modell sehr geschätzt und heiratete nach Kanada. Tante Resi ist später einem Krebsleiden erlegen.

In Hohenruppersdorf diente ein ebenerdiges Bauernhaus in pannonischem Stil als Wohnung und unterschied sich von den benachbarten Häusern so wenig, daß ich es Jahre später nicht mehr mit Sicherheit wiedererkennen konnte. Die Dorfstraßen waren ungepflastert und ungepflegt, nur die Pfarrkirche, die am Ende des Dorfes auf einem Hügel stand, bot einen erfreulichen Anblick.

Mein Bruder und ich besuchten die örtliche Volksschule, Donnerstag war schulfrei, die Schulkinder sollten Gelegenheit haben, in der Landwirtschaft mitzuhelfen. Einen ungewöhnlich stark kurzsichtigen Mitschüler hatte ich nach vielen Jahren augenärztlich zu begutachten, nachdem ich ihm durch eine schwierige Operation das Augenlicht gerettet hatte. Zum Dank versuchte er einen Zustand zu simulieren, der ihm eine höhere Rente einbringen sollte, aber der Schwindel gelang ihm nicht.

Da es ein Weingebiet war, liefen nach allen Seiten Kellerstraßen und mein Vater konnte die Einladungen zu einem Glas Wein im Vorbeigehen nicht ablehnen. Seinem Trinkerleiden war diese Atmosphäre naturgemäß nicht zuträglich. Die Landstraßen waren von Obstbäumen eingesäumt und unser Jagdhund, eine schwarze Gordon-Setter-Hündin, labte sich zur Zeit der Obstreife an allen Arten von Fallobst. Die professionellen Wilddiebe sahen nach dem Dienstantritt meines Vaters ihre Felle davonschwimmen und schickten Drohbriefe, in denen Mord und Totschlag angekündigt wurden; das Gebiet, aus dem diese Mordbriefe kamen, dehnte sich weithin aus und es war schwierig, es unter Kontrolle zu halten. Mein Vater war tatsächlich seines Lebens nicht sicher.

Da nahm meine energische Mutter das Heft in die Hand und setzte sich zum Ziel, meinen Vater auf den gehobenen Posten eines Verwalters der Güter des Grafen Haugwitz in *Wald bei St. Pölten* zu bringen. Unter den unerfreulichen Umständen in Hohenruppersdorf ließ mein Vater seine Frau gewähren und die Übersiedlung nach Schloß Wald war bald beschlossene Sache. Dort stand dem Verwalter ein schönes Haus mit Garten an der Kreuzung der Hauptstraße und Schloßstraße zur Verfügung, war aber vorläufig für uns noch nicht greifbar, da der Vorgänger zunächst anderswo untergebracht werden mußte. Inzwischen wurden wir in der romantischen „Alten Mühle" einquartiert. Die Aussicht auf die zustehende schöne Wohnung machte das Warten erträglich. Mutter entfaltete wieder ihre landwirtschaftlichen Aktivitäten, hielt Geflügel, Schafe und fütterte einen Eber, der ungewöhnlich zahm und zutraulich wurde. Daß Hausschweine anhänglich werden können, wußten wir von unserem Vater, der als Bub von Jungschweinen zur Schule begleitet wurde. Als es ans Schlachten des wohlgediehenen Ebers ging, wozu der Fleischer des Ortes als Fachmann zugezogen wurde, versteckte sich Mutter weinend im entlegensten Zimmer der Mühle, um den Todesschrei des geschlachteten Tieres nicht zu hören. Mutter konnte nicht einmal ein Huhn abstechen, das mußte immer Tante Gusti besorgen.

In der einklassigen Volksschule, die von Oberlehrer Berger geleitet wurde, gehörte mein Bruder zum ältesten Jahrgang, ich war um zwei Jahrgänge dahinter. Neben dem Pflichtbesuch der Schule lernten wir auch das Geigenspiel, brachten es aber zu keiner Virtuosität. Endlich wurde das Haus des Verwalters frei und wir hielten Einzug in die geräumige Wohnung mit großem Garten, in dem sich unsere Schafe, Hühner, Truthühner und anderes Getier in größerer Zahl tummeln konnten als im Umkreis der „Alten Mühle".

Neben Schule und Musikunterricht trieb mich mein Ehrgeiz auch noch zum Ministrantendienst. Zunächst wurde ich als „Unterministrant" verwendet, der auf der Epistelseite kniete oder stand und das schwere Meßbuch hin- und her zu tragen hatte. Die lateinischen Responsorien lernte ich auswendig, ohne ihren Sinn zu verstehen. Die größten Schwierigkeiten bereitete das „Confiteor", das sehr schnell gesprochen wurde. Dabei gingen wir Ministranten so zu Werke, daß wir die ersten und letzten Worte laut und deutlich sprachen, dazwischen murmelten wir einen sinnlosen und unverständlichen Wortsalat. Wir waren keine braven und frommen Ministranten, trieben manchen Unfug und konnten während der heiligen Handlung das Lachen oft nur schwer verbeißen. Nach der hl. Frühmesse in der kalten Kirche eilte ich, besonders im Winter, nach Hause, kehrte aber unterwegs in der Kanzlei meines Vaters ein, wo ich an der Schreibmaschine übte. Leichenbegängnisse waren besonders geschätzt. Nach der Bestattung stellten wir Ministranten uns zu beiden Seiten des Friedhoftores auf und baten um ein „Ministrantengeld", das dann verteilt und vernascht wurde. Mein Bruder wurde nur als Aushilfsministrant verwendet, wie etwa zur Fronleichnamsprozession, die durch den schönen Schloßpark ging und recht feierlich und eindrucksvoll war.

Mein Vater war Patronats-Kommissär und hatte die Herrschaft in der Kirche zu repräsentieren. Das geschah bei den Hochämtern der großen Feiertage, an denen mein Vater in schwarzem Anzug und breitkrempigem Hut in der Kirche an bevorzugtem Platz erschien. Die Exzellenz, den Grafen Haugwitz, einen alten Herrn mit respektablem Bart und zünftiger Jägertracht, sahen wir nur selten und hatten auf Geheiß der Mutter mit „Weidmannsheil!" zu grüßen! „Weidmannsdank!" war die konventionelle Antwort. Die drei Komtessen waren zu stattlichen Damen herangereift, die jüngste hatte zwei Kinder aus erster Ehe, war mit einem ältlichen Grafen verheiratet und mit meiner Mutter befreundet. Eine zweite Komtesse war Witwe und introvertiert, sie ging täglich zur hl. Kommunion, so daß wir Ministranten das „Confiteor" ein zweites Mal hersagen mußten. Die dritte Komtesse ist meinem Gedächtnis entschwunden, wird aber im Personenregister erwähnt.

Eines morgens erschien kurz vor Ende der hl. Messe ein Bote vom herrschaftlichen Schloß und flüsterte unserem Herrn Pfarrer etwas ins Ohr. Der geistliche Herr erschrak, beendete die Liturgie vorzeitig und eilte davon. Man hatte den Herrn Grafen leblos im Bett aufgefunden und er sollte noch die Krankenölung empfangen, — wenn es nicht schon zu spät war.

Während unseres Aufenthaltes in Wald bei St. Pölten mußte sich unsere Mutter im Wiener Wilhelminenspital einer gynäkologischen Operation unterziehen. Vater nützte die Gelegenheit, um mit uns Buben nach Mariazell zu pilgern. Wir fuhren mit einer Pferdekutsche nach St. Pölten und stiegen dort in die Mariazeller Schmalspurbahn um. Die Bergstrecke mit ihren vielen Kurven, Serpentinen und Tunnels bereitete uns viel Vergnügen. In Mariazell wohnten wir im Hotel zum „Heiligen Geist". Die meiste Zeit verbrachten wir auf dem Erlaufsee, auf dessen Wasserspiegel uns Vater in einem geliehenen Boot herumführte. Mutter war mit dem Behandlungserfolg nicht zufrieden und begab sich nach ihrer Heimkehr in die Behandlung des zuständigen Gemeindearztes in Pyrha, der anscheinend eine Fehlgeburt einleitete, während die Ärzte des Spitals sich bemüht hatten, die Gravidität durch Korrektur einer Fehlstellung der Gebärmutter zu einem glücklichen Ende zu bringen.

Mit meinem lieben Vater ging es fortan bergab. Er hatte jenes Stadium des Alkoholkranken erreicht, in dem die gewünschte Euphorie nicht mehr erreicht wird, weil der Trinker infolge Absinkens der Toleranzgrenze vorher schon berauscht ist. Unweit unserer Wohnung fand ich einmal meinen Vater regungslos auf einer Wiese liegen, sein Hund beschnupperte sein Gesicht, konnte ihn aber nicht wecken. Ich hielt ihn für tot und lief weinend nach Hause. Zu meinem großen Erstaunen kam Vater später lebend zurück, er hatte im Rausch tief geschlafen. Meine Mutter war verzweifelt und wollte sich mit ihren beiden Kindern vergiften. So standen wir unter schwerem seelischem Druck und ich hatte den absurden Gedanken, ich läge im Grabe und alles was um mich geschah, wäre ein Traum. Schließlich wurde die Lage unhaltbar, mein Vater verlor seine Stellung und wir mußten die Ortschaft Wald verlassen. Als Notquartier wurde uns der Hintertrakt des *Schlosses St. Cäcilia* nahe bei *Böheimkirchen* zugewiesen. Obwohl es heißt, Katzen hingen am Hause und nicht wie Hunde am Menschen, lief uns die während der Wagenfahrt von Wald nach St. Cäcilia aus einem Sack entsprungene Hauskatze in den nächsten Tagen wieder zu.

Die Wohnung war klein und wir konnten nicht alle unsere Möbel unterbringen. Vater bezog die Arbeitslosenunterstützung, die er vertrank. Ein wertvolles Brett aus Nußholz verkaufte er heimlich und fuhr mit mir nach Wien. In der Mariahilferstraße besuchte er mehrere Branntweinschenken, die ihm bekannt waren. Mir schenkte er ein Pilzbestimmungsbuch, das mir viel Freude machte. Als Mutter den Verlust des Nußholzes bemerkte, gab es Verdruß.

Ich ging täglich an einer Kirchenruine vorbei, durch den Wald, über Wiesen und Felder zur Schule nach dem Dorfe Mechters. Auch hier gab es nur eine einklassige Volksschule mit Buben und Mädchen; ich besuchte die höchste Schulstufe. In der deutschen Sprache, im Rechnen und anderen Fächern war ich meinen Kameraden überlegen. Mein religiöses Leben war aber in Schwierigkeiten geraten. In Wald war mein Jahrgang zwar schon einige Male zur hl. Beichte geführt worden, für die Erstkommunion waren wir aber dort noch nicht reif gewesen. In Mechters hatten meine Jahrgangskollegen die hl. Erstkommunion schon hinter sich. Da schaltete sich ein Mädchen ein und erwirkte für mich eine Sonderregelung. Der Herr Katechet bereitete mich auf das große Ereignis vor und am nächsten Fronleichnamstag sollte ich in der Kirche von Böheimkirchen die Erstkommunion empfangen. Mutter schickte mich mit Vater und guten Lehren rechtzeitig auf den Weg, wir hatten etwa eine Stunde zu gehen. Nach der hl. Kommunion wurde ich im Pfarrhof mit einem guten Frühstück gelabt, denn damals bestand noch absolutes Nüchternheitsgebot, und dann sollten wir auf Geheiß unserer Mutter an der Fronleichnamsprozession teilnehmen. Mein Vater zog es aber vor, in einem Wirtshaus zum Frühschoppen zu gehen und ich begleitete ihn. Als die Prozession zu Ende war, machten wir uns still auf den Heimweg.

Mein älterer Bruder besuchte damals schon die erste Klasse des Gymnasiums im nahen St. Pölten, wo er in Kost und Quartier war; die „Wochenenden" verbrachte er zu Hause, er brauchte nur zwei Bahnstationen weit zu fahren.

Aber nicht nur mein Vater scheiterte in Schloß Wald, auch der hochwürdige Herr hatte mit der Wirtin der Taverne, wo er seine Mahlzeiten einnahm, den Zölibat verletzt und war von den frommen Pfarrkindern vertrieben worden. Beide, mein Vater und mein Pfarrherr, mußten sich nach einem neuen Posten umsehen.

III. Kapitel:

Rumänisches Zwischenspiel und die Folgen (1922—1923)

Da der Zustand meines Vaters die Annahme einer Stellung in der Heimat nicht mehr zuließ, bewarb er sich um einen Posten in *Siebenbürgen* *), das vor dem ersten Weltkrieg zu

---

*) 1940 zählten die *Siebenbürger Sachsen* etwa 250.000 Seelen; 1962 wird im „Brockhaus" ihre Zahl nur noch mit höchstens 175.000 angegeben. Ihre Vorfahren wurden als Kolonisten durch den ungarischen König Geza II. um 1150 im südlichen Altland, auf dem Königsboden mit dem Mittelpunkt Hermannstadt, im Norden im Nösnerland und 1211—25 mit Hilfe des Deutschen Ordens im südöstlichen Burzenland angesiedelt. Ihre Mundart steht dem Moselfränkischen nahe. Sie legten etwa 250 Dörfer und eine Reihe von Städten an. 1224 verlieh der ungarische König Andreas II. den Siebenbürger Sachsen das Andreanum, den Goldenen Freibrief. Im Fürstentum Siebenburgen bildeten die Siebenbürgen Sachsen neben den Szeklern und den magyarischen Adeligen eine der in der Union von 1437 zusammengeschlossenen „Nationen", mit einem Sachsengrafen an der Spitze; 1550 wurde die Einführung der lutherischen Reformation beschlossen. Als Reformator der Siebenbürger Sachsen wird Johannes Honter(us) genannt, der von 1498 bis 1549 in Kronstadt lebte und seit 1544 als Stadtpfarrer wirkte; sein „Reformationsbüchlein (1542) wurde 1547 zur „Kirchenordnung aller Deutschen in Siebenbürgen" umgearbeitet. 1583 wurde das Landrecht im *Sächsischen Statut* zusammengefaßt. Die Tatareneinfälle des 13. und die Türkenkriege des 15.—17. Jahrhunderts brachten schwere Gefahren und veranlaßten die Befestigung der Städte und Dörfer durch Kirchenburgen. Unter Maria Theresia wurden aus Salzburg und Kärnten vertriebene Protestanten angesiedelt. Das 19. Jahrhundert brachte schwere Auseinandersetzungen mit dem Magyarentum. Die sächsische Kirche behielt jedoch ihre Autonomie und war dem Schulwesen besonders förderlich. Nach 1919 verloren die Sachsen durch die rumänische Agrarreform die Hauptstütze ihrer kulturellen Einrichtungen. Das Nösnerland wurde 1944 von allen Siebenbürger Sachsen geräumt. Die Sachsen des Altlands und des Burzenlandes wurden in die Bolschewisierung Rumäniens verwickelt und durch Enteignung und Zwangsarbeit in der Sowjetunion schwer geschädigt. In jüngster Zeit erlangten sie wieder die rechtliche Gleichstellung, im Rahmen der volksrepublikanischen Verfassung Rumäniens Anerkennung als eigensprachlicher Volksteil mit deutschen Staatsschulen sowie Autonomie der luther. Kirche mit einer theologischen Fakultät in Hermannstadt. Tracht und Brauchtum haben sich größtenteils erhalten. Eine ausführliche Darstellung des Schicksals der Siebenbürger Sachsen verfaßte H. Zillich in der Reihe „Die blauen Bücher" im Verlag Hans Köster, Königstein im Taunus.

Österreich-Ungarn gehört hatte, nach dem Kriege aber dem Großrumänischen Staat als „Transsylvanien" einverleibt wurde. Meine Mutter wollte zunächst zurückbleiben, entschied sich aber schließlich doch, gemeinsam auszuwandern, damit die Familie beisammen bleiben konnte. Tante Gusti wurde zu einer Schwester nach Brünn gebracht, wo sie in einem Kellerstübchen hausen und dort auch ihr Leben beenden sollte; nach Rumänien hätte ihre Pension nicht überwiesen werden können. Wieder wurden unsere Möbel und Habseligkeiten in einen Güterwagen verladen, die Familie fuhr mit dem Personenzug über Wien und Budapest in das rumänisch gewordene Siebenbürgen.

Siebenbürgen hat eine bewegte Geschichte hinter sich und stand durch die Volksgruppe der *Siebenbürger Sachsen* mit dem Deutschtum in enger Verbindung. Sie sprechen ihre eigene Mundart, die wir schwer verstanden, und sie verlachten meinen Bruder und mich wegen unseres fremden deutschen Tonfalls.

Unsere Reise führte das Tal der Marosch stromaufwärts über *Sächsisch Regen* nach *Topliţa Romună*. Unser Wohnhaus war ein ebenerdiges Gebäude, in rechtem Winkel angelegt; in einem Flügel war eine Bank untergebracht, deren Direktor fließend deutsch sprach, kinderlos war und einen von uns Buben, oder auch beide, gerne adoptiert hätte. Unsere Wohnung war geräumig, ein Zimmer konnte meine Mutter in Untermiete vergeben.

Im Ort lebte ein Gemisch von Siebenbürger Sachsen, Ungarn, Rumänen und Juden, die vorwiegend deutsch sprachen; fast jeder der deutsch sprach, wurde für einen Juden gehalten. Den Nationalitäten der Einwohner entsprechend gab es eine rumänisch-orthodoxe Kirche mit 2 imposanten Türmen, eine kleine römisch-katholische, eine reformierte Kirche helvetischen Bekenntnisses und ein jüdisches Bethaus. Die Mehrzahl der Bevölkerung sprach ungarisch, es gab auch eine ungarische Elementarschule mit 2 Lehrern, und mein Bruder und ich beherrschten das Ungarische bald so gut, daß wir uns mit unseren Spielkameraden unterhalten konnten. Am besten befreundet waren wir mit den beiden Söhnen des ungarischen Oberlehrers, von denen einer schon das Gymnasium in Maros-Vasarhély besuchte. Im Ort standen noch viele Ruinen, Spuren des Krieges, der über das Land hinweggegangen war.

Anschließend an das Wohngebiet befand sich jenseits der Marosch ein großes Sägewerk der OFA, von dem eine Schmalspurbahn weit hinauf in den Karpatenwald führte. Für die Beamten des Sägewerks standen Tennisplätze zur Verfügung, im nördlichen Waldgebiet lud das Kaltbad Borszég zur Kur ein. In den Waldbächen fing mein Vater Fischotter, deren Felle gut bezahlt wurden und eine geschätzte Einnahmsquelle der Eltern waren.

Die Arbeiter des Sägewerks waren vorwiegend Rumänen, die ihr Hemd ähnlich den Kroaten außen trugen, dazu weite weiße Hosen und aus einem Stück Leder um die Füße geschnürte Opanken. Der Schnaps wurde nach Dezilitern bemessen. Der Lohn wurde zum Teil in barem Geld (Lei), zum Teil in Naturalien (Schafkäse) ausbezahlt. Die Marosch stromabwärts lenkten gewandte Flößer die miteinander verbundenen Holzstämme. Im Ort gab es ein kleines Schwimmbad, viel reizvoller war aber ein Wildbad im Maroschfluß. Zweimal wäre ich fast ertrunken; einmal im Badebecken des Schwimmbades, aus dem ich herausgezogen wurde, ein andermal in der Marosch, die damals Hochwasser führte, dessen Höhe ich unterschätzt hatte. Nach diesen Erlebnissen hatte ich bald das Schwimmen erlernt.

Im ersten Jahr unseres Aufenthaltes in Siebenbürgen besuchten wir das deutsche evangelische (lutherische) Gymnasium in Sächsisch-Regen, das etwa 2 Eisenbahnstunden südlich von Toplița gelegen war. Der Bahnhof von Regen lag in einer Ebene, die Stadt erstreckte sich hügelaufwärts. Mein Bruder und ich waren bei einem ungarischen Schuster namens Szatmáry in Kost und Quartier, die jüngere seiner beiden Töchter sprach sehr gut deutsch, die ältere nur ungarisch, war verheiratet und ihr Mann stand im rumänischen Militärdienst. Der Aufenthalt in der Schusterwerkstatt und das Zusehen bei der Anfertigung der ortsüblichen Stiefel bereitete uns viel Vergnügen.

In Abständen von zwei Wochen fuhren wir samstags nach Schulschluß nach Hause und Sonntag nachmittags wieder zurück. Um Fahrgeld zu sparen, gab sich mein Bruder jünger aus als er tatsächlich war, und da er kaum größer war als ich, gab es keine Schwierigkeiten. Die Fahrt mit der Eisenbahn war stets vergnüglich, die Züge waren meist überfüllt und die rumänischen Holzarbeiter zogen es vor, die Dächer der Waggons zu besetzen. Niemand hatte etwas dagegen.

Das Gymnasium hatte nur drei Klassen, ich besuchte die erste, mein Bruder die zweite Klasse. Wer über die dritte Klasse hinaus studieren wollte, mußte eine größere Stadt mit deutschem Gymnasium aufsuchen. Die Mehrzahl der Schüler war lutherisch, einige wenige waren römisch-katholisch und erhielten gesonderten Religionsunterricht von einem ungarischen Katecheten, der nicht gut deutsch sprach. Zu Beginn des Schuljahres und an dessen Ende besuchten auch wir katholischen Schüler den lutherischen Gottesdienst in der Stadtkirche. In meiner Klasse saßen schließlich noch etwa zehn orthodoxe jüdische Mitschüler, die an jedem Samstag am Unterricht nur als passive Hörer teilnahmen, jedes Schreiben unterließen und so ihre religiösen Vorschriften streng befolgten.

Klassenvorstand war Prof. Schwab, der Latein, Rumänisch, Deutsch und evangelische Religion unterrichtete. Wir unterstanden strenger Disziplin, so mußten wir z. B. vor einem Kinobesuch den Klassenvorstand um dessen Bewilligung bitten. Zweimal im Jahr fand ein Schulfest statt, bei dem der

Klassenbeste, flankiert von zwei weißgekleideten Mädchen mit bunten Schärpen, die Klassenfahne vorantragen durfte. Dem Fahnenträger oblag die Pflicht, die begleitenden Ehrendamen auf dem Festplatz zum Tanz aufzufordern. Mein Klassenrivale Lothar, Sohn eines Lehrers, hatte die gleiche Qualifikation wie ich, so daß wir uns als Fahnenträger abwechselten. Der schwierigste Teil des Schulfestes war der Pflichttanz, da ich bis dahin niemals Tanzunterricht genossen hatte.

In Toplița gab es auch ein bescheidenes Kino, in das wir uns ohne zu zahlen hineinschwindelten. Zur Ferienzeit fuhren wir oft mit der Waldbahn in die Berge, sahen mit Vater nach den Fangeisen für Fischotter und freuten uns über jede Beute. Wir verbrachten viele schöne Tage in einer Jagdhütte oder in freier Natur. Im Schlachthof nahe unserem Wohnhaus sahen wir mit besonderem Interesse dem Schächten nach jüdischem Ritus zu, im geräumigen Hof spielten wir Fußball, wie wir ihn in Sächsisch-Regen von den dort antretenden Vereinen gelernt hatten, sägten und hackten Brennholz für Mutters Küche und besuchten unsere Kühe Rosa und Bella im Stall. Winters war es grimmig kalt und wir wurden mit bis dahin unbekannten warmen Kleidern und typisch rumänischen Lammfellmützen ausgestattet.

So verlief das erste Jahr unseres Aufenthaltes in Rumänien ganz gut. Dann aber erkrankte unser Vater und konnte sich nicht erholen; dazu nahm auch die Alkoholkrankheit ihren schicksalhaften Verlauf; selbst denaturierter Brennspiritus wurde nicht zurückgewiesen. Wir konnten den Aufwand für den Schulbesuch in Sächsisch-Regen nicht mehr aufbringen und erhielten von einem der ansässigen Elementarschullehrer Privatunterricht, der von keiner Seite ernst genommen wurde. Es sollte ein verlorenes Jahr werden. Später habe ich die Eltern augenleidender Kinder, die ein Schuljahr versäumten, beruhigen können: ich war trotz eines verbummelten

Schuljahres Universitäts-Professor geworden und mein Bruder, der Mathematik und Physik studiert hatte, brachte es zum Gymnasialdirektor und schließlich zum Landesschulinspektor an allgemein höherbildenden Schulen.

Zunächst verdingte sich mein Bruder im Sägewerk der OFA als Hilfskraft und ich folgte ihm bald nach. Wir waren an zwei verschiedenen Stellen des Werkes tätig, erledigten Telefongespräche in deutscher und ungarischer Sprache, was anfangs schwierig war, berechneten den Rauminhalt verladener Grubenhölzer und Bretter, wozu es eines gewissen Tricks bedurfte, um zeitsparend zu arbeiten, führten die Lohnlisten, halfen bei den wöchentlichen Lohnzahlungen und verdienten einige Bani dazu, indem wir beim Tennisspiel der Herren Beamten die verschlagenen Bälle herbeischafften. Der Häuptling der Telefonisten war ein ungarischer Knabe namens Pista, der die Einteilung der Mitwirkenden vornahm. Als ich anfangs den Telefongesprächen nicht recht folgen konnte, holte ich irgendeinen Beamten an den Apparat und tat sehr erstaunt, wenn der Anruf einen völlig anderen Herrn oder eine gänzlich andere Sache betraf. Aber im Laufe der Zeit lief alles wie am Schnürchen. Zu Ende des zweiten Jahres in Siebenbürgen verwarfen unsere beiden Kühe und mußten geschlachtet werden; das magere Fleisch fand keine Abnehmer und so ließen wir es räuchern und verzehrten es im eigenen Haushalt. Wie sollte es weitergehen?

Da entschloß sich meine Mutter, mit uns Buben nach Wien zurückzukehren, wo ihr Bruder Wilhelm mit seiner Konkubine lebte. Er war Lokführer gewesen und hatte schon Schnellzüge gefahren; nach dem Krieg sollte er aber wieder seinen Dienst auf Lastzügen beginnen. Das verdroß ihn so sehr, daß er die österreichische Bundesbahn verließ und Maschinist in einer Wiener Großmolkerei wurde. Zeitlich früh trat er seinen Dienst an, die Abende verbrachte er in seinem Stammbeisel.

Hab und Gut wurden verkauft, für unsere Spielsachen, die in Rumänien Raritäten waren, erhielten wir eine ansehnliche Summe Lei, nahmen uns vor, in der Heimat neues Spielzeug zu kaufen und machten uns auf die Reise. Unseren Vater ließen wir mit seinen persönlichen Habseligkeiten und Jagdflinten allein zurück. Er hatte sich von seiner Familie und wir hatten uns von ihm gelöst. Wir fügten uns in unser Schicksal und waren uns der Tragweite des ganzen Geschehens gar nicht recht bewußt. Wir freuten uns auf die Bahnreise und hatten Heftchen vorbereitet, in die wir alle Bahnstationen eintragen wollten, die wir passierten. Aber Müdigkeit und Schlaf hatten uns im Zug bald übermannt und die Liste kam nicht zustande.

In Wien quartierten wir uns zunächst in einem Hotel nahe dem Südbahnhof ein, aber auf die Dauer konnten wir uns diesen Luxus nicht leisten. Da half uns Onkel Wilhelm, der im 10. Wiener Gemeindebezirk Küche und ein Zimmer bewohnte. Er war in erster Ehe mit einer wohlhabenden Witwe verheiratet gewesen, die eine Villa in Millstatt am See und einen Stiefsohn mit in die Ehe gebracht hatte. Das Verhältnis zu seinem Stiefsohn war kein gutes und als unser Onkel Witwer wurde, ließ sich sein Stiefsohn nicht mehr blicken und auch der Besitz in Millstatt ging verloren. Tante Lina, die Konkubine meines Onkels, war Köchin in jenem Gasthaus gewesen, in dem Onkel seine Mahlzeiten einzunehmen pflegte. Sie war eine rotblonde Frau, die mich persönlich liebte — nicht so sehr meinen Bruder — deutsch mit tschechischem Tonfall sprach und viel Geduld aufbrachte, bis Onkel endlich eine geordnete Ehe mit ihr einging. Meinem Bruder und mir wurde ein Bett des Ehepaares zur Verfügung gestellt, unsere Mutter fand ein Hofkabinett in unserer Nähe.

Der Plan unserer Mutter, uns in einem Internat unterzubringen, scheiterte und wir entschlossen uns, die Mittelschule in der Jagdgasse nahe der Wohnung des Onkels in Wien-Favoriten zu besuchen. Dort wurden wir zunächst vom Direktor der Anstalt einer Prüfung in französischer Sprache unterzogen, die wir nicht bestanden. Alle übrigen Aufnahmsprüfungen gingen aber glatt vonstatten, mein Bruder wurde in die dritte Klasse, ich selbst in die zweite Klasse der „Deutschen Mittelschule" aufgenommen. Es handelte sich um eine der vielen Schultypen, die in Österreich immer wieder versucht werden. Ich hatte noch keine Fremdsprache im Lehrplan, mein Bruder wählte französisch. Meine Mutter verdiente unseren Unterhalt als Bedienerin in herrschaftlichen Häusern. Mutter und Tante verwickelten sich bald in einen Streit aus nichtigen Gründen und nach einer letzten heftigen Auseinandersetzung zogen auch wir beiden Knaben in das Hofkabinett, das unsere Mutter für sich gemietet hatte. Wir waren sehr beengt, aber Herren im eigenen Hause. Zu unserem Wohnungswechsel hatte auch die Tatsache beigetragen, daß Tante und Onkel einmal nach einem abendlichen Kinobesuch ihre Wohnung nicht betreten konnten, da wir beiden Knaben die Tür versperrt hatten und nur mit größter Mühe geweckt werden konnten.

In der Schule wurden mein Bruder und ich zunächst als Halbwilde angesehen, die aus dem Balkan zugewandert waren. Aber nach einer kurzen Zeit der Anpassung und Gewöhnung waren wir schon zu Ende des ersten Schuljahres Vorzugsschüler und blieben es bis zur Matura. Mein Klassenvorstand war Franz Grögor, Lehrer für Mathematik und Darstellende Geometrie, ein Sudetendeutscher, klein und streng, kein hervorragender Pädagoge, so daß manche Mitschüler nur schwer mitkamen; sein Spitzname war „Stopperl".

Den größten Eindruck hinterließ unser erster Deutschlehrer, Dr. Hänsel, ein hervorragender Kenner Goethes, der uns Adalbert Stifter, die Edda, die Ilias und Odyssee, aber auch Ferdinand Georg Waldmüller und den großen Symphoniker Anton Bruckner nahebrachte; dazu lernten wir viel deutsche Grammatik, alles in allem ein Gewinn fürs Leben. Geschichte und Geographie lehrte Dr. Hans Schlögl, ein Vielwisser und glänzender Festredner, aber leider ein Spinner, der immer ärmlich gekleidet war. Ich bin kein talentierter Zeichner und habe den Zeichenunterricht nie ernst genommen. Naturgeschichte und Naturlehre wurden in der Unterstufe kaum ernstlich betrieben. Hingegen lernten wir viel Chemie bei Ing. Bachmann, einem Original, dem wir unseren Respekt nicht versagen konnten. Der Chemieunterricht der Unterstufe war eine große Hilfe im Medizinstudium. Im Turnunterricht schätzten wir am meisten Ballspiele; Freiübungen und Übungen an Geräten betrieben nur einige Ehrgeizige mit sportlichem Ernst, diese wenigen waren Mitglieder des nationalen Deutschen Turnvereins, dem ich auch einige Zeit lang angehörte, ohne viel Vorteil daraus zu ziehen. So hatten wir nach dem verbummelten Jahr in Siebenbürgen wieder den Anschluß an eine gute Mittelschulausbildung gefunden.

IV. Kapitel:
Deutsche Mittelschule und Mathematisch-naturwissenschaftliche Oberschule in Wien-Favoriten (1924—1931)

Die vierklassige Unterstufe nannte sich „Deutsche Mittelschule", da viel Deutschunterricht erteilt wurde. In der 3. Klasse konnte man wählen zwischen Latein, Englisch und Französisch, oder man verzichtete auf jede Fremdsprache und erhielt einen erweiterten Deutschunterricht. Die gewählte Fremdsprache blieb dann bis zur Matura im Unterrichtsprogramm. Als Lateiner kam in der Oberstufe für mich Englisch hinzu. Die naturwissenschaftliche Ausbildung bestand in viel Mathematik, Darstellender Geometrie, Physik und Naturgeschichte; in der Oberstufe kamen noch Biologie, Somatologie, Volkswirtschaftslehre und philosophische Propädeutik hinzu. Physik und Naturgeschichte (Biologie) genügten weitgehend für das 1. Rigorosum im Medizinstudium. Latein beherrsche ich immer noch gut, im Englischen mußte ich viel hinzulernen und vom Unterricht in Mathematik sind mir noch sechsstellige Logarithmen im Gedächtnis geblieben.

Wir waren eine gemischte Klasse, damals ein ziemliches Novum, und zählten in der 2. Klasse, in die ich eingetreten war, neben etwa 20 Knaben sechs Mädchen, denen wir die ersten Bankreihen überließen. Unter ihnen war auch Elfriede Frick, ein braves, kräftiges, etwas schüchternes evangelisches Mädchen mit langem Zopf, aus gutem Hause. Sie wurde Jahre später nach dem Tod meiner ersten Frau meine zweite Gattin. Der Zusammenhalt zwischen Mädchen und Knaben war recht gut, die jungen Damen hielten auch bei unseren Streichen zumeist wacker mit.

Die Persönlichkeiten unter unseren Professoren müssen noch etwas ergänzt werden. Mein erster Religionslehrer war schon ein alter, pensionsreifer Herr, eine anima candida, deren Güte wir weidlich ausnützten. Wenn der Katechismus geprüft wur-

de, lasen wir unter dem Schreibpult aus dem versteckten Lehrbuch verstohlen ab. Seine religiösen Exhorten waren nicht sehr ermunternd und weil er oft zum Taschentuch greifen mußte, erhielt er den Spitznamen „Schneuzi". Der alte Herr wurde bald von einem jungen, schlanken Religionslehrer abgelöst, der aus dem Burgenland stammte; er gehörte dem deutschen Volksstamm der „Heinzen" an, die nach 1076 unter Heinrich IV. als Siedler aus Oberfranken gekommen waren und ihre Mundart und Siedlungsform vielfach bewahrt haben. Als wir im Deutschunterricht Mundart lasen, trug er uns auf Bitten des Deutschlehrers Lesestücke in seiner Mundart vor. Dieser geistliche Herr wurde noch übertroffen durch Leo Maria Trapp, einem Egerländer; er war die beherrschende Erscheinung im Professorenkollegium, ein hervorragender Redner und Prediger. Er trug den Lehrstoff bis gegen Semesterschluß ohne Unterbrechung vor und prüfte dann die ganze Materie ab; überraschende Prüfungen während des Semesters gab es nicht und so mußten wir abschließend den ganzen Lehrstoff beherrschen.
Unser Musiklehrer war eigentlich Volksschullehrer und Inhaber einer privaten Musikschule. Er stellte Prüfungsfragen, die er im Unterricht nie behandelt hatte, anscheinend in der Absicht, uns zum Besuch seiner Musikschule zu veranlassen. Mich fragte er einmal, wieviele Töne unsere Musik umfasse; wer weiß das? Eine Einnahmsquelle verschaffte er sich auch dadurch, daß er hektographierte Heftchen mit Notenbeispielen und Liedern, die im Unterricht gesungen wurden, an uns verkaufte. Die Zeichenlehrer wechselten fast jährlich und das Freihandzeichnen war eine meiner Schwachstellen. Einen Kunstunterricht gab es nicht.
Unsere Professoren für Physik und Naturgeschichte der Unterstufe waren harmlos, unser Lateinlehrer war ein empfindlicher Herr, der mich oft um Dames-Zigaretten und Sardellenringe schickte. Sonst war das Verlassen des Schulge-

bäudes während der Unterrichtsstunden nur mit List möglich. Da ich Latein schon in der 1. Klasse gelernt hatte, war ich meinen Mitschülern voraus; unser erstes Lehrbuch war die „Austria Romana", die mit dem Satz begann: „Patria nostra olim provincia Romana erat". Heute wird, wie ich immer wieder höre, der „Liber Latinus" als Anlauf im Lateinunterricht vorgezogen. Unseren Lateinlehrer behielten wir bis zur Matura und konnten anhand der Vokabeln, die er in letzter Zeit mit uns übte, jene Stellen ausfindig machen, die bei der schriftlichen Matura tatsächlich verlangt wurden.
Mein guter Fortgang in der Schule hatte zur Folge, daß ich bald als Nachhilfelehrer in Latein, Englisch, Mathematik und Darstellender Geometrie eingeladen und in machen Familienkreis nachhilfebedürftiger Kollegen aufgenommen und finanziell unterstützt wurde. Mein erster Schüler war Alexander Hedorfer, dessen Mutter Witwe war und ein Tapezierergeschäft führte. Unsere kollegiale Bekanntschaft begann mit einer Ohrfeige, die er mir verpaßte, vermutlich um seine körperliche Überlegenheit über meine geistigen Vorzüge zu zeigen. Trotz des Nachhilfeunterrichtes schaffte er es nicht und wandte sich dem Tapeziergewerbe zu. Einige Theaterbesuche an Sonntagnachmittagen im ehemaligen Bürgertheater mit Frau Hedorfer und ihren beiden Söhnen blieben mir in angenehmer Erinnerung.
Unseren Englischprofessor wechselten wir mehrmals; mein angeborenes Sprachgefühl half mir dabei sehr. Neben dem konventionellen Lehrbuch lasen wir bald die bekannten Märchen von Oscar Wilde: The happy prince, The nightingale and the rose, The selfish giant u. a. m. Aber Englisch lernten wir, wie erwähnt, erst in der Oberstufe. Trotzdem war mir der Englischunterricht für meine spätere Perfektion in dieser unentbehrlich gewordenen Weltsprache von großem Nutzen. Französisch war Freigegenstand, der Lehrer war schlecht und diese Sprache beherrsche ich nur dürftig. Auch Steno-

graphie wurde von Prof. Zirnig als Freigegenstand gelehrt und sie hat mir ein Leben lang viel geholfen.

Während des Besuchs der 2. Klasse wurde ich häufig von Übelkeit geplagt. Meine Mutter brachte mich zu einer ärztlichen Untersuchung in das damalige Kinderspital in der Kolschitzkygasse. Nach der Untersuchung rieten die Ärzte zur operativen Entfernung des Wurmfortsatzes, im Volksmund „Blinddarm" genannt. Ich wurde unverzüglich in das Krankenhaus aufgenommen und meine Mutter verließ mit meinem Kleiderbündel weinend das Spital. Über dieses medizinische Abenteuer und meine sonstigen Erlebnisse als Patient wird in einem späteren Kapitel zusammenhängend berichtet werden.

Mit der vierten Klasse endete die „Deutsche Mittelschule" und wir hatten vier Jahre „Mathematisch-naturwissenschaftliche Oberschule" vor uns. Schon damals hatte ich mich entschlossen, Medizin zu studieren; daher hatte ich auch, wie schon erwähnt, den Lateinunterricht gewählt. Kollegen, die im Lateinischen keine Matura absolviert hatten, mußten vor der Immatrikulation in die Medizinische Fakultät ein Jahr Latein inskribieren und dann eine Prüfung ablegen. Wegen Not an Klassenzimmern waren wir eine „Wanderklasse" und verbrachten jede Stunde in einem anderen Schulzimmer; in den Pausen mußten wir mit Sack und Pack den einen Raum verlassen und den nächsten aufsuchen; daß wir oft verspätet ankamen, läßt sich denken.

Wir wollen nun das Schulleben etwas verlassen und uns dem banalen Leben zuwenden. Die Probleme unseres Daseins hatten sich auf die einfachsten Dinge reduziert: Kleidung, Ernährung, Unterkunft. Vorläufig wohnten wir immer noch in jenem Hofkabinett, das Mutter gemietet hatte. Die Kammer hatte ein vergittertes Fenster, das auf den Korridor des ebenerdigen Hauses führte. Die Beleuchtung war schlecht und unsere Hausaufgaben machten wir auf einem Tisch, der am besten und längsten Tageslicht empfing. Neben unseren Hausaufgaben beschäftigten wir uns mit einem Radiogerät ältester Bauart mit einem Detektor und Kopfhörer. Auf dem Korridor vor unserem Fenster waren zwei Aborte, die von uns und den Mädchen benützt wurden, die in einem Hofschuppen alte Flaschen wuschen, welche vom Schwiegersohn der Hausinhaberin, einem ehemaligen Offizier, mit seinem Lastauto eingesammelt und gereinigt wieder verkauft wurden. Mehr als ein Bett hatte in der Kammer keinen Platz; es wurde von meinem Bruder und mir benützt. Mutter stellte sich einige Stühle für ihr Nachtlager zusammen. Sie verließ morgens zeitlich das Haus und kam spät abends wieder, nachdem sie anfangs ihre Arbeiten als Bedienerin und später als Serviererin in einem Kaffeehaus beendet hatte. Das Mittagessen erhielten wir Buben in einer Schülerausspeisung der Gemeinde Wien. Geschirr und Besteck mußten wir mitbringen und empfanden es peinlich, in der Mittelschule damit zu erscheinen. Für Frühstück und Abendessen hatten wir selbst zu sorgen, eine Nachmittagsjause erhielt ich zumeist bei meinen Nachhilfeschülern, dazu einen Schilling für jede Unterrichtsstunde.

Samstag nachmittags schulterten wir unsere Rucksäcke, fuhren mit der Straßenbahn über die Reichsbrücke nach Kagran und über Aspern, am schlafenden Löwen, der an die Schlacht gegen Napoleon erinnert, vorbei nach Großenzersdorf. Dann ging es zu Fuß auf der Landstraße über Wittingau und Probstdorf in Richtung Mannsdorf, wo mein Vater, sein Bruder und seine beiden Schwestern die Volksschule besucht hatten. Etwa mitten zwischen den beiden zuletzt genannten Ortschaften zweigten wir nach Süden in einen Feldweg ab, der in die Lobau führte. Zuletzt übersetzten wir eine Brücke und standen vor dem Försterhaus unserer Großeltern. Dort verbrachten wir die Nacht, Großmutter packte tags darauf unsere Rucksäcke mit Brot, Obst und Fleisch voll, gab uns

— ohne Wissen des Großvaters — auch etwas Geld und am frühen Nachmittag machten wir uns wieder auf den Heimweg. So legten wir im Laufe der Jahre viele Kilometer zurück. Mit Großvaters Tod hatten diese nahrhaften Ausflüge ein Ende und sonntags, wo es keine Ausspeisung gab, deckte uns Frau Schierer, die Mutter eines Klassenkollegen, den Mittagstisch. Unser Freund Schierer war ein guter Klavierspieler, heiratete spät und gut, starb aber während des Krieges im Osten.

Von den Eltern nachhilfebedürftiger Mitschüler erhielten wir auch so maches Kleidungsstück; am begehrtesten war ein warmer Wintermantel. Einmal wurde ich von einem Wohltätigkeitsverein, der in einem Gasthaus am Kolumbusplatz in Favoriten seinen Sitz hatte, zu Weihnachten eingekleidet. Der Anzug bestand aus einem Rock und einer etwas zu lang geratenen (kurzen) Hose; der Stoff war unansehnlich, grau und rauh. Viel Freude hatte ich nicht und zog diesen Anzug auch nicht oft an. In der Kleiderfabrik „Esders" auf der Mariahilferstraße wurde der Anzug „angemessen". Bei der Bescherung mußte jeder Beteilte ein Weihnachtsgedicht aufsagen; da aber jede Regie fehlte, wurde manches Gedicht zweimal deklamiert. Als ich vom hw. Herrn Kardinal Erzbischof Piffl im Stephansdom gefirmt wurde, mußte ich nolens volens diesen geschenkten Anzug tragen, etwas besseres hatte ich nicht.

Wir besaßen keine Schultaschen wie unsere Mitschüler und banden Hefte und Bücher mit einem Riemen zusammen. Reißbrett und Zeichenblatthalter benützten mein Bruder und ich gemeinsam, den Tausch mußten wir in den Schulpausen durchführen. Später, als ich mir etwas Geld erspart hatte, konnte ich in einem Trödlerladen eine billige Aktentasche erstehen.

Die Ferien verbrachte ich auf einem Freiplatz des Vereines „Ferienhort für bedürftige Mittelschüler" nahe St. Wolfgang

am Attersee. Ich war viermal dort, jedesmal 7 Wochen lang. Anfangs hatte ich Heimweh, später fand ich mich darein und gewann gute Kameraden. Die gesamte Mannschaft war in 9 Gruppen zu 60 Zöglingen eingeteilt, die 10. Gruppe mit den ältesten Mittelschülern war kleiner. Jede Gruppe wurde von einem oder von zwei Präfekten, Mittelschullehrern oder älteren Hochschülern, geleitet. Der Ferienhort war sportlich und bis zu einem gewissen Grade militärisch organisiert. Fünfmal täglich, zu den Mahlzeiten, trat die gesamte Mannschaft im großen Festsaal, dem Zentrum der Anlage, in Reih und Glied an. Nachdem strengstes Silentium eingetreten war, erschien der Oberpräfekt und teilte seine Verlautbarungen mit. Dann wurde morgens, mittags und abends in den Speisesaal einmarschiert. Vormittags und nachmittags wurden Marmeladebrote im Festsaal ausgeteilt und die Versammlung wieder aufgelöst. Im Speisesaal bildeten je 10 Mann eine „Speisegruppe" mit einem Speisemeister, der die Portionen verteilte. Für die sportliche Betätigung stand u. a. eine Flotte ehemaliger Marineboote zur Verfügung. Jedes Boot wurde von je zwei Mannschaften benützt; jede Mannschaft hatte einen Kommandanten, einen Steuermann, 2 Schlagmänner und die restlichen Ruderer, von denen jeder einen „Riemen" durchs Wasser zog. Die Chorsänger, die an den Sonntagsakademien mitwirkten, bildeten die eine Mannschaftsgruppe, die Nichtsänger die andere. Auch ein Schülerorchester war vorhanden und probte täglich vormittags.
Täglich fuhr ein größeres Boot morgens nach St. Wolfgang, um die Briefpost zu holen und Einkäufe für die Verpflegung im Hort zu besorgen. An der Enthüllung des Mozartbrunnens in St. Gilgen am 3. August 1928 nahm auch unser gemischter Chor teil; wir sangen das „Ave verum" von Mozart. Natürlich wurde im See auch gebadet. Jeder Zögling, der in die Gruppe der Schwimmer eingeteilt werden wollte, mußte ein Probeschwimmen über eine größere Strecke absolvieren. Ei-

nige russische Kegelspiele waren stets umlagert, Ballspiele, Schachturniere und Wandertage wurden veranstaltet. Während meines ersten Ferienaufenthaltes im Hort stand ich mit Nr. 57 nahe dem Ende der 1. Gruppe, später gehörte ich den Gruppen zwei, fünf und sechs an. Meine Qualifikation im „Betragen" war immer „sehr gut", anders hätte ich keinen Freiplatz mehr bekommen.

Anläßlich eines Jubiläums des Ferienhortes wurde eine Festakademie veranstaltet, zu der mein Lateinprofessor einen Prolog verfaßt hatte, den ich rezitieren mußte. Da ich auch einmal die Absicht hatte, Schauspieler zu werden, war ich ein geübter Sprecher und Chorsänger bei verschiedenen Gelegenheiten. Allerdings unterliefen mir auch Umfaller. Bei einer Choraufführung im Ferienhort sang ich einmal mitten in eine Pause hinein. In der Schule sollte ich an einem 12. November, dem Gründungstag der ersten Republik, das Gedicht von F. Grillparzer: „Sei mir gegrüßt, mein Österreich, auf deinen neuen Wegen ..." aufsagen; bei diesem Auftritt im Turnsaal blieb ich vor versammeltem Professorenkollegium und der ganzen Schülergemeinde zu meiner Schande heillos stecken; die wenigen Sekunden des „Hängers" erschienen mir wie eine Ewigkeit. Nach diesem Zwischenfall durfte ich längere Zeit nicht auftreten; aber anläßlich einer Lessingfeier konnte ich mich durch fehlerlose Deklamation der „Ringparabel" wieder rehabilitieren.

Am Ende der Unterstufe traten alle Mädchen aus, da sie durch den täglichen, etwas mangelhaften Unterricht in Mathematik und Darstellender Geometrie überfordert waren, und eine neue Gruppe trat ein. Eines Tages erschien eines unserer ausgetretenen Mädchen bei mir und erklärte, wegen unleidlicher Verhältnisse von daheim durchgebrannt zu sein. Indessen hatte meine Mutter eine bescheidene Wohnung in der Neusetzgasse erworben, einer Verbindung zwischen Antonsplatz und Reumannplatz, wo das Amalienbad steht. Dem holden Mädchen redete ich gut zu und brachte es zu seinen Eltern zurück. Danach wurde sie von zu Hause in strenge Obhut genommen und ehelichte schließlich einen um mehr als 10 Jahre älteren Ingenieur. Sie hatte einiges Unglück im Leben, war Patientin in einer Lungenheilstätte, erlitt in vorgerücktem Alter einen schweren Straßenunfall, bei dem sie auf einem Fußgängerstreifen von einem Überholer schwer verletzt wurde, hatte unter ihren zwei Kindern ein „blue baby", das sich einer Herzoperation unterziehen mußte und verlor schließlich ihren Mann in seinem 70. Lebensjahr durch Herzversagen, als er einen schweren Tisch heben sollte; sie selbst hat seitdem auch einen Herzinfarkt erlitten.

Unser Religionslehrer, Prof. Trapp, gründete für Schüler der Oberstufe eine katholische, farbentragende Verbindung namens „Teutonia", in die auch mein Bruder und ich eintraten. Unsere Konkurrenten waren eine zweite katholische Verbindung, die „Rhenania", eine Verbindung der Waffenstudenten „Cimbria", und die Vereinigung sozialistischer Mittelschüler, die mich beinahe mit Erfolg gekeilt hätten. So lernten wir das Farbstudententum mit seinem Komment kennen, nahmen an verschiedenen Aufzügen teil, vor allem an der Fronleichnamsprozession unserer zuständigen Pfarrkirche, lernten Säbelfechten, sangen Studentenlieder, hielten Kneipen und Kommerse ab und fanden während unserer Pubertätsjahre einen moralischen Halt.

Natürlich blieben in der Schule verschiedene Streiche nicht aus, deren vollständige Aufzählung zu viel Raum einnehmen würde. Unser Lateinprofessor war sehr kälteempfindlich und kam in der kalten Jahreszeit stets mit Mantel und Hut in die Klasse. Vorher senkten wir die Quecksilbersäule durch Einreiben mit Schnee, öffneten vor der Lateinstunde alle Fenster und brachten so die Zimmertemperatur auf ein für unseren Lehrer unerträgliches Maß. Die Folge war eine Beschimpfung des Schulheizers und eine Rede über die Gefahren von

Erkältungen, die die Lateinstunde hinfällig machte. Ein andermal hatten wir wegen Schulschwänzens anläßlich des Zeppelinbesuches über Wien vom Klassenvorstand einen Karzer verordnet bekommen, der nachmittags mehrere Stunden dauern sollte. Aus diesem Anlaß waren wir alle festlich gekleidet und fuhren mit Taxis bei der Schule vor. Bei einem von unserem Physikprofessor verordneten Karzer trugen wir alle Brillen, wie er selbst. Er litt ohnehin an Minderwertigkeitskomplexen und rief mich einmal heimlich in sein Kabinett, um mich zu fragen, wie und was die Schüler von ihm hielten; natürlich war meine Auskunft optimal.

Unser Direktor Hofrat Dr. Hans Zwanzger trug einen Zwikker, und weil er oft blinzelte, gaben wir ihm den Spitznamen „Zwinserl". Seine Autorität war bescheiden und böse Zungen behaupteten, er tue letzten Endes das, was sein Faktotum, Herr Pfaffstätter, für richtig fände. Dr. Zwanzger war Germanist, Romanist und Damenfreund. Er hatte eine Tochter, die auch unsere Schule besuchte, vor mir maturierte, einen Schweizer ehelichte und bei der Geburt ihres ersten Kindes starb. Die Großeltern zogen die Halbwaise auf. Von Zeit zu Zeit versammelte Dr. Zwanzger in seiner Dienstwohnung im Schulgebäude ein Damenkränzchen, in dem musiziert, rezitiert, vorgelesen und geplaudert wurde. Ich genoß nur ein einziges Mal die Auszeichnung, eingeladen zu werden und hatte über den „Rembrandtdeutschen" Langbehn zu referieren. An Samstagnachmittagen wurde für unsere Schule ein Tanzkurs abgehalten, den ich in der 7. und 8. Klasse besuchte. Dort lernte ich meine erste Frau Elfriede Schindler näher kennen. Im Feriensommer 1928/29 verbrachte Dr. Zwanzger mit Gattin, Tochter und einem Kranz auserwählter Schülerinnen einen mehrwöchigen Urlaub an der französischen Atlantikküste in Dieppe, um die Französischkenntnisse zu vertiefen. Auch die von mir Verehrte, die um drei Jahre jünger war als ich, war dabei und Briefe gingen hin und her. Einmal lud der Herr Direktor meine künftige Schwiegermutter ein, ein Wochenende mit ihm auf dem Semmering zu verbringen, was sie ablehnte.

Ich wurde mehrmals in die Direktionskanzlei gerufen, um Belehrungen und Rügen zu empfangen. Ein Mathematiker hatte sich beschwert, daß ich ihn nicht grüße. Ich antwortete, ich hätte diesen Herrn früher wie jeden anderen Professor höflichst gegrüßt, meine Grüße wurden aber nie erwidert; Grüßen sei Höflichkeit, Danken Schuldigkeit. Damit war die Sache erledigt. Ein anderes Mal belehrte mich Dr. Zwanzger, es sei ungehörig, in der Tanzschule immer mit ein und demselben Mädchen zu tanzen. Nun, ich habe die Konsequenzen gezogen, und die verehrte junge Dame am 11. Juli 1937 geheiratet.

Nun wäre noch über die Matura zu berichten. Bei der schriftlichen Reifeprüfung hatte Prof. Grögor das letzte Beispiel von vieren noch nicht vollständig an die Tafel geschrieben, da hatte ich die erste Aufgabe bereits ausgerechnet und das Ergebnis einem aus der hintersten Bankreihe, wo ich saß, nach vorne wandernden Zettel anvertraut. Von den drei Themen der Deutscharbeit schrieb ich eines für mich, ein zweites für den Kollegen F. P. Die für die Übersetzung aus dem Lateinischen in Frage kommenden Stellen waren uns, wie oben bereits bemerkt wurde, bekannt. Das vierte Fach der schriftlichen Matura war Darstellende Geometrie, da konnte nicht viel schiefgehen, da uns die Aufgaben vertraut waren. Für die mündlichen Prüfungen hatte ich Physik, Deutsch und Darstellende Geometrie gewählt. Da der Physikprofessor mehr Angst vor einer Blamage hatte als wir, hatte er alle Maturafragen im Laufe der Zeit unauffällig durchgenommen. Im Deutschen Unterrichtsfach unterhielt ich mich mit meinem Lehrer Dr. Otto Wirth über meine schriftliche Hausarbeit zum Thema „Der Erlösungsgedanke in Goethes Faust und Wagners Musikdramen". Das Konstruktionsbeispiel, das mir für die „mündliche" Prüfung aus Darstellender Geometrie aufgegeben wurde, hatten wir auch schon im normalen Unterricht gelöst. In meinem Maturazeugnis hatte ich „sehr gut" in allen Fächern. Von meinen Mitschülern versagte nur einer trotz aller Hilfe in Mathematik und mußte nach den Sommerferien eine Nachprüfung machen, für die ich ihn gründlich präpariert hatte. Er begann später mit mir das Medizinstudium, fiel aber schon bei den ersten Prüfungen durch, gab auf, wechselte zur Juristerei, versagte auch dort und meldete sich schließlich zum Dienst im Bundesheer. Zu Beginn des 2. Weltkrieges wurde er als Meldefahrer eingesetzt und ist auf dem französischen Kriegsschauplatz früh gefallen.

Meinem Deutschlehrer Dr. Wirth habe ich später beide Augen wegen grauen Stars operiert und er versicherte mir, die Streiche meiner Klasse seien die besten gewesen, die er während seiner Laufbahn erlebt hatte.

Noch während des Besuchs der Oberschule versuchte ich mich als Schauspieler. Als Schulaufführung spielten wir den „Talisman" von Johann Nestroy und mir fiel die Rolle des Titus Feuerfuchs zu; ich ließ meine Haare rot färben, die verschiedenen Perücken stülpte ich dann über. Die rote Haarfarbe hielt lange und da diese Haartracht damals nicht modern war — auch bei Damen nicht — wurde ich lange gehänselt. Unsere Studentenverbindung spielte „Alt-Heidelberg" von Meyer-Förster, wo ich den Erbprinzen mimte; mein Käthchen war etwas groß geraten und ich mußte mich ordentlich strecken, um meine Liebkosungen richtig anzubringen. Weiters spielte ich in den „Katakomben" von Davis, in der „Spinnerin am Kreuz", in einem Kriminalstück, dessen Titel mir nicht mehr erinnerlich ist und wo ich Sonderapplaus erntete, weil ich so gut weinen und schluchzen konnte; in Märchenspielen für Kinder, wo ich oft den Prinzen darstellte, und in Freilichtaufführungen vor Kirchen, wo ich einen

Mönch spielte, der sich zuletzt in Christus verwandelte; den Bart konnte man ankleben, aber meine Nase ist breit und ließ sich durch einen weißen Schminkstrich entlang des Nasenrückens nur halbwegs korrigieren. Die Schauspieler waren zum Teil Dilettanten, zum Teil professionelle Künstler. Regie führte meistens der Schweizer Konrad Huber, der einige Zeit am Deutschen Volkstheater in Wien aufgetreten war. Von ihm habe ich viel gelernt.

V. Kapitel:
Abschied von der Oberschule und Vorklinisches Studium der Medizin (1931—1933)

Nach der Matura, wir waren auf 18 Kandidaten zusammengeschrumpft, verabschiedete sich unser Direktor und übergab den männlichen Absolventen Merkblätter über die Verhütung venerischer Erkrankungen; die Damen gingen leer aus. Die Maturakneipe dauerte bis in den frühen Morgen und endete im Prater. Eine Maturazeitung war eigentlich nicht zustande gekommen, weil ich während der Oberstufe viele parodistische Gedichte verfaßt hatte und der Stoff gewissermaßen erschöpft war. Schillers „Lied von der Glocke" wurde in ganzer Länge in eine Chemiestunde umgewandelt, noch schlimmer war die Parodie auf unseren Turnbetrieb nach dem Muster von Schillers „Kampf mit dem Drachen". Zum letzten Schulschluß wurde ich vom Direktor aufgefordert, heitere Gedichte bei der Schlußfeier vorzutragen. Die mit großem Beifall aufgenommene „Turnstunde" war auf den wenig beliebten Sportlehrer T. gemünzt; aber Turnlehrer Horak fühlte sich betroffen, hielt mir eine Strafpredigt und konfiszierte das Büchlein mit der Reinschrift aller meiner Parodien. Natürlich hatte ich noch eine Zweitschrift in Reserve. Prof. Horak erschoß sich bald danach an einem Weihnachtsabend, weil er den Verlust seines Sohnes nicht verschmerzen konnte.

Als kurzes Beispiel meiner parodistischen Ader möchte ich hier nur ein Distichon wiedergeben, das mir anläßlich unserer 50jährigen Maturafeier einer meiner Freunde in Erinnerung brachte:

„Im Hexameter steigt der Jüngling voll Angst aufs Katheder,
Im Pentameter drauf, ist der Fünfer schon da!"

Neben Parodien schrieb ich auch freie Gedichte, zu denen Ereignisse des Schullebens inspiriert hatten. In einem dieser „Werke" wird die Entstehung großer Unruhe im Schulhause

geschildert, die Schüler sind verstört, die Professoren entsetzt, der Direktor ist außer sich. Was ist geschehen: Ein Pflaumenkern war durch ein Schulfenster hinausgeworfen worden und einem humorlosen Passanten auf den Kopf gefallen.
Je mehr wir uns dem Ende der Mittelschulzeit näherten, desto kecker wurden wir. Vor einer Turnstunde unter der Leitung von Prof. N., einem guten Bassisten, war die Mehrzahl der Schüler verschwunden. Als der Lehrer mit dem Klassenbuch erschien und fragte, wer fehle, schlug ich vor, die Anwesenden statt der Abwesenden einzutragen, denn erstere waren in der Minderzahl. Meine Bemerkung wurde natürlich strengstens gerügt. Tatsächlich konnte man sich desto mehr Keckheiten erlauben, je besser man in den einzelnen Fächern beschlagen und für Prüfungen vorbereitet war. Die schwachen Schüler durften sich am wenigsten erlauben. Mit meinem Lateinlehrer hatte ich einmal eine Kontroverse, in deren Verlauf dieser erklärte, ich sollte mich zurückhalten, er hätte den härteren Kopf. Da entglitt mir — tatsächlich unwillkürlich — das verletzende Wort „Dickschädel"; es tat mir leid.
Während der Sommerferien zwischen Matura und Immatrikulation an der Universität unternahm ich mit meinem Bruder und einigen Kollegen Bergwanderungen auf den Dachstein und Großglockner, deren Gipfel wir allerdings wegen Nebels nicht erreichen konnten, sowie auf den Hochschwab und Sonnblick mit dem bekannten Observatorium. Im Gasteinertal bestiegen wir einen Zug nach Salzburg, verließen die Stadt aber bald wieder, weil der bekannte Schnürlregen eingesetzt hatte und eine Wetterbesserung in absehbarer Zeit nicht zu erwarten war.
Zu Beginn des Wintersemesters 1931/32 immatrikulierte ich an der medizinischen Fakultät der Universität Wien. Dank meines guten Maturazeugnisses hatte ich kein Kollegiengeld

zu zahlen. Späterhin mußten immer wieder Prüfungs- und Kolloquienzeugnisse vorgelegt werden, um eine Kollegiengeldbefreiung zu bekommen. Im ersten Semester stand neben dem Unterricht in *Physik* und *Biologie* (Zoologie oder Botanik), die *Chemie* mit praktischen Übungen und die gefürchtete *Anatomie* mit ihrem schier unerschöpflichen Stoff im Mittelpunkt. Vor der Zulassung zum ersten Sezierkurs stand das „Knochenkolloquium": Man mußte die Knochen des menschlichen Skeletts erkennen, alle Feinheiten lateinisch aufzählen, feststellen, ob es ein rechter oder linker Knochen war, u. a. m.; am meisten gefürchtet waren die kleinen Handwurzelknochen, von denen es an jeder Hand acht an der Zahl gibt.

Für das Studium der systematischen Anatomie standen zwei Lehrkanzeln zur Verfügung: die erste unter Prof. Julius Tandler, der auch sozialdemokratischer Stadtrat für das Gesundheitswesen war und daher oft von seinem ersten Assistenen Dr. Hafferl vertreten wurde, den ich später als Chef der Anatomie in Graz wieder traf; die zweite anatomische Lehrkanzel wurde von Prof. Ferdinand von Hochstetter geleitet, der kurz vor der Emeritierung stand. Die 1. Lehrkanzel wurde von den sozialdemokratischen und jüdischen Kollegen, die 2. von den Waffenstudenten und katholischen Kollegen vom C. V. (Cartellverband der kathol. Verbindungen) bevorzugt. Damit waren die Fronten abgesteckt und für Schlägereien vorausgestimmt. Im ersten Sezierkurs, zu dem wir uns bei Assistenten Dr. Konrad Lorenz, dem späteren Nobelpreisträger, anmelden mußten, erhielten wir die Gelenke des menschlichen Körpers zu präparieren: von der oberen Extremität ein Schulter- und Ellbogengelenk sowie die Hand; von der unteren Extremität ein Hüft- und Kniegelenk sowie einen Fuß. Wir wurden von Assistenten und Demonstratoren (älteren Studenten) betreut, nach dem Präparieren eines jeden Gelenkes abgeprüft und dann zum nächsten Präparat zugelassen. Außerdem gab es ein Studierlokal, in dem alle anatomischen Teile des Menschen entlehnt und studiert werden konnten.

Die *Physik* war harmlos und wurde von Prof. Schweidler druckreif vorgetragen. Die Materie überschritt nicht viel den Mittelschulstoff, den wir in der Mathem.-naturwissenschaftlichen Oberschule gelernt hatten. Diese Vorlesungen habe ich wenig besucht. Die *Biologie* (Zoologie) wurde von Prof. Krüger im Hauptgebäude der Universität gelehrt. Es war unmöglich, vom Institut für Physik in der Boltzmanngasse rechtzeitig zur Vorlesung von Prof. Krüger zu gelangen und so war ich auch dort selten zu sehen.

Wichtig war die Vorlesung aus Medizinischer *Chemie* bei Prof. Otto v. Fürth. Er war schon ein alter Herr, an beiden Augen von Prof. Meller wegen grauen Stars operiert worden, und es unterliefen ihm Fehler, die von seinem Vorlesungsassistenten Dr. Leipert, später Professor in Graz, korrigiert wurden. Zum Chemieunterricht gehörten auch praktische Übungen, wie Harnanalysen, Untersuchungen des Magensaftes und seines Säuregehaltes u. ä. m. Im 2. Semester (Sommer) wurden die Vorlesungen des ersten Semesters fortgesetzt, Sezierübungen fanden jedoch in der warmen Jahreszeit nicht statt. Zu Ende des Sommersemesters konnte man bereits Prüfungen des „ersten Theoretikums", nämlich Physik und Biologie, ablegen. Zu meiner Zeit mußte dieses Theoretikum an *einem* Nachmittag absolviert werden. Beide Prüfungen absolvierte ich mit ausgezeichnetem Erfolg. Nach den Sommerferien konnte man zur Chemieprüfung (theoretisch und praktisch) antreten und war dann frei für die nächsten Fächer. Diese Prüfung absolvierte ich bei Prof. Barrenscheen, gleichfalls mit bestem Erfolg. Im dritten Semester mußte der zweite Sezierkurs gemacht werden. Je sechs Kollegen erhielten eine ganze Leiche, zwei arbeiteten an Kopf und Hals, zwei an der Brust und den oberen Extremitäten und zwei am Bauch und den unteren Extremitäten. Leichen mit großem Fettpolster waren unangenehm zu sezieren, weil man im Fett schwamm. Daher drückten wir dem Oberlaboranten Tatiček einen Obulus in die Hand und erhielten eine magere Mannesleiche zugewiesen. Das Präparieren der Leichen ging nach einem bestimmten Plan vor sich, nämlich Schicht für Schicht, dazu stand ein Heftchen mit Anleitungen zur Verfügung, und da damals der berüchtigte Massenmörder Laudenbach abgeurteilt worden war, wurde das Sezierheftchen als „Der kleine Laudenbach" bezeichnet. Wieder mußte nach Durchführung der Sezierübungen beim zuständigen Assistenten eine Abschlußprüfung abgelegt und eine Testur eingeholt werden.

Neben der makroskopischen Anatomie wurde auch die mikroskopische Anatomie *(Histologie)* gelehrt. Hier stand Prof. Schaffer ebenfalls kurz vor der Emeritierung, sein Nachfolger war Prof. Patzelt, der schwerhörig war, was bei den Prüfungen Vor- und Nachteile hatte. Im Histologieunterricht wurden aus menschlichen Geweben „Zupfpräparate" angefertigt und nativ am Mikroskop studiert. Außerdem erhielten wir in Paraffin eingebettete Gewebsschnitte, die mit Eosin und Hämatoxylin gefärbt und gleichfalls mikroskopisch studiert wurden. Neben der Histologie wurde von Prof. Fischel *Embryologie* gelesen, aber diese interessante Vorlesung fand wenig Zuhörer, da die reine Embryologie kein Prüfungsgegenstand war.

Zu den Fächern des vorklinischen Studienabschnittes gehörte schließlich noch die *Physiologie,* die Lehre von der Funktion der gesunden menschlichen Organe. Ein interessantes Fach mit praktischen Übungen am Froschherzen u. dgl. m., das von Hofrat Prof. Dr. A. Durig, einem passionierten Hochtouristen, gelehrt wurde. Prof. Durig war außerdem der für die Fürsorge der Studenten verantwortliche Mann. Er war ein Frühaufsteher, und wenn man bei gutem Studienfortgang Benefizien in Anspruch nehmen konnte, wie Speisemarken für die Studentenmensa, Stipendienraten und andere Zuwendungen, mußte man sehr zeitlich aus den Federn. Den Weg von Favoriten zur Universität und zurück legte ich stets zu Fuß zurück, um Fahrgeld zu sparen. In der Physiologie waren die Kampffronten insoferne gegeben, als die eine Front im Parterre, die andere auf der Galerie Platz nahm. Wenn Kampflärm in den Hörsaal drang, schloß Hofrat Durig die Vorlesung mit der Bemerkung: „Ich höre jetzt auf, Sie werden ja auch dabei sein wollen."

Wenn man die Prüfungen aus Anatomie, Histologie und Physiologie im 5. Semester schaffte, wurde dieses Halbjahr bereits als erstes klinisches Semester angerechnet. Der Prüfung aus Anatomie ging die Sektion einer Kindesleiche als Repetitorium voraus. Als ich zur Prüfung antrat, beherrschte ich keineswegs den gesamten Stoff der menschlichen Anatomie; trotzdem wagte ich es, diese gefürchtete Prüfung verhältnismäßig frühzeitig im Verlaufe des 5. Semesters abzulegen, um es für die Klinik zu gewinnen. Als praktische Prüfung hatte ich die Aufgabe, den Schließmuskel und die Lider eines Auges der „Rigorosenleiche" zu präparieren. Dann wurden Knochen, Muskel, Eingeweide, Nervenbahnen u. a. m. geprüft. Alles lief gut. Zum Schluß fragte mich Prof. Pernkopf, der Nachfolger von Prof. Hochstetter, nach dem „Traube'schen Raum"; ich sollte ihn an einem Gipstorso einzeichnen, hatte aber von diesem Gebilde nie gehört. Schließlich kam ich dahinter, daß es sich um jenen Raum handelt, der nach oben hin vom Zwerchfell, links von der Milz und rechts vom linken Leberlappen begrenzt wird. Nachdem mir die Darstellung dieses ominösen Raumes am Torso gelungen war, hatte ich auch diese Prüfung mit ausgezeichnetem Erfolg bestanden.

Die Prüfung aus *Histologie* war relativ harmlos und gelang ohne große Schwierigkeiten. Hingegen war die Prüfung aus

Physiologie eine Tortur. Da ich alle Prüfungen bis dahin mit „ausgezeichnetem" Kalkül bestanden hatte, wurde mir in der Physiologie die praktische Prüfung erlassen. Acht Kandidaten waren ausgeschrieben, ich war der letzte der Liste, wurde aber dem Professor genau gegenüber als erster in die Sesselreihe für die theoretische Prüfung hingesetzt. Die Prüfungen erfolgten in der Reihenfolge der Ausschreibung, so daß ich eigentlich als letzter geprüft werden sollte. Aber wenn die Kandidaten vor mir eine Frage nicht beantworten konnten, richteten sich die Blicke des Prüfers stets fragend auf mich. Ich mußte daher bei allen Fragen mitdenken und mir Antworten zurechtlegen. Zu Ende der Prüfung war ich erschöpft, hatte quälende Kopfschmerzen und ging wie im Traume nach Hause. Doch auch diese Prüfung hatte ich mit bestem Erfolg bestanden und also tatsächlich alle Prüfungen des ersten Rigorosums im 5. Semester beendet.

So hatte ich Zeit für Nachhilfeunterricht in den Mittelschulfächern, als Tanzlehrer, Ballarrangeur und aktives Mitglied der C.V.-Verbindung „Nordgau", für die mich und andere Absolventen der Mittelschule in Favoriten unser Religionslehrer gekeilt hatte; er selbst war auch „Alter Herr" dieser Korporation. „Nordgau" wurde 1900 als Landsmannschaft für Studenten aus dem Sudetenland gegründet und später eine konventionelle farbentragende katholische Verbindung. Die Gattin des Erzherzogs Franz Ferdinand, Fürstin Hohenberg, war unsere Fahnenpatin gewesen; wir waren also — noch vor meinem Beitritt im Herbst 1931 — Monarchisten und sangen „für Vaterland und Kaiser". In der ersten Republik hieß die Verbindung „Deutsche, katholische Studentenverbindung Nordgau" und galt innerhalb des C. V. als „nationale" Korporation. Nach Einführung des „Ständestaates" hieß die Verbindung „Österreichische katholische Studentenverbindung" und wir waren verpflichtet, einem Wehrverband (Heimwehr, Ostmärkische Sturmscharen) beizutreten. Unter dem Hitlerregime verschwanden wir im „Untergrund" und nach dem 2. Weltkrieg hießen wir „Österreichische katholische Studentenverbindung Nordgau"; alles „Deutsche" war in Mißkredit geraten. Auch das ehemals „Deutsche Volkstheater" heißt heute nur noch „Volkstheater". In der Verbindung bekleidete ich verschiedene Chargen, darunter auch den Senior, aber ein fleißiger Medizinstudent hat nicht viel Zeit für ein flottes Studentenleben. So galt ich keineswegs als braver Couleurstudent, der stundenlang auf der „Bude" saß, Karten spielte und sich mit seinen Freunden bei Bier und studentischen Gesprächen unterhielt. Außerdem gehörte ich ja auch zur Mittelschulverbindung „Teutonia" und es erschien mir wichtiger, im „roten" Favoriten in Erscheinung zu treten, als im bürgerlichen Universitätsviertel. Als Senior überreichte ich dem damaligen Bundeskanzler Dr. Dollfuß das Ehrenband der Verbindung und Kardinal Innitzer begrüßte ich als Vertreter der Jugendorganisation in Favoriten.

Jeden Samstag fand in der Universität ein Farbenbummel statt, die linken Arkaden waren den Waffenstudenten vorbehalten, die rechten den „Katholen" und im Verbindungsteil bewegten sich die Liberalen. Die Fronten für Prügeleien waren wieder abgesteckt.

Als ich mit dem Studium begann, ernannte mich mein Freund Heinz Drimmel, der spätere Unterrichtsminister, zum Fachschaftsleiter für die Medizinische Fakultät. Er selbst wurde „Sachwalter" genannt und vertrat die Interessen der gesamten Studentenschaft der Universität gegenüber den Behörden. Ich hatte aber nicht einmal ein bescheidenes Lokal für meine Tätigkeit, und der damalige Dekan Prof. Kerl (Dermatologe und Venerologe) warf mich mitsamt meinem Stellvertreter kurzerhand hinaus, als wir mit der Bitte um Zuweisung eines Arbeitslokals für die Fachschaft vorstellig wurden. Da ich sah, daß die Politik kein Geschäft für mich war, habe ich mich ganz dem Studium gewidmet und nie eine politische Funktion innegehabt.

Den letzten Rest des 5. Studiensemesters habe ich mehr oder weniger verbummelt, viel Zeit bis zum Beginn des klinischen Studiums blieb nicht übrig. Nun hatte ich auch etwas Zeit, um mich um meine Angebetete zu kümmern, aber wir besuchten getrennte Tanzschulen und die Zeiten für Zusammenkünfte waren kurz bemessen. Außerdem interessierte sich die junge Dame für verschiedene andere Verehrer, obwohl ich ihr in ihren Mittelschulfächern half, ihre geometrischen Zeichnungen anfertigte und ihre deutschen Hausarbeiten schrieb. Unserem gemeinsamen Deutschlehrer, Dr. Otto Wirth, fiel sogar der ähnliche Stil auf.

Schließlich kam es zum vorübergehenden Bruch zwischen uns beiden und wir sahen einander längere Zeit nicht. Einmal begegnete ich Elfriede an einem Sonntagnachmittag in der Laxenburgerstraße, ging aber stolz und ohne Gruß an ihr vorbei; später tat es mir sehr leid. Die Trennung war nicht nachteilig, denn ich konnte meine ganze Zeit dem Studium widmen und gehörte zu den „Verrückten" meiner Semesterkollegen, die den Ehrgeiz hatten, ganz vorne zu sein und das Studium ehestens zu Ende zu bringen. Zufällig traf ich Elfriede auch einmal bei einer Straßenbahnhaltestelle und da sie dort anscheinend ein Stelldichein hatte, drohte sie mich mit ihrem Schirm zu vertreiben und ich verließ traurig das Schlachtfeld.

Immerhin war ich unter ihren Verehrern der einzige Akademiker, noch dazu nicht der schlechteste, und da mein medizinisches Doktorat in Aussicht stand, rechnete ich mir immer noch Chancen aus. Die anderen Bewerber waren minderer Sorte, ein Friseur, ein Lehrer, ein Greißler tschechischer Herkunft und ähnliches Volk, das keine ernste Konkurrenz war. Die künftige Schwiegermutter hielt außerdem große Stücke auf mich und sie war an dem Zustandekommen unserer Ehe entscheidend beteiligt. Der künftige Schwiegervater war Beamter der Tabakregie und erhielt ein angemessenes Deputat an Rauchwaren, die er nicht verkaufen durfte. Die Zigaretten wurden hauptsächlich von der künftigen Schwiegermutter konsumiert; sie wurde nicht alt und ging kardial zugrunde. Auch meine Frau war eine starke Raucherin und ich prognostizierte ihr einen Lungenkrebs. Aber sie ist im Alter von 56 Jahren an den Folgen eines Brustkrebses gestorben. Hingegen hat sie sich ein Geschwür des Zwölffingerdarms angeraucht und mußte schon während ihres letalen Krebsleidens wegen eines „akuten Abdomens" operiert werden.

Nach der Matura absolvierte Elfriede einen Kurs in Stenotypie und fiel trotz ihres ausgezeichneten Maturazeugnisses, in dem sie nur *ein* „gut" in Darstellender Geometrie hatte, durch, weil sie konsequent Maschiene geschrieben hatte, obwohl sie die richtige Schreibart natürlich beherrschte. Nach dem Kurs arbeitete sie als Stenotypistin in einer Zeitungsredaktion, die ihr das Honorar schuldig blieb, als Aushilfe in anderen Unternehmen und landete schließlich beim Rechtsanwalt Dr. Teller in der Singerstraße, der sie gut behandelte, ausgezeichnet verpflegte, 1938 aber nach England emigrierte und seine Kanzlei samt Personal einem benachbarten Rechtsanwalt übergab. So vergingen acht Jahre mit Streit und Wiederversöhnung. Nun müssen wir aber wieder zur Fortsetzung des Medizinstudiums zurückkehren.

VI. Kapitel:
Klinischer Studienabschnitt und Abschluß des Studiums (1934—1936)

Wie im vorangegangenen Kapitel bereits ausgeführt wurde, war das 5. Studiensemester eigentlich ein Prüfungssemester, in dem die für das *1. Rigorosum* wichtigsten Prüfungen über Anatomie, Histologie und Physiologie abgelegt werden sollten, so daß für den Besuch klinischer Vorlesungen nicht viel Zeit übrig blieb; obwohl dieses 5. Semester bereits als erstes klinisches Studiensemester angerechnet wurde, wenn es gelungen war, die genannten Prüfungen mit Erfolg hinter sich zu bringen, was tatsächlich nur einer Minderheit der Medizinstudenten gelang. Nun standen mir noch fünf klinische Semester bevor, anschließend konnte ich die Prüfungen des *2. und 3. Rigorosums* ablegen.

Der wichtigste und umfangreichste Gegenstand des Klinikums war die *Pathologische Anatomie,* d. i. das Studium der krankhaften Veränderungen, die an den im Krankenhaus kurz vorher verstorbenen Patienten im Seziersaal festgestellt und mit den klinischen Untersuchungsergebnissen und Diagnosen verglichen werden. Als Student hatte man allerdings nur wenig Gelegenheit, selbst Autopsien vorzunehmen. Mit der pathologischen Anatomie verbunden waren die Bakteriologie und die pathologische Histologie mit praktischen Übungen. Vorstand des Institutes für Pathoanatomie war Prof. Maresch, ein wohlhabender Mann, der als Forscher wenig hervortrat, aber eine markante Persönlichkeit war, die in einem meiner Studienjahre zum Rektor magnificus gewählt wurde. Seine Leichenöffnungen waren höchst elegante Demonstrationen der makroskopischen Pathoanatomie. In den Vorlesungen wurde Prof. Maresch häufig von Doz. Dr. Feller vertreten, der ein tüchtiger Fachmann, aber leider ein Trinker war. Die Vorlesungen über Bakteriologie hielt Prof.

Dr. H. Chiari, der spätere Vorstand des Institutes, die pathologische Histologie wurde von Frau Prof. Dr. Carmen v. Coronini vorgetragen. Da die Pathoanatomie ein sehr umfangreiches Fach und die erste Prüfung des 2. Rigorosums nach dem Absolutorium war, wurden die Vorlesungen dieses Faches praktisch während aller 5 Semester des Klinikums besucht, so daß die anderen Fächer etwas zu kurz kamen.

Zwei weitere wichtige Fächer des klinischen Studienabschnittes waren die *Innere Medizin* und die *Chirurgie*. Beide Fächer mußten während je 4 Semestern inskribiert werden und waren mit praktischen Übungen verbunden. Zwei Semester Innere Medizin hörte ich bei Prof. Nikolaus von Jagić, einem wienerisch-legeren Herrn, und zwei weitere Semester bei dem eleganten und weltberühmten Prof. Dr. Hans Eppinger, der allerdings kein hervorragender Redner war. An der Klinik Jagić lernte ich auch Perkussion und Auskultation (Abklopfen und Abhören der Brust- und Bauchorgane), vorgetragen von Prof. Frisch, der kein imponierender Lehrer war. Der bekannte Internist und spätere Chef der 2. Medizinischen Universitätsklinik in Wien, Prof. Dr. Karl Fellinger, zeitweilig Leibarzt des verstorbenen Kaisers von Persien, war einer der Assistenten bei Prof. v. Jagić und vor seiner Berufung zum Klinikvorstand in Wien kurze Zeit Klinikchef in Graz. Prof. Eppinger soll einmal nach Moskau gerufen worden sein, um Stalin zu untersuchen und therapeutische Empfehlungen zu geben; bei dieser Gelegenheit sollen ihm zwei Persönlichkeiten (Doppelgänger?) vorgestellt worden sein, so daß er nicht wußte, welcher Patient der echte Stalin war. Prof. Eppinger übergab nach Kriegsende ein Buchmanuskript über die „Seröse Entzündung" einem seiner älteren Assistenten zur Publikation und nahm Zyankali, um einem Verhör vor dem Internationalen Gerichtshof in Nürnberg zu entgehen.

Chirurgie lehrten Prof. Dr. Egon von Ranzi, der Nachfolger von Prof. v. Eiselsberg, sowie Prof. Dr. Wolfgang Denk, der bekanntlich einmal als Kandidat für das Amt des Bundespräsidenten auftrat. Bei Prof. v. Ranzi hörte ich einen Kurs über Operationen an der Leiche. Prof. Denk war eine imponierende Persönlichkeit, auch ein Schüler von Prof. v. Eiselsberg, und war einmal Rector magnificus der Wiener Universität. Anläßlich meiner Promotion am 22. 12. 1936 war Prof. Denk mein Promotor. Während meiner Tätigkeit als Klinikvorstand in Graz erhielt Prof. Denk das Ehrendoktorat der Grazer Medizinischen Fakultät und ich hatte dabei die Ehre, als Promotor zu wirken.

Zu den Fächern, die im Rahmen des 2. *Rigorosums* geprüft wurden, gehörte neben der Pathoanatomie und Inneren Medizin noch die Pharmakologie, Rezeptierkunde, die Kinderheilkunde sowie Psychiatrie und Neurologie. *Pharmakologie* lehrte Prof. Dr. Peter Pick, in dessen Vorlesungen strengstes Silentium herrschen mußte, wenn man nicht Gefahr laufen wollte, hinausgeworfen zu werden; außerdem wurde dem Missetäter die Studentenlegitimation abgenommen und er mußte sie sich beim Herrn Dekan wieder holen, was unvermeidlich mit einer Moralpauke verbunden war. Prof. Pick mußte später aus rassischen Gründen Wien verlassen und starb in New York. Die *Rezeptierkunde* wurde von Dozent Rössler gelesen, der später Chef des Institutes für Pharmakologie wurde. In den Nachkriegswirren des Jahres 1945 wurde er — vermutlich aus persönlicher Rache — erschlagen.

Kinderheilkunde (Pädiatrie) wurde von Prof. Dr. F. Hamburger vorgetragen, der vorher Chef der Kinderklinik in Graz war. Er wurde als 12. Kind des Papierfabrikanten Wilhelm Hamburger in Pitten, N.Ö., geboren. 1898 wurde er in Graz promoviert. Sein Vorgänger als Vorstand der Wiener Kinderklinik war Prof. Klemens v. Pirquet [*]), der Begründer der Allergielehre, der 1930 mit seiner kranken Gattin Selbstmord mit Zyankali verübte. 1945 hat Prof. Hamburger, der national gesinnt war, über Aufforderung des damaligen Dekans Wien

---

*) Dr. Silvio v. Pirquet, ein Neffe von Prof. Pirquet, ist in den U.S.A. als Augenarzt tätig. Mein Versuch, ihn als Mitarbeiter in Graz zu gewinnen, mißlang.

verlassen und hat zuletzt in Vöcklabruck, O.Ö., ein neues Heim und Tätigkeitsfeld gefunden. Am 29. August 1954 ist er gestorben.
Das Fach *Psychiatrie* wurde von Prof. Dr. Otto Pötzl aus der Schule von Julius Wagner, Ritter von Jauregg, dem bekannten Nobelpreisträger, vorgetragen. Seine Ausführungen waren druckreif, für uns Studenten aber zuweilen zu hoch. Vordem war Prof. Pötzl Ordinarius für Psychiatrie in Prag gewesen. Die *Neurologie,* die heute von der Psychiatrie völlig getrennt gelehrt wird, lernten wir bei dem nachmaligen Vorstand der Universitätsklinik für Psychiatrie *und* Neurologie, Prof. Hans Hoff, der später während der NS-Zeit emigriert war. Prof. Hoff saß noch mit mir im Wiener medizinischen Professorenkollegium, war auch einmal Dekan und ist zu Ende seiner Laufbahn im Alter von 70 Jahren verstorben.
Im Rahmen des *3. Rigorosums* waren außer der bereits erwähnten Chirurgie die theoretischen Fächer *Hygiene* und *Gerichtliche Medizin,* die klinischen Fächer *Gynäkologie* und *Geburtshilfe, Augenheilkunde* sowie *Haut- und Geschlechtskrankheiten* zu lernen. Die *experimentelle Pathologie* wurde zu meiner Zeit zwar vorgetragen, aber nicht geprüft. Ferner war ein Impfkurs obligatorisch, die Hals-Nasen-Ohren-Heilkunde wurde praktisch geübt, indem einschlägige Fälle untersucht wurden, und auch die Zahnheilkunde wurde für das Doktorat der gesamten Heilkunde zwar gelehrt und geübt, aber beide zuletzt genannten Fächer wurden nicht geprüft und daher nicht mit letztem Ernst betrieben. Im Zusammenhang mit der Chirurgie gab es einen praktischen Verbandskurs und in der Geburtshilfe Übungen am Phantom.
Hygiene wurde von Prof. Graßberger und seinem Nachfolger Prof. Eugling gelehrt, die Vorlesungen wurden aber nur spärlich besucht. Ebenso die Vorlesungen über *Experimentelle Pathologie,* vertreten durch Prof. Rothberger; *Gynäkologie und Geburtshilfe* hörte ich zunächst bei Prof. Weibel; diese

Vorlesungen waren langweilig, fielen in die Mittagszeit und waren nicht attraktiv. Hingegen waren die analogen Vorlesungen von Prof. Kahr (recte Katz) sehr lebhaft und anregend; er war geradezu ein Schauspieler seines Faches. Das Studium der Geburtshilfe war mit einem Internat verbunden, d. h. wir mußten einige Tage und Nächte ohne Unterbrechung in der Klinik verweilen und wurden zu jeder Geburt geholt. Am Krankenbett mußten wir die Patientinnen untersuchen und die Lage des Kindes feststellen, was für die Schwangeren gewiß oft eine zusätzliche Belastung war. Hauptpersonen bei den Entbindungen waren die Hebammen, in der Regel erfahrene, kräftige, der ersten Blüte entwachsene Frauen, die die Geburten leiteten. Ärzte wurden nur bei Komplikationen aktiv. In Erinnerung geblieben ist mir die typische Äußerung einer Hebamme gegenüber einer Gebärenden: „Plärren's nicht, pressen's ordentlich!" Den zuständigen Fachkollegen wurde nachgesagt, die Entscheidung, sich der Frauenheilkunde zu widmen, werde vor dem Spiegel getroffen. Tatsächlich sind die Kollegen von der Gynäkologie und Geburtshilfe in der Regel gut aussehende Männer.

Die *Augenheilkunde* fällt infolge ihrer Präzision, verglichen mit allen übrigen klinischen Fächern der Medizin, etwas aus dem Rahmen. Dieses Fach mußte durch zwei Semester inskribiert werden. Im ersten dieser Semester absolvierte ich die Vorlesungen bei Prof. Dr. Josef Meller an der 1. Augenklinik, der ich später selbst vorstehen sollte. Meller war ein hoch angesehener Mann, hatte großen Einfluß im medizinischen Professorenkollegium, war aber hinsichtlich der Ursache entzündlicher Augenerkrankungen einseitig auf Tuberkulose eingestellt. Seine Vorlesungen waren langweilig, er sprach betont langsam. Meller war Junggeselle und heiratete mit 70 Jahren seine Wirtschafterin, die jedoch ein Jahr später starb. Er mußte die Leitung der Klinik noch vor Erreichung der Altersgrenze aus politischen Gründen zurücklegen. Die Winter verbrachte er in einem seiner Häuser in der Argentinierstraße nahe der Karlskirche, wo er von einer strengen Haushälterin tyrannisiert wurde. Sommers lebte er in einem gemieteten Landhäuschen im Wienerwald und wurde von einer anderen Pflegerin gut betreut. Meller war ein vorzüglicher Lateiner und las mit Vorliebe Tacitus und andere schwierige Autoren. Zu seinem 90. Geburtstag wurde Prof. Meller vom damaligen Dekan, Prof. Dr. Breitenecker (Gerichtl. Medizin), von Prof. Böck, dem Vorstand der 2. Augenklinik sowie von Prof. Pillat, meinem Vorgänger, und von mir in seinem Häuschen im Wienerwald besucht und beglückwünscht. Er starb 1968 im Alter von 94 Jahren.

Das 2. vorgeschriebene Semester über Augenheilkunde hörte ich bei Prof. Dr. K. Lindner, meinem nachmaligen Klinikchef. Seine Vorlesungen waren weitaus lebendiger und moderner als die von Prof. Meller. Lindner war gegenüber allem Neuen aufgeschlossen, besuchte z. B. Messeausstellungen in Innsbruck, versuchte alle vertretbaren neuen Operations- und Behandlungsmethoden, war ein passionierter Bienenvater und Obstzüchter, technisch überaus begabt, erwarb noch gegen Ende seines siebenten Lebensjahrzehnts den Autoführerschein und kaufte sich einen Volkswagen. Als Klinikchef und Prüfer war er streng, ein Kandidat soll so oft durchgefallen sein, daß dieser das Medizinstudium nicht beenden konnte.

Einen *Impfkurs* absolvierte ich an der Kinderklinik, die otolaryngologischen Übungen an der Abteilung für Hals-Nasen-Ohrenkrankheiten an der Wiener Poliklinik; an der Zahnklinik führte ich Extraktionen aus und die letzten Ferien verbrachte ich als Hospitant an den medizinischen Abteilungen des Kaiser Franz-Josephs- bzw. Rudolf-Spitals und an der chirurgischen Universitätsklinik unter Prof. Denk.

Zwei Semester *Haut- und Geschlechtskrankheiten* hörte ich bei Prof. Dr. Leopold Arzt, einem sehr einflußreichen Mitglied des Professorenkollegiums der medizinischen Fakultät.

Er war eine robuste Persönlichkeit wienerischen Typs und Witwer, dem seine Frau früh gestorben war; er hatte sich — wie er zugab — nicht viel um sie gekümmert. Zur Zeit meiner Promotion war er Rector magnificus der Wiener Universität. Er verlegte die Prüfungen in die Vorlesungen und beschränkte die Zahl der Kandidaten eines jeden Prüfungstages so sehr, daß es zu einem Rückstau kam und ich 3 Wochen warten mußte, bis ich zu dieser meiner letzten Prüfung antreten konnte.

Das *Absolutorium* erhielt ich zu Ende meines 10. Studiensemesters vor den Sommerferien des Jahres 1936. Um diese Zeit durfte man zu den beiden ersten Prüfungen des 2. *Rigorosums* antreten, der *Pathoanatomie* und *Pharmakologie*. Die Pathoanatomie gehörte, wie bereits erwähnt, zu den umfangreichsten und gefürchtetsten Prüfungsfächern. Hier erreichte ich nur den Kalkül „genügend", da ich bei der mikroskopischen Untersuchung eines Präparates der Schilddrüse fälschlich eine bösartige Geschwulst diagnostiziert hatte, obwohl mir bekannt war, daß es ein Prüfungspräparat gab, bei dem die Entscheidung zwischen Gutartigkeit und Bösartigkeit sehr schwierig war; zumal für einen wenig erfahrenen Studenten. *Geprüft* wurde ich von Dozenten Dr. Feller, von dem oben bereits die Rede war.

Bei der Sektion der Leiche war Oberlaborant Kaltenböck eine wichtige Hilfe. Er arbeitete immer ohne Handschuhe, war völlig immun gegen Infektionen und beherrschte die Autopsie in jeder Hinsicht. Um den Kandidaten die Schnittführung zu erleichtern, hielt er die Organe mit beiden Händen so, daß der Schnitt nur in der vorgeschriebenen Richtung geführt werden konnte; dies galt vor allem für die technisch komplizierten Herzschnitte. Dieses Verfahren hat sich gut bewährt und wurde von jedem Prüfer respektiert. Nur einmal wollte ein Kandidat den Schnitt justament nicht zwischen den Händen Kaltenböcks, sondern senkrecht dazu durch die Finger

des Laboranten führen; da wurde der sonst so hilfreiche und ruhige Mann denn doch ungemütlich.
Die Prüfung aus *Pharmakologie* und *Rezeptierkunde* bei Prof. Pick verlief ohne besondere Schwierigkeiten und das Ergebnis wurde „ausgezeichnet" klassifiziert.
Während der folgenden Sommerferien studierte ich die restlichen Fächer des *2. Rigorosums* und die des *3. Rigorosums* nach einem genauen Plan. Mich hat niemand gelehrt, wie man studieren soll, ich habe mir aber selbst ein System zurechtgelegt. In dieses System wurde das Gehör durch lautes Lesen des Prüfungsstoffes, das Sehen durch Benützung eines bestimmten Lehrbuches oder Skriptums und die Mechanik des Schreibens durch Anfertigung eines Auszugs aus dem Prüfungsstoff einbezogen. Diese Kombination von Hören, Sehen und schriftlichen Aufzeichnungen hat sich gut bewährt und ich hatte bei der Prüfung jene Seite, die eine bestimmte Prüfungsfrage behandelte, geradezu vor Augen. Zunächst lernte ich alle Fächer nach einem bestimmten Zeitplan hintereinander, vor den Prüfungen wiederholte ich jeden der Prüfungsgegenstände, und am letzten Tage vor der Prüfung lernte ich grundsätzlich nichts mehr, ja ich zerstreute mich durch Besuch eines heiteren Kinofilms o. dgl. m. Vor einer Prüfung war ich immer etwas „nervös", sobald die Prüfung begonnen hatte aber eiskalt. Sehr wichtig ist bei einer Prüfung fließendes Sprechen in gutem Deutsch; der Prüfer kann nicht ständig mit voller Konzentration zuhören, wenn aber „Kunstpausen" eintreten, wird er aufmerksam und dann kann es geschehen, daß der Prüfer anfängt zu „bohren". Man soll bei einer Prüfung auch nicht mehr antworten als gefragt wird; ergänzende Erklärungen u. dgl. sind nicht zweckmäßig, außer, man wird danach gefragt. Auf meine Erfahrungen als Prüfer werden wir noch zurückkommen.
Die erste Prüfung nach den Sommerferien des Jahres 1931 war die *Innere Medizin* bei Prof. N. v. Jagić. Die Diagnose

konnte man vom zuständigen Laboranten gegen Entrichtung eines angemessenen Obulus vor der Prüfung erfahren. Das konnte Vorteile, aber auch Nachteile haben. Vorteile, wenn der Zustand des bei der Prüfung untersuchten Kranken konstant geblieben war, Nachteile, wenn sich sein Zustand kürzlich geändert hatte. Ich mußte neben der Beantwortung theoretischer Fragen einen Mann mit spastischer Bronchitis untersuchen, die an den pfeifenden Atemgeräuschen durch Auskultation leicht festzustellen ist. Mein Patient hatte aber auch einen Herzklappenfehler, den mein Prüfer unbedingt wissen wollte. So ein Klappenfehler kann bei entsprechender Erfahrung durch Abhören und Analyse der Herztöne ohne besondere Schwierigkeiten diagnostiziert werden. Mir fehlte natürlich diese Erfahrung und es war dem Zufall überlassen, das Richtige zu treffen, was mir nicht ohne Umwege gelang. Der Kalkül dieser Prüfung war wieder nur „genügend".

Bei *Prof. F. Hamburger* (Kinderheilkunde) mußte ich einen Knaben mit Nierenentzündung untersuchen, da gab es keine Probleme und das Ergebnis war „ausgezeichnet".

Zwischen den Fächern *Psychiatrie* und *Neurologie* konnte man als Prüfungskandidat frei wählen; entscheidend war eine vorausgehende Unterhaltung mit dem zuständigen Oberlaboranten. Ich wählte die Psychiatrie, Prof. Pötzl war ein angenehmer Prüfer und ich erhielt auch da eine „Auszeichnung".

Damit hatte ich die Mehrzahl der Prüfungen des 2. *Rigorosums* „ausgezeichnet" absolviert und das ganze Rigorosum galt als „ausgezeichnet".

Beim 3. *Rigorosum* begann ich mit den theoretischen Fächern *Hygiene* und *Gerichtliche Medizin;* beide Prüfungen mußten an *einem* Nachmittag in den entsprechenden Instituten abgelegt werden. Ein Kandidat, der die Vorlesungen aus Hygiene nie besucht hatte, begegnete im Institut Herrn Prof. Eugling, seinem Prüfer, und fragte ihn, wo denn der Professor zu finden sei. Natürlich war der Student sehr überrascht, als er bei der Prüfung Herrn Prof. Eugling gegenübersaß. Die Hygiene ist ein schwer abgrenzbares amöboides Fach und heute in zahlreiche Spezialfächer aufgeteilt. Damals mußte man noch den gesamten Lehrstoff beherrschen. Es ging gut und ich entsprach „ausgezeichnet".

Die Prüfung aus *Gerichtlicher Medizin* bei Prof. Dr. Fritz Reuter war die unangenehmste meiner ganzen Laufbahn. Meine Antworten befriedigten den Prüfer nicht, er ging immer mehr ins Detail und landete schließlich in fachlichen Höhen, wo ich längst nicht mehr zu Hause war. Hin und her ging das Frage-Antwort-Spiel und ich hatte das Gefühl, daß mich Prof. Reuter am liebsten hätte durchfallen lassen; aber ich wehrte mich mit meiner ganzen Sprachgewandtheit und so ging die Prüfung schließlich mit einem „genügend" zu Ende. Das Auditorium kam nach der Prüfung zu mir und fragte mich, ob ich jemals Differenzen mit Prof. Reuter gehabt hätte, weil die Prüfung so ungewöhnlich und unkonziliant verlaufen war. Ich war erschöpft, hatte Kopfschmerzen und ging unbefriedigt nach Hause.

In der *Frauenheilkunde* war ich nicht sehr gut beschlagen, dieses Fach lag mir nicht. Es war eine mittelmäßige Prüfung bei Prof. Kahr (recte Katz) mit „genügendem" Ausgang. Prof Kahr konnte recht witzig oder bissig sein. Ein Kandidat führte eine Entbindung am Phantom schlecht aus. Darauf der Professor: „So, jetzt erschlagen Sie noch den Vater, dann haben Sie die ganze Familie ausgerottet."

Bei der Prüfung aus *Chirurgie* gab es keine Schwierigkeiten. Prof. Denk war ein ruhiger und angenehmer Prüfer. Die Untersuchung und Beurteilung eines Patienten, die Prüfung eines Röntgenbildes, das Anlegen eines bestimmten Verbandes und schließlich die Operation an der Leiche ergaben insgesamt eine „Auszeichnung". An der Leiche sollte ich eine Oberschenkelamputation ausführen. Ich machte mit dem Amputationsmesser in der oberen Hälfte der Extremität den vorgeschriebenen Lappenschnitt, in der unteren Hälfte den Halbzirkelschnitt und griff zur Knochensäge, um die Amputation zu vollenden. Da fiel mir Prof. Denk in die Hand und verzichtete auf die Anwendung der Knochensäge, um die Leiche nicht allzu sehr zu verstümmeln.

In der *Augenheilkunde,* einer gefürchteten Prüfung, trat ich bei Prof. Karl David Lindner an. Man mußte einen augenkranken Patienten untersuchen und kunstgerecht beschreiben, den Augenhintergrund eines anderen Falles mit dem Augenspiegel betrachten, und theoretische Fragen beantworten. Nachdem ich mit dem Kalkül „genügend" entlassen worden war, kam mir im ersten Hof des Allgemeinen Krankenhauses mein Kollege Haydn, der Demonstrator der Augenklinik war, nachgelaufen und teilte mir mit, der Chef ließe mir sagen, meine Prüfung sei mit „Auszeichnung" klassifiziert worden. Da von den 6 Teilprüfungen des 3. Rigorosums nur 3 mit „Auszeichnung" absolviert worden waren, galt dieses Rigorosum in seiner Gesamtheit nicht als „ausgezeichnet" bestanden.

Auf die letzte Prüfung über *Haut- und Geschlechtskrankheiten* bei Prof. Dr. Leopold Arzt mußte ich, wie bereits erwähnt, drei Wochen warten. Die Prüfungsfragen waren diffus, meine Antworten daher kaum exakt, aber für ein „genügend" hat es gereicht. Damit hatte ich mein Studium in 10 Semestern und knappen drei Monaten beendet und war unter den ersten Promoventen meiner Semesterkollegen.

VII. Kapitel:
Klinischer Hilfsarzt an der 2. Universitäts-Augenklinik in Wien. — Vorstand: Prof. Dr. Karl David Lindner, Schüler von Hofrat Prof. Dr. Ernst Fuchs (1937)

Am 22. Dezember 1936 wurde ich an der Alma Mater Rudolfina zum Doktor der gesamten Heilkunde promoviert. Rektor war der Dermatologe Leopold Arzt, ein sehr einflußreicher Mann im medizinischen Professorenkollegium; seine Kritiker meinten, als gläubiger katholischer Christ hätte er nicht der gefürchtete Mann sein dürfen, der er war, während seine Freunde entgegneten, ohne seines Glaubens Stütze wäre er ein ganz unerträglicher Mensch gewesen. Das Amt des Dekans versah der Dermatologe Wilhelm Kerl; Promotor war der bekannte Chirurg Wolfgang Denk.

Die Aussichten, bald eine besoldete Stelle zu finden, waren denkbar schlecht. Durch ein glückliches Geschick erfuhr ich von einem befreundeten Assistenten der Klinik Arzt, wo ich die letzte Prüfung absolviert hatte, daß an der Klinik Lindner eine besoldete Hilfsarztstelle besetzt werden sollte. Mit einer Empfehlung von Prof. Arzt ausgestattet, stellte ich mich bei Prof. Lindner vor, der noch meine „ausgezeichnete" ophthalmologische Prüfung in Erinnerung hatte und mich als Hilfsarzt aufnahm. Die klinische Weihnachtsfeier im Dezember 1936 konnte ich bereits im Kreise meiner künftigen Kollegen mitfeiern.

Prof. Dr. Karl David Lindner war aktiver evangelischer Christ, Mitglied des „moral rearmament" in Caux (Schweiz) und von beispielhafter Ehrlichkeit, Wahrheitsliebe und unübertrefflicher Pünktlichkeit. Über den Werdegang dieses ungewöhnlichen Menschen, der mein Lehrer und väterliches Vorbild war, möchte ich kurz berichten. Er wurde am 19. 1. 1883 als Sohn eines Stockfabrikanten in Wien-Gumpendorf geboren. Oft erzählte er von den bescheidenen häuslichen

Verhältnissen; die Kinder schliefen in Schubladenbetten und Salz durften nur die Eltern verwenden. Er besuchte das Mariahilfer Gymnasium und studierte an der medizinischen Fakultät der Wiener Universität. Ein Semester verbrachte er mit Leopold Arzt an der Sorbonne in Paris; die französische Sprache beherrschte er besser als die englische. Trotz des konfessionellen Unterschiedes verband beide Kollegen eine enge Freundschaft und oft berieten sie sich über Fakultätsangelegenheiten und gingen einen gemeinsamen Weg.

Am 29. November 1907 wurde Lindner promoviert und trat zu Beginn des Jahres 1908 an der von Hofrat Prof. Dr. Ernst Fuchs geleiteten 2. Wiener Augenklinik, einem internationalen Zentrum der Augenheilkunde, als „Operationszögling" ein. 1909 wurde er zum Sekundararzt und 1912 zum Assistenten bestellt. An der Klinik Fuchs herrschte ein strenges Regiment mit Zölibat; und doch konnte unter der Führung des ersten Assistenten, Dr. Josef Meller, mancher Schwank in Szene gesetzt werden. Ein Patient, der nach Ende der Ambulanzzeit an der Klinik erschienen war, wurde von einem Assistenten abgewiesen und für den kommenden Tag bestellt. Unglücklicherweise war Hofrat Fuchs Zeuge des Vorfalls und wies den Assistenten zurecht, indem er ihm erklärte, ein Patient könnte die Klinik Fuchs jederzeit aufsuchen. Künftig gingen die Assistenten so vor, daß sie verspätete Patienten ohne ernsten Befund mit harmlosen Tropfen (z. B. Borwasser) behandelten, diese Prozedur als wichtige Vorbehandlung bezeichneten und die Hilfesuchenden für den nächsten Morgen zur weiteren Behandlung bestellten. — In große Verlegenheit gerieten die älteren Assistenten mit Dr. Meller an der Spitze, als man den jungen Kollegen weismachen wollte, der zehntausendste Ambulanzpatient würde durch Überreichung einer goldenen Uhr geehrt werden. Die Zeremonie wurde tatsächlich vorgenommen, leider durchschaute der geehrte Patient aber den Scherz nicht und beschwerte sich bei

Hofrat Fuchs, er hätte als zehntausendster Ambulanzpatient rechtens eine goldene Uhr erhalten, man habe sie ihm aber wieder abgenommen. Dr. Meller hatte viel Mühe, den Beschwerdeführer als Geistesgestörten hinzustellen und Hofrat Fuchs zu beruhigen. Übrigens unterhielt sich Hofrat Fuchs im Dienste ausschließlich mit seinem ersten Assistenten Dr. Meller, die jüngeren Kollegen wurden dann von diesem entsprechend informiert.

Die strenge Leitung der Klinik durch Hofrat Fuchs machte sich bei verschiedenen Gelegenheiten bemerkbar. Fuchs legte größten Wert darauf, daß die Krankenstationen auch an Sonn- und Feiertags-Nachmittagen von seinen Assistenten besucht wurden, während er das Wochenende auf dem Semmering zu verbringen pflegte. An einem verregneten Sonntag erschien Hofrat Fuchs, der vorzeitig nach Wien zurückgekehrt war, nachmittags überraschend an der Klinik, ließ den diensthabenden Privatdozenten zu sich bitten und fragte, ob die Nachmittagsvisite schon ordnungsgemäß absolviert worden wäre. Als der Dozent dies bejahte, obwohl noch keine Visite stattgefunden hatte, mußte der Unvorsichtige die Klinik unverzüglich für immer verlassen. Sehr ungehalten war Hofrat Fuchs, wenn vorgedruckte Rezeptformulare als „Schmierzettel" verwendet wurden, oder wenn im Laboratorium ein Mikroskop mit Immersions-Objektiv ungereinigt oder unbedeckt stehen geblieben war.

Um genügend viele Patienten für den Unterricht der Studenten im Augenspiegeln zu versammeln, wurde den Probanden eingeredet, es handle sich um eine strahlentherapeutische Prozedur, die der Heilung der Augenleiden diene. Uninteressante Fälle fanden bei den Studenten natürlich wenig Anklang; und so konnte es gelegentlich geschehen, daß ein Patient im Verlaufe einer Kursstunde überhaupt nicht an die Reihe gekommen war. Solche Patienten beklagten sich zu

Ende der Stunde beim Kursleiter, sie wären überhaupt nicht „bestrahlt" worden. Bei akutem Mangel an Probanden für den Augenspiegelkurs behalf sich der verantwortliche Laborant, indem er junge „Damen" von den beiden venerologischen Kliniken zum Spiegelkurs einlud.

An der Klinik galt Lindner als ehrbarer, fleißiger und sauberer junger Assistent. Eine Kollegin hegte allerdings den Verdacht, er führe ein unmoralisches Doppelleben. Um sie in diesem Glauben zu bestärken, wurden fingierte Liebesbriefe mit seinem Wissen an Lindner gerichtet und der streng moralischen Kollegin in die Hände gespielt. Der erwünschte Erfolg stellte sich auch ein und die Gute hatte nichts besseres zu tun, als die anstößigen Briefe im Kreise der Kollegen entrüstet herumzureichen und so Lindner als unmoralischen Kumpan zu „entlarven".

Um diese Zeit war die Frage des Trachomerregers von eminenter Aktualität. Stanislaus von Prowázek und Ludwig Halberstädter hatten in den Epithelzellen der Bindehaut an Trachom erkrankter Augen „Einschlüsse" entdeckt und diese mit dem Erreger des Trachoms in engen Zusammenhang gebracht. Hofrat Fuchs beauftragte einen Assistenten der Klinik, dieser Frage nachzugehen und sie zu überprüfen. Das Ergebnis war negativ und ein entsprechender Vortrag wurde in der „Gesellschaft der Ärzte" angemeldet. Zur gleichen Zeit hatte Lindner eine junge ägyptische Dame mit floridem Trachom zu betreuen und ihm gelang es, die Befunde von Stanislaus von Prowázek zu bestätigen. Der angemeldete Vortrag des oben erwähnten Assistenten wurde abgesagt und Lindner, der von Hofrat Fuchs als letzter und jüngster Assistent aufgenommen worden war, begann seinen wissenschaftlichen Aufstieg. Lindner hat sich eingehend mit dem Erreger der trachomatösen Bindehautentzündung befaßt und damit internationale Anerkennung erworben. Die Trachom-Einschlüsse wurden zunächst als große Viren angesehen, heute werden sie den Clamydien zugezählt, wobei zwischen der Chlamydia trachomatis, dem Erreger des echten Seuchentrachoms, und der Chlamydia oculogenitalis (von Lindner als Paratrachom bezeichnet) unterschieden wird. Außerdem hat Lindner nachgewiesen, daß nur solche Keime als Erreger von Bindehautentzündungen in Frage kommen, die auf lebenden Epithelzellen anzutreffen sind.

Für seine Arbeiten auf dem Gebiete der Trachomforschung wurde Lindner von der Opthalmologischen Gesellschaft in Heidelberg, der ersten fachärztlichen Vereinigung in der Geschichte der Medizin (1863), mit dem Welz-Graefe-Preis für 1911/13 ausgezeichnet. 1916 erfolgte die Habilitation. Im 1. Weltkrieg finden wir Lindner als Militärarzt auf dem östlichen Kriegsschauplatz, wo er zweimal dekoriert wird und Arnold Pillat für die Augenheilkunde gewinnt. Nach seiner Habilitation verbleibt Lindner bis 1923 im Verbande der inzwischen von Friedrich Dimmer übernommenen 2. Universitäts-Augenklinik.

Während des Kriegsdienstes vermählte sich Lindner mit Luise, geb. Stroh. Nach der Rückkehr aus dem Feld erklärt er seiner Frau, die Ehe müßte wegen des Zölibats der klinischen Assistenten wieder geschieden werden; aber es war nicht ernst gemeint. 1924 erhielt Lindner den Titel eines außerordentlichen Professors und wurde mit der Leitung der Augenabteilung an der Wiener Allgemeinen Poliklinik (Wien, 9., Mariannengasse) betraut.

Während des 1. Weltkrieges wurden immer mehr Ärzte von den Kliniken abgezogen und zum Militärdienst einberufen. Hofrat Fuchs beschwerte sich bei der vorgesetzten Militärbehörde, daß er unter solchen Umständen die Klinik nicht weiterführen könne. „Dann sperren Sie einfach zu", war die lapidare Antwort. Tatsächlich reichte Hofrat Fuchs daraufhin sein Emeritierungsgesuch ein, lernte Spanisch (Englisch und Französisch beherrschte er bereits) und begab sich auf Reisen. Sein Sohn Adalbert Fuchs hat die Reiseerlebnisse seines Vaters in einem Buch „Wie ein Augenarzt die Welt sah" — erschienen bei Urban & Schwarzenberg — veröffentlicht. Ernst Fuchs selbst hatte schon 1889 sein weltbekanntes Lehrbuch der Augenheilkunde geschrieben; es erlebte 19 Auflagen, die letzten wurden von Salzmann und A. Fuchs betreut, galt lange als Bibel der Augenärzte und wurde in alle Kultursprachen, auch in das Chinesische und Japanische, übersetzt.

Wie bereits erwähnt, wurde die vakante 2. Universitäts-Augenklinik nach dem Rücktritt von Ernst Fuchs von dessen Schwager Friedrich Dimmer geleitet, der vordem schon Ordinarius in Innsbruck, Graz und Vorstand der 1. Wiener Augenklinik gewesen war. Gemeinsam mit seinem Assistenten A. Pillat hat Dimmer den ersten Atlas photographischer Bilder des Augenhintergrundes herausgegeben. Dimmer starb 1926, als Nachfolger kamen M. Salzmann (Graz), Seefelder (Innsbruck), H. Lauber (Wien) und K. Lindner (Wien) in Betracht.

M. Salzmann, ein hervorragender Zeichner, Autor eines klassischen Lehrbuchs der Histologie des Auges, Entdecker der Untersuchung des Kammerwinkels im lebenden Auge (Gonioskopie) und anerkannter Botaniker, lehnte den Ruf nach Wien ab, da er in Graz neben dem Gehalt des Klinikvorstandes auch die Bezüge des Primararztes der Landes-Augenabteilung erhielt, so daß seine Bezüge in Wien geringer gewesen wären als in Graz. So verblieb Salzmann in Graz. Auch als Emeritus besuchte er täglich die Ambulanz der Klinik und ließ sich von den untersuchenden Assistenten ihre Beobachtungen schildern. Er selbst war an einer Altersdegeneration der Netzhautmitte erkrankt und konnte nicht mehr lesen. Anläßlich seines 90. Geburtstages hielt er einen Vortrag über sein eigenes Augenleiden. Am 17. 4. 1954 verschied Salzmann still und geradezu unbemerkt im Grazer Landeskrankenhaus. 1962 ließ ich zu seinem hundertsten Geburtstag als damaliger Vorstand der Grazer Augenklinik im Hörsaal ein Relief Salzmanns feierlich enthüllen. Prof. A. Pillat, der unmittelbare Nachfolger Salzmanns in Graz und mein Vorgänger als Vorstand der 1. Augenklinik in Wien, hielt die Laudatio.

Prof. Seefelder, Vorstand der Augenklinik in Innsbruck, erhielt den Ruf als Nachfolger von Friedrich Dimmer deshalb nicht, weil er eine junge Dame auf einem Schlitten durch die Stadt gezogen hatte; dazumal eine standeswidrige Handlung, die eine Berufung auf eine Wiener Lehrkanzel unmöglich machte. Prof. H. Lauber war wissenschaftlich weniger hervortreten als K. Lindner und Lindner wurde von Prof.. v. Eiselsberg, dem bekannten Chirurgen, sehr gefördert. Außerdem war Lindner Schüler von Fuchs und Dimmer, Lauber dagegen Schüler von Isidor Schnabel, der 1895—1908 Vorstand der 1. Wiener Augenklinik gewesen war. Prof. Schnabel und Hofrat Fuchs standen auf Kriegsfuß und Schnabel, der ein glänzender Redner war, nannte Fuchs abträglich „den jungen Mann beim 1. Tor". Der bedeutendste Schüler Schnabels, welcher 1908 eines morgens auf dem Wege zu seiner Klinik einem Herzanfall erlag, war Anton Elschnig, ein Steirer, der der Prager Deutschen Universitäts-Augenklinik von 1907—1933 Ansehen und Glanz verlieh.

H. Lauber, der sehr sprachbegabt war, wurde 1931 an die Universitäts-Augenklinik nach Warschau berufen, Lindner 1927 zum Vorstand der 2. Wiener Augenklinik bestellt und 1928 zum Ordinarius ernannt. In den vielen Jahren seiner Tätigkeit als Klinikvorstand hat Lindner eine Fülle ärztlicher, wissenschaftlicher und erzieherischer Arbeit geleistet. Sein Ruf brachte schwierige Fälle aus aller Herren Länder nach Wien. Neben der Erforschung des Trachoms und anderer infektiöser Bindehautentzündungen des Auges galt seine Vorliebe der objektiven Refraktionsbestimmung des Astigmatismus mit Hilfe der Schattenprobe (Skiaskopie), einem für die Bestimmung astigmatischer Brillenkorrekturen unübertroffenem Verfahren. Ebenso vorbildlich befaßte er sich mit der Augenchirurgie, ganz besonders mit der operativen Heilung der Netzhautablösung.

Dem Schweizer Ophthalmologen Jules Gonin (1870—1935) in Lausanne verdankt die Augenheilkunde den größten Fortschritt dieses Jahrhunderts, nämlich die Heilung der durch Einrisse der Netzhaut bedingten Netzhautablösung. Durch operativen Verschluß der ehedem als sekundäre Erscheinungen angesehenen Netzhautrisse, kann die Netzhautablösung geheilt und das erkrankte Auge vor der drohenden Erblindung bewahrt werden. Schon während des 1. Weltkrieges gelang es Gonin, Netzhautrisse mittels Ignipunktur (Glühschlinge) zu verschließen und Heilungen zu erzielen. Infolge der kriegsbedingten Unterbrechung internationaler Verbindungen konnte die Methode aber erst 1929 beim Internationalen Kongreß der Augenärzte in Amsterdam soweit bekannt gemacht werden, daß sie ihren Siegeszug antreten konnte. Viele Augen hätten inzwischen vor der Erblindung gerettet werden können. Auch Lindner, allen Neuerungen offen, griff die Methode auf, wählte aber für den Rißverschluß lokalisierte Entzündungsherde, die mittels Ätzkali erzeugt wurden. Über die Priorität dieses Verfahrens entstand ein häßlicher Streit zwischen Lindner und seinem von Dimmer übernommenen ersten Assistenten, der deshalb und aus anderen Gründen entlassen wurde. Lindner bezeichnete ihn als „geschickten Arzt, aber schlechten Menschen".

Den aus der Schule Lindner hervorgegangenen Augenärzten war bald Ansehen und Erfolg beschieden. Von seinen Mitarbeitern erhielten 10 die Dozentur (venia legendi) und während meiner Grazer Wirkungszeit waren alle vier österreichischen ophthalmologischen Lehrstühle mit Schülern Lindners besetzt. Im Studienjahr 1948/49 war er Dekan der Wiener medizinischen Fakultät.

Als ich am 2. Jänner 1937 meinen Dienst als Hilfsarzt der 2. Wiener Universitäts-Augenklinik antrat, wurde mir als dem Jüngsten die Trachom-Ambulanz sowie die Krankenstation für infektiöse Augenkrankheiten anvertraut. Mein unmittelbarer vorgesetzter Stationsassistent war F. A. Hamburger, ein Sohn des gleichzeitig wirkenden Ordinarius für Kinderheilkunde, der anläßlich seiner Vermählung von der katholischen zur evangelischen Konfession übergetreten war und dessen Familie mit der meines Chefs in enger Verbindung stand. Obwohl sich F. A. Hamburger als illegalen Nationalsozialisten bekannte und ich aktiver katholischer Farbenstudent war, gestaltete sich unser Verhältnis durchaus korrekt. Als Hamburger noch vor dem Einmarsch deutscher Truppen in Österreich zu Prof. Dieter nach Breslau ging, entstand zwischen Lindner und Hamburger eine Verstimmung, die sich später noch auswirken sollte. Zudem konnte Hamburger in Breslau nicht jene Position erringen, die er sich erhofft hatte.

Am 11. Juli 1937 habe ich meine erste Frau Elfriede, geb. Schindler, nach achtjähriger Bekanntschaft, die in der Mittelschule begonnen hatte, geheiratet. 5 Monate vorher hatten wir uns verlobt und da ihr Vater von der Tabakfabrik im Wiener Arsenal nach Fürstenfeld (Stmk.) versetzt wurde, entschlossen wir uns zur Heirat. Mein monatliches Einkommen betrug 190 S, meine Frau erhielt als Sekretärin eines Rechtsanwaltes ein monatliches Salair von 100 S. Da meine Braut evangelischer Konfession war, erregte diese Heirat dazumal in meinem Freundeskreis einiges Aufsehen. Die Bedingungen für die Schließung einer solchen Mischehe sind bekannt. Das katholische bischöfliche Ordinariat mußte vom Ehehindernis der verschiedenen Konfessionen dispensieren, die Trauung nach röm.-kath. Ritus vollzogen und die Verpflichtung übernommen werden, die erwarteten Nachkommen im katholischen Glauben zu erziehen. Der Schwiegervater Emil Schindler stammte aus Ditterdorf bei Mährisch-Schönberg, wo er das Gymnasium besucht und maturiert hatte, die Schwiegermutter war in Hainburg a. d. Donau als Tocher eines Werkmeisters der Tabakfabrik geboren worden.

VIII. Kapitel:
Einmarsch Deutscher Truppen in Österreich; Errichtung des Protektorates Böhmen und Mähren und die Folgen (1938—1945)

Als im März 1938 der Nationalsozialismus hierzulande die Macht ergriff, wurden auch die österreichischen Universitäten und Hochschulen in den politischen Strudel mitgerissen. Alle jüdischen und konservativ-katholischen Professoren und Assistenten mußten ihre Posten unverzüglich verlassen, einige wurden auch inhaftiert, so z. B. Prof. Dr. L. Arzt. Von der Klinik Lindner verschwand zunächst eine jüdische Kollegin namens Engelberg, von der ich nie wieder etwas erfahren habe. Ferner Dr. Erich Fantl, Sohn eines ehemaligen k. u. k. Militäraugenarztes; diesen Kollegen traf ich später in den Vereinigten Staaten, wo er sich niedergelassen hatte. Ein katholisch-konservativer Kollege verließ die Klinik und widmete sich fortan der Lungenheilkunde; zuletzt war er Primararzt der bekannten österreichischen Lungenheilstätte Grimmenstein. Ein anderer katholischer Kollege meldete sich zum Militärdienst und erhielt als Augenarzt einen Sondervertrag bei der Luftwaffe. Fast alle restlichen Dozenten, Assistenten und Hilfsärzte entpuppten sich als illegale Nationalsozialisten und erschienen in ihren Parteiuniformen an der Klinik. Nur ich stand allein auf weiter Flur und erhielt von einem freundlichen Kollegen den Rat, die wissenschaftliche Karriere aufzugeben und die Klinik ebenfalls zu verlassen. Aber Prof. Lindner hielt mich so gut und so lange er konnte. Er war weder Mitglied der „Vaterländischen Front", der jeder Bundesbeamte angehören mußte, noch bekannte er sich als Nationalsozialist. Er versammelte uns Ärzte in seinem bescheidenen Chefzimmer und sprach über die Vorteile des entstandenen Großdeutschen Reiches, das auch für die Katholiken infolge des Zustroms vieler Glaubensbrüder aus dem „Altreich" einen erfreulichen Aspekt bot.

Ich bekam die neue Lage bald zu spüren, als ein jüngerer Kollege entgegen den bisherigen hierarchischen Gepflogenheiten zum Assistenten ernannt wurde, ich aber trotz meiner bisherigen guten Leistungen untergeordneter Hilfsarzt blieb.
Der neu ernannte Assistent meldete sich zu den Fallschirmspringern, mußte diesen Kader aber bald wieder verlassen, da eines seiner Augen schwer erkrankt war und später erblindete. Er wurde Primararzt einer Augenabteilung und praktischer Augenarzt und starb am 24. August 1980 plötzlich infolge einer Ruptur der aufsteigenden Hauptschlagader mit Herztamponade, der auch Kaiserin Elisabeth nach dem bekannten Attentat zum Opfer gefallen war.
Während die politischen Schwierigkeiten meiner Position an der Klinik weiter zunahmen, ergab es sich, daß der älteste Assistent, Dozent Dr. Herwigh Rieger, zum Direktor der Augenklinik an der Deutschen Karls-Universität in Prag ernannt wurde und die Frage an mich richtete, ob ich ihn als Assistent begleiten möchte, um die Prager Klinik mit ihm nach dem Muster der Wiener Schule einzurichten. Nach einer Aussprache mit Prof. Lindner sagte ich zu. Den Mai 1940 verbrachte ich als Austausch-Assistent in Prag, während Dr. Zettl von der Prager Klinik nach Wien kam, um sich mit der Arbeitsweise der Wiener Schule vertraut zu machen. Die Neubesetzung der Prager Klinik war deshalb erfolgt, weil der bisher amtierende Direktor Prof. Kubik, ein Schüler Elschnigs, die Klinik wegen seiner jüdischen Frau verlassen mußte. Dem Wiener NS-Dozentenbundführer Prof. Pichler (Anatomie) war die Gelegenheit, mich von Wien wegzuloben, nicht unerwünscht und so erhielt ich für Prag eine gute politische Beschreibung mit auf den Weg.
In Prag lebte man, verglichen mit Wien, noch wie im Schlaraffenland. In der Kantine des Allgemeinen Krankenhauses am Karlsplatz konnte man Lebensmittel aller Art und in beliebiger Menge „ohne Marken" kaufen, und als mein Probe-

monat vorüber war, kehrte ich mit einer böhmischen Gans und anderen in Wien rar gewordenen Lebensmitteln zurück. Am 1. Juli 1940 trat ich meine Stelle als „wissenschaftlicher Assistent" der Augenklinik an der Deutschen Karls-Universität in Prag an. Eine Wohnung für meine Frau und mich war auch bald gefunden; sie lag in der Spálená (Brenntegasse), nahe dem Karlsplatz und hatte einem jüdischen Deutschlehrer als Schullokal gedient. Im gleichen Stockwerk hatte noch ein jüdisches Ehepaar gewohnt; die Frau stürzte sich aus dem 3. Stockwerk auf die Straße, als die Schergen an die Tür klopften; er wurde in ein Lager verschleppt und ist dort vermutlich umgekommen.

Das Leben an der Augenklinik gestaltete sich zunächst recht angenehm. Ein Teil der Kollegen war eingerückt, der Rest versah die Arbeit im Hause. Alle Kollegen gehörten einer politischen Organisation an, ich ließ die Dinge an mich herankommen. Die Augenklinik war mit der Medizinischen Klinik des Prof. Rühl (Schwiegersohn von Prof. Eppinger, Wien) und der Gynäkologisch-geburtshilflichen Klinik des bekannten Prof. Knaus untergebracht, der sich als unangenehmer Nachbar erwies. Da die tschechische Universität aufgelöst worden war, hatten die tschechischen Medizinstudenten keine Möglichkeit, ihr Studium oder ihre Fachausbildung zu beenden. Nur einzelne Ausnahmen wurden bewilligt. An unserer Klinik arbeitete ein angehender Augenarzt, der selbst augenleidend war und sich mit einem deutschen Mädchen in ein Liebesverhältnis einließ. Da die Sache aussichtslos schien, zog er es vor, sich mit Leuchtgas zu vergiften; wir gaben ihm im Prager Krematorium das letzte Geleit. Ein anderer tschechischer Kollege, Jiři V., konnte seine Fachausbildung an unserer Klinik beenden, hatte aber nach Kriegsende Schwierigkeiten als „Kollaborateur". Assistent Josef Sch. war mit einer Krankenschwester liiert, die Halbjüdin war, mußte die Klinik deshalb verlassen, durfte sich aber in der Stadt als

Augenarzt etablieren. Unser Oberlaborant, der auch ein tüchtiger Friseur war, verschwand eines Tages spurlos in einem KZ; es wäre nicht klug gewesen, nach den Gründen zu fragen.

Im großen und ganzen war das Verhältnis zwischen dem deutschen und tschechischen Personal recht gut, zumal alle Mitarbeiter beide Sprachen beherrschten. Die tschechische Bevölkerung hatte zu den deutschen Kliniken mehr Vertrauen als zu den tschechischen, und ich entsinne mich mehrerer Danksagungen für unsere gute und erfolgreiche Behandlung in tschechischen Tageszeitungen.

Die politischen Verhältnisse führten aber auch zu Mißständen. Der Chirurg Prof. Strauß, ein Protektionskind des Führers der Deutschen Arbeitsfront Ley, öffnete sich nach einem chirurgischen Kunstfehler mit tödlichen Ausgang eine Schenkelschlagader und verblutete. Prof. Hohlbaum, ein verläßlicher Chirurg, nahm seine Stelle ein.

Patienten mit Erbleiden, die zur Erblindung führten, mußten angezeigt und sterilisiert werden. Es gab einen in München tätigen Augenarzt, der sogar jeden an grauem Star Erkrankten sterilisieren lassen wollte; allerdings wäre er bei den meisten damit schon zu spät gekommen. Gewissensbisse bereiteten uns die Kranken mit erblicher Retinitis pigmentosa, die tatsächlich sterilisierungspflichtig gewesen wären. Nun können ähnliche, aber stationäre Krankheitsbilder, auch durch Masern hervorgerufen werden; und wer hat in seiner Jugend Masern nicht durchgemacht? So haben wir tatsächlich keinen einzigen Patienten der Sterilisation zugeführt.

Nach Errichtung des Reichsprotektorates Böhmen und Mähren im März 1939 wurde Freiherr von Neurath zum Reichsprotektor ernannt; er wurde 1946 in Nürnberg zu 15 Jahren Haft verurteilt. 1941 wurde v. Neurath beurlaubt, da er sich bemüht hatte, besonders krasse Maßnahmen zu mildern. Nun wurden Karl Hermann Frank, Reinhard Heydrich und Kurt

Daluege damit beauftragt, den tschechischen Widerstand zu brechen. Neurath behielt seinen Titel, hatte mit der Verwaltung aber nichts mehr zu tun und durfte 1943 seinen Platz dem nächsten Funktionär räumen, der sich daheim auch als zu zartfühlend erwiesen hatte: Dr. Wilhelm Frick; er wurde in Nürnberg zum Tod durch den Strang verurteilt. Die tschechische Bevölkerung war vom Kriegsdienst enthoben und wurde besser verpflegt als die Bevölkerung des Deutschen Reiches. Arbeiten mußten alle, auch meine Frau wurde im Krankenhaus als Schreibkraft eingesetzt.

Nachdem R. Heydrich und K. H. Frank die Polizeigewalt übernommen hatten, spitzte sich die Lage zu. Ein Attentat auf Heydrich, dem er am 4. 6. 1942 zum Opfer fiel, löste eine Katastrophe aus. Der Vorstand des Universitäts-Institutes für Pathologische Anatomie, Prof. Hamperl, sezierte die Leiche, ohne absolut tödliche Verwundungen festzustellen. Im ganzen Lande setzte eine vehemente Suche nach den Tätern ein, die schließlich in den Grufträumen einer Kirche nahe dem Karlsplatz entdeckt wurden. Sie wurden zum Tode verurteilt und das Dorf Lidice, das in die Affäre verwickelt war, wurde ausgerottet und dem Erdboden gleichgemacht. Man hatte Märtyrer geschaffen, die heute noch als Helden verehrt werden.

Täglich wurden lange Listen zum Tode Verurteilter angeschlagen und auch unser Kantinenwirt verschwand für einige Zeit, kam aber bald mit kahlgeschorenem Kopf wieder in seinen Laden zurück.

Niemand rechnete mit einem Bombardement Prags und die offiziellen Verhaltensregeln wurden nicht sehr ernst genommen. Trotzdem fielen eines mittags Bomben auf die Stadt, während viele Neugierige bei geöffneten Fenstern dem Schauspiel zusahen. Die Folge waren ungezählte durch Glassplitter verletzte Opfer, von denen nicht wenige in die Augenklinik eingeliefert werden mußten. Ein Kind Prof. Rühls war in einem Luftschutzkeller auf dem Karlsplatz getötet worden. Eine Brandbombe fiel vor dem Fenster unseres Operationssaales zur Erde, wurde durch einen abgeschrägten Steinsims um 90 Grad in den Operationssaal abgelenkt, flog über die Köpfe des Operationsteams hinweg und verzischte an der gegenüberliegenden Wand. Das berüchtigte Bombardement der Stadt Dresden verursachte einen Feuerschein, der auch in Prag zu sehen war.

Gegen Kriegsende wurde der Volkssturm organisiert. Jeder Zivilist, der das 60. Lebensjahr nicht überschritten hatte und aufgrund einer ärztlichen Untersuchung tauglich befunden wurde, mußte dem Volkssturm, dem letzten Aufgebot, beitreten. Ich wurde zum Volkssturmarzt in Kolin nächst Prag zusammen mit einem Kollegen von der medizinischen Klinik bestellt. Wie mein Kollege dachte, wußte ich nicht und man mußte auf der Hut sein. In Kolin fand sich kaum noch ein kampftüchtiger Mann, aber allen hatte man erklärt, sie müßten sich „freiwillig" zum Volkssturm melden. An einem Sonntag wurde ein Volkssturmmarsch durch die Stadt Prag veranstaltet. Die Straßen waren im übrigen leer, die Fenster der Häuser waren geschlossen, die Stimmung war eisig.

Ein Teil der Augenklinik wurde als Lazarett verwendet und mit verwundeten Soldaten belegt, die operiert und behandelt werden mußten. Daneben ging die tägliche Ambulanzarbeit sowie die wissenschaftliche Forschung weiter. Mein Chef Prof. Dr. H. Rieger interessierte sich ganz besonders für Erbkrankheiten, namentlich für die Vererbung der Netzhautablösung. Zu diesem Zwecke mußte ich alle erreichbaren Angehörigen von Abhebungskranken genau untersuchen, wobei die biomikroskopische Untersuchung des Augeninnern (Glaskörper und Netzhaut) eine wichtige Rolle spielte. Um den Untersuchungsvorgang zu vereinfachen, ließ ich mir eine optische Linse einfallen, die als „Hruby-Linse" Eingang in die internationale Augenheilkunde gefunden hat. Mit dieser Linse kann der hintere Augenabschnitt am lebenden Auge spaltlampen-mikroskopisch genau studiert werden.

Für das Jahr 1944 hatte Prof. van Eicken einen Preis für besondere Leistungen auf dem Gebiete der Augenheilkunde gestiftet. Prof. van Eicken, ein Facharzt für Halskrankheiten, hatte die überforderten Stimmbänder des Führers mit Erfolg operiert und das Honorar als Preis ausgesetzt, der jedes Jahr für ein anderes medizinisches Fachgebiet verliehen werden sollte. 1944 war die Augenheilkunde an der Reihe und der Preis wurden zwischen Dr. H. Harms in Berlin und mir geteilt. Die Geldsumme war erheblich, man konnte aber praktisch kaum noch etwas damit anfangen.

Nachdem ich einige bedeutende wissenschaftliche Arbeiten publiziert und den van Eicken-Preis erhalten hatte, war es praktisch unmöglich geworden, meine Habilitation abzulehnen. Mein Chef konnte es tatsächlich durchsetzen, daß ich zum „Dr. med. habil." ernannt wurde. Nach der Ernennung durch den Dekan Prof. Watzka rührte sich keine Hand des versammelten Professorenkollegiums zum Applaus, während ein gleichzeitig habilitierter Chirurg mit Beifall bedacht wurde. Nach meiner Habilitation erfolgte wieder eine Aussprache mit dem örtlichen NS-Dozentenbundführer Prof. Kuschinsky, der mich zur aktiven Mitarbeit in einer nationalsozialistischen Organisation aufforderte. Er war aber einer der ersten, die vor dem Zusammenbruch nach dem Westen flohen. Obwohl neueste Erhebungen in Wien ergeben hatten, daß meine politische Einstellung auf schwachen Füßen stand, wäre es zu diesem Zeitpunkt nicht mehr klug gewesen, sich als Nationalsozialisten zu bekennen, der an den Endsieg durch die „Wunderwaffe" des Führers glaubte. Man warf mir vor, ich wäre in Wien sonntags zur Kirche gegangen, hätte anläßlich des Einmarsches der deutschen Truppen nicht mit Hakenkreuzfahnen geflaggt und schließlich seien meine Spenden für NS-Organisationen kümmerlich gewesen.

Am 20. Juli 1944 ereignete sich das bekannte Attentat auf den Führer. Da der Sohn des Prager Rektors, Hauptmann Klausing, in das Attentat verwickelt war, drückte man Rektor Klausing die Waffe zum Selbstmord in die Hand. Nachfolger wurde der aus Berlin stammende Neurologe Albrecht.
Als sich der Krieg dem Ende näherte, nahm auch die Konfusion in Prag zu. Manche befürchteten ein Ende mit Schrecken, andere meinten, Prag werde eine Insel des Friedens bleiben und suchten dort Zuflucht. So kam auch mein späterer Freund und Lagergenosse Spieker mit seiner Frau aus Berlin nach Prag und geriet damit vom Regen in die Traufe. Verschiedene Gerüchte wurden verbreitet. Ein Lazarettzug sollte zusammengestellt und die Prager Kliniken sollten nach dem Westen evakuiert werden. Eine andere Version verkündete, Prag werde zur Lazarettstadt erklärt und von Kämpfen verschont bleiben. Es gab aber auch Stimmen, die die Mobilisierung des Volkssturms zum letzten Kampf gegen den Feind in Aussicht stellten. Viele warteten immer noch auf die siegreiche Wunderwaffe.
Der Vertreter des Internationalen Roten Kreuzes, Prof. Jahn, stellte uns schließlich unter dessen Schutz, aber wie sich später zeigen sollte, scherte sich kein Tscheche darum. Wir alle waren „Deutsche Schweine" und „Deutsche Huren". Einer Kollegin gelang es noch, mit einem beladenen Kinderwagen nach dem Westen zu entfliehen, meiner Frau, die schwanger war, und mir war der Weg in unsere Heimat versperrt. Wien war im April 1945 in die Hände des Feindes gefallen. Meine Frau hatte böse Vorahnungen, ich selbst war gefaßt, denn ich hatte nur Gutes getan und niemand ein Leid zugefügt. So sahen wir dem Zusammenbruch hilflos entgegen.

IX. Kapitel:
Kapitulation der Deutschen Wehrmacht. — Zusammenbruch der Deutschen Karls-Universität in Prag (1945)

Am 30. April 1945 hielt Reichsminister Karl Hermann Frank im Rundfunk eine Rede, in der er mitteilte, der Führer sei in Berlin an der Spitze seiner Truppen kämpfend gefallen. Noch am gleichen Tage verließen meine Frau und ich unsere Wohnung in der Brenntegasse und zogen uns mit Notgepäck, Vogelkäfig und Radioempfänger in mein Dienstzimmer im Allgemeinen Krankenhaus zurück. Am Tage der Kapitulation, dem 8. Mai, standen die westlichen Alliierten in Pilsen, die russische Armee marschierte durch die östliche Slowakei in Richtung Prag und dazwischen schlug der tschechische bewaffnete „Nationalausschuß" los und ließ seine Wut an der deutschen Bevölkerung aus. Rektor Albrecht schoß sich eine Kugel in den Kopf und damit war die im Jahre 1348 gegründete älteste deutsche Universität ausgelöscht.

Im Krankenhaus herrschte Desorganisation, das tschechische Personal beeilte sich, die deutschen Kliniken zu besetzen. Instrumente und Schriften, die persönliches Eigentum deutscher Ärzte waren, wurden niemals ausgefolgt. Auch aus meiner Privatwohnung konnte ich weder damals, noch später, irgendetwas erhalten; nicht einmal Fotographien, die für die neuen Inhaber völlig wertlos waren. Angehörige des „Nationalausschusses", ehedem Krankenträger, Laboranten, Operationsdiener, Pfleger und dergleichen Volk durchstöberten die deutschen Kliniken nach Waffen; Lazarettpatienten wurden erschossen. Am 9. Mai wurden alle deutschen Ärzte, Schwestern und deren Angehörige im Hörsaal der Klinik Prof. Jahn von bewaffneten Tschechen zusammengetrieben. Frauen und Kinder wurden noch am Abend des gleichen Tages voneinander getrennt, in Lager und Gefängnisse transportiert und während der Fahrt durch die Straßen beschimpft und mißhandelt; eine besondere Spezialität waren Holzstöcke mit eingeklemmten Rasierklingen, mit denen auf die Arrestanten eingeschlagen wurde.

Die Ärzte wurden am Morgen des nächsten Tages in Schafe und Böcke geteilt: die im Militärdienst stehenden Kollegen wurden den Russen als Kriegsgefangene übergeben und ostwärts in Marsch gesetzt, darunter auch mein Chef Prof. Rieger. Wir Zivilisten waren Gefangene des tschechischen Nationalausschusses, wurden zunächst im Hof der Polizeidirektion versammelt und anschließend in das Hauptgefängnis von Prag (Pankrác) eingeliefert. Dort wurden wir reihenweise mit erhobenen Händen mit dem Gesicht zur Wand gestellt; hinter uns standen bewaffnete Nationalgardisten mit schußbereiten Gewehren. Einem nach dem anderen von uns wurden die Wertsachen (Ringe, Uhren, Anhänger, Füllfedern) abgenommen und die verbliebenen Habseligkeiten des Notgepäcks durchsucht und um vieles erleichtert. Schließlich landete ich in einer Zelle, die für zwei Mann bestimmt war, aber mit sieben Mann belegt wurde. Da es Abend geworden war, breiteten wir die Matratzen aus und legten uns wie Sardinen in einer Schachtel so gut es ging zur Ruhe nieder. Nachts hörte man Schreie und Schüsse und konnte keinen Schlaf finden. Zeitlich morgens wurde geweckt. Das WC diente nicht nur seinem eigentlichen Zweck, sondern auch zum Schöpfen von Trinkwasser. Am ersten Tag bestand die Verpflegung aus einem kleinen Stück Brot und einer Blechschale mit Trockengemüse und vielen Maden. Die arbeitsfähigen Arrestanten wurden zu Aufräumungsarbeiten geführt und auf dem Weg zur Arbeitsstätte und zurück verprügelt. Schwierigkeiten hatten wir mit den Rauchern, die uns alle für eine Zigarette verkauft hätten; indessen war das Rauchen bei Lebensgefahr verboten. In dieser Zelle verbrachte ich drei Wochen. Eines Tages wurde ich einem russischen Beamten

vorgeführt, der meine Kenntnisse und Fähigkeiten und so meine ev. Tauglichkeit für russische Dienste prüfte.
Wenn man sich am Gitter des kleinen Zellenfensters emporzog und einen Blick ins Freie warf, sah man geputzte Paare lustwandeln; die Bevölkerung war nach der Kapitulation der Deutschen anscheinend der Meinung, nun seien goldene Zeiten angebrochen und niemand brauche mehr zu arbeiten. Unsere Verpflegung wurde allmählich besser, wir bekamen täglich einen kleinen Brotlaib, schwarzen Kaffee und ab und zu eine Knackwurst. Die Zellentür wurde gelegentlich auch außerhalb der Essenszeiten für Besucher geöffnet, die die Insassen genau inspizierten und losschlugen, wenn sie ihren Mann gefunden hatten oder glaubten, einen ehemaligen Peiniger wieder zu erkennen.
Am 8. Juni 1945 wurde die Zellentür geöffnet, mein Name aufgerufen und ich wurde zusammen mit etwa 80 Mann zum Abtransport fertig gemacht. Wir marschierten zu einem Verladebahnhof und wurden aufgefordert, offene Kohlenwaggons zu besteigen und uns auf den mit Kohlenstaub bedeckten Boden zu setzen. Als es dunkel wurde, traf ein Vorspann ein und der kurze Zug setzte sich in Bewegung; niemand wußte wohin. Ich versuchte mich am Sternenhimmel zu orientieren; zunächst fuhren wir in einem großen Bogen um Prag herum und dann ging es steil nach Norden — also weiter weg von der österreichischen Heimat. Tags hielt der Zug in einer unbekannten Haltestelle und einige Tschechen wagten es, uns mit Trinkwasser zu laben. Gegen Abend erreichten wir unser Ziel: Terezín (Theresienstadt). Die Arrestanten verließen die Waggons, bildeten einen Zug, marschierten durch das verlassene Städtchen und schließlich durch das Festungstor in ein „Internierungslager". Über dem Tor prangte der Spruch: „Arbeit macht gesund". Ich aber wurde an den Spruch Dantes am Eingang zur Hölle erinnert: „Ihr, die Ihr da eintretet, laßt alle Hoffnung fahren!" Wir landeten

also in der altösterreichischen Festung, in der der Mörder des Thronfolgers Franz Ferdinand, Gavrilo Princip, eingekerkert war und schließlich an Tuberkulose gestorben ist. Ich marschierte am Ende des Zuges und stützte gehbehinderte Invalide, die Schleife des Roten Kreuzes am linken Arm.

Als wir im letzten Hof Halt gemacht hatten, ahnten wir noch nicht, daß tags zuvor fast alle 80 Mann eines Interniertentransportes erschlagen worden waren. Am Tage meines Eintreffens waren die zur Bewachung der Häftlinge kommandierten Helden müde und es gab nur einige Knochenbrüche. Am Ende des Hofes waren ein Altar und ein Kreuz aufgebaut, eine Blasphemie angesichts von Mord und Totschlag, der sich hier täglich wiederholen sollte.

Die erste Nacht verbrachten die neuen Arrestanten im Brettergestell einer großen Zelle. Am nächsten Morgen wurden die letzten Habseligkeiten und Dokumente abgenommen, die Kleider wurden gegen Lumpen vertauscht, jeder mußte ein Bad in einer Wanne mit schmutzigem, kaltem Wasser nehmen, durch das Kopfhaar wurde eine breite Straße geschoren und auf den Rücken der Jacken wurden mit weißer Lackfarbe große Hakenkreuze gemalt. Ich hatte mir vorgenommen, nicht aufzufallen und die Dinge an mich herankommen zu lassen. Neben der tschechischen Mannschaft spielten bei der Beaufsichtigung der Häftlinge die „Capos" eine wichtige Rolle. Es handelte sich um ausgesuchte, brutale, kriminelle Häftlinge, zumeist um ehemalige Insassen nationalsozialistischer Konzentrationslager, Peiniger mit entsprechenden Erfahrungen. Sie stellten die Arbeitskolonnen zusammen, kommandierten sie, wurden mit ihren Vornamen angesprochen und waren Herren über Leben und Tod.

Zunächst erschien ein Capo, stellte ein Arbeitskommando von 10 Freiwilligen zusammen und marschierte mit ihnen ab; niemand wußte wozu und wohin. In dieser Gruppe befand sich auch ein Arzt, der sich nicht sehr klug benahm und später an einer Ruhrinfektion zugrunde ging. Kurz danach erschien ein anderer Capo mit meinen Papieren in der Hand und rief mich auf. Er erkundigte sich nach meinen ärztlichen Kenntnissen und führte mich sodann in das „Krankenrevier", das aus einzelnen Zellen bestand, deren Betonboden mit Brettern und einer Decke belegt war; eine weitere Decke diente zum Zudecken. Hier waren Kranke, Verletzte und Alte untergebracht, die zu keiner Arbeit tauglich waren. Sie sollten rasch gesundgepflegt oder in ein besseres Jenseits befördert werden. Dies besorgte ein deutscher Arzt aus dem Prager Allgemeinen Krankenhaus, der schon vor mir im Lager eingetroffen war und den größten Teil des Tages im Morphiumschlaf lag. Nachts tötete er die dazu bestimmten arbeitsunfähigen Häftlinge durch intravenöse Injektionen letaler Dosen von Evipan. Morgens wurden je 2 Leichen Kopf zu Fuß in eine Kiste gelegt und ins Krematorium weggeschafft. Wie oft hatte ich Mühe, Häftlinge, die ins Krankenrevier aufgenommen werden wollten, abzuweisen, um ihnen das Leben zu retten. Die wenigen Medikamente, die noch vorhanden waren, stammten aus der NS-Zeit und waren bald verbraucht. Hungerödeme waren an der Tagesordnung, fast jede Wunde zeigte Symptome einer bakteriellen Infektion, die Haut der Häftlinge war von Flohstichen übersät; erst nachdem amerikanisches DDT verfügbar war, besserten sich die hygienischen Verhältnisse.

Ein besonders sadistischer Capo war Kurt, der sich ein Sonderrevier für verwundete deutsche Soldaten eingerichtet hatte. Der Sinnspruch am Eingang zu dieser Hölle lautete: „Reinlichkeit ist halbe Gesundheit!". Die Verbände der verletzten jungen Soldaten wurden nie gewechselt, daher verbreiteten sie einen unerträglichen Gestank und die armen Jungen verfaulten bei lebendigem Leibe. Seine Vorliebe galt Leichen mit Goldzähnen, die er ausbrach und sammelte; als man auf seine Umtriebe aufmerksam geworden war, fand man einen

Goldschatz. Ich selbst war nicht mehr im Lager, als er der tschechischen Justiz übergeben wurde.

Die Verpflegung im Lager war unzureichend und bestand in der Hauptsache aus ungesalzener Graupensuppe. Die übergewichtigen Häftlinge magerten ab und überlebten, die Mageren gingen an Entkräftung zugrunde, soferne sie sich nicht bei Arbeiten außerhalb des Lagers zusätzliche Verpflegung verschaffen konnten.

Eines Tages wurde ich vom „Krankenrevier" in das Fleckfieberlazarett versetzt. Dr. Siegl, der ehemalige Gemeindearzt der benachbarten Stadt Leitmeritz, war bei seiner Einlieferung derart zugerichtet worden, daß er bettlägerig wurde und behandelt werden mußte. Als Fleckfieberlazarett diente ein ehemaliger Kinosaal, dessen Boden mit etwa 40 Matratzen bedeckt war, auf denen die Patienten ihrer Genesung oder dem Tod entgegenfieberten. Eine wirksame Behandlung gab es kaum. Anschließend an den Kinosaal hatten Dr. Siegl und ich eine Kammer mit 2 Betten, daneben war die Unterkunft der Schwestern. Da die Schwestern aus dem Prager Allgemeinen Krankenhaus kamen und mich kannten, hatte ich eine gute Verpflegung: neben der täglichen Graupensuppe bekam ich Salz, Margarine, Kartoffeln und Brot.

Die internierten Frauen waren im ersten Hof der Festung untergebracht und wurden von einer Prager deutschen Medizinstudentin ärztlich betreut. Ihre weiblichen Reize fanden bei der tschechischen Kommandantur begreiflichen Anklang und sie wußte dies zu nützen. Frauen, bei denen sich Kopfläuse fanden, wurden kahlgeschoren. Im übrigen wurden auch sie in Gruppen aus der Festung zur Arbeit geschickt. Am meisten begehrt waren bei Männern und Frauen Arbeiten in der Landwirtschaft, wo es am ehesten gute und reichliche Verpflegung gab. Manche meiner rekonvaleszenten Fleckfieberpatienten kamen einige Zeit nach regelmäßiger täglicher Arbeit wieder zu Kräften, nahmen an Gewicht zu und entwickelten sich zu Athleten, die beträchtliche Lasten tragen konnten.

Neben dem bereits erwähnten Arzt, der an Ruhr starb, dem Morphinisten und der Medizinstudentin lebte noch ein junger Zahnarzt mit uns, der Diabetiker war und zu wenig Insulin zur Verfügung hatte. Die Studentin schrieb mir nach Ende der Lagerhaft, der diabetische Kollege hätte ein Kind mit ihr gezeugt, kümmere sich aber nicht um sie; sie bat mich, ihr bei der Umsiedlung nach Österreich behilflich zu sein, aber aus Ernährungsgründen war der Zuzug vertriebener „Volksdeutscher" damals unerwünscht.

Um über das Lagerleben und unsere Zukunft unterrichtet zu sein, hatten wir über das Festungsgelände ein Spionagenetz gesponnen: in der Schreibstube saß der Berliner Freund Spieker und Dipl.-Ing. Buhl aus Österreich, in der Frauenabteilung wirkte unsere Medizinstudentin und ich hatte die Fleckfieberstation als abgesicherte Spionagezelle eingerichtet, zu der infolge „tödlicher Infektionsgefahr" niemand Zutritt hatte, Mitglieder der Wachmannschaft eingeschlossen. Wenn wir Nachrichten auszutauschen hatten, nahmen wir eine Mappe unter den Arm und eilten, höchste Beschäftigung simulierend, zu einer der genannten Stellen, um Nachrichten auszutauschen. So erfuhren wir auch vom Massaker in Aussig, bei dem die deutsche Bevölkerung von der Elbbrücke in den Fluß geworfen und ertränkt wurde. Wenige hatten ihr Leben gerettet und landeten in unserem Lager. Vom Licht der Freiheit war nirgends ein Schimmer zu sehen und ein Fluchtversuch wäre sinnlos gewesen.

Wer auf den Gedanken gekommen war, im Lagergelände ein Massengrab verstorbener KZ-Häftlinge aus der NS-Zeit zu exhumieren, weiß Gott. Das mit dieser Arbeit beauftragte Arbeitskommando mußte die halb verwesten Leichen mit bloßen Händen ausgraben und in ein benachbartes „Ehrengrab" umbetten. Ein unerträglicher Verwesungsgeruch verbreitete sich über das ganze Lager und die mit der Exhumierung beschäftigten Häftlinge konnten diesen Geruch von ihren Kleidern und Händen nicht loswerden. Die Stimmung im Lager sank unter den Nullpunkt.

Fleckfieber wird bekanntlich durch Kleiderläuse übertragen. Um einem Befall mit solchen Läusen vorzubeugen, staubte ich täglich meine Unterwäsche mit DDT-Pulver ein. Trotzdem fing ich eines Tages hoch zu fiebern an und mußte unter den herrschenden Umständen eine Fleckfieberinfektion mit ungewissem Ausgang annehmen. Aber ebenso wie das Fieber gekommen war, klang es nach wenigen Tagen wieder ab und ich sah mich außer Gefahr. Mancher Fleckfieberkranke, der wieder genesen war und in das freudlose Lagerleben zurückkehren mußte, bedauerte die Genesung; mancher versicherte, der Tod in schönen Fieberträumen wäre nicht schlimm gewesen.

Am 13. September 1945 erschien Freund Spieker in meiner Station und eröffnete mir, ich würde in Kürze aus dem Lager entlassen werden. Ich verbat mir seine vermeintlichen Späße, aber meine Entlassung stand tatsächlich bevor; mir erschien es wie ein Wunder. Was hatte sich ereignet, daß ich als einer der ersten lebend aus dieser Hölle befreit wurde? Prof. Lindner hatte meiner Mutter geschrieben, ob sie meinen Aufenthalt kenne, er möchte mich wieder als Assistenten in seine Klinik aufnehmen. Meine Mutter, eine energische Frau, machte sich nun auf, meinen Aufenthalt auszuforschen. Da sie in Brünn geboren und zweisprachig aufgewachsen war, beherrschte sie die tschechische Sprache ziemlich gut und hatte einflußreiche Freunde in der ČSR. Mit Hilfe meiner künftigen zweiten Frau, die im Verwaltungsdienst der Polizei stand, erwirkte sie die Bewilligung zur Reise nach Prag. Mit Unterstützung ihrer einflußreichen Freunde drang sie bis ins Innenministerium vor und erfuhr, daß ich im Internierungslager Theresienstadt festgehalten wurde. Da keine belastenden

Fakten gegen mich vorlagen, mußte dem Antrag auf Entlassung aus dem Internierungslager und Repatriierung nach Österreich stattgegeben werden. Nachdem ich einigermaßen passend eingekleidet worden war und meine Papiere zurückerhalten hatte, empfing mich im Festungstor ein gesetzter Herr, Freund meiner Mutter aus alter Zeit und hoher tschechischer Beamter im Ruhestand; er begrüßte mich und übergab mir zunächst eine gebratene Taube als erste Wegzehrung. Dann marschierten wir zum Bahnhof und bestiegen den nächsten Zug nach Prag. Ich sprach natürlich möglichst wenig, denn mein Tschechisch mit deutschem Tonfall wäre aufgefallen und die Stimmung in der ČSR war alles andere als deutschfreundlich. Leider fuhr unser Zug nicht bis Prag und wir mußten auf halber Strecke ein Hotel aufsuchen. Am nächsten Morgen erwachte ich im Hotelbett und fühlte mich wie im Himmel. Nach dem Frühstück gingen wir zum Bahnhof und bestiegen den nächsten Zug; nach kurzer Fahrt waren wir wieder in Theresienstadt — wir waren in verkehrter Richtung gefahren. Rasch stiegen wir in den eben einfahrenden Gegenzug und kamen schließlich am Prager Hauptbahnhof an. Hier in Prag traf ich mit meiner Mutter zusammen, die mir gute Nachrichten über Frau und Kind überbrachte. Eine junge tschechische Wärterin aus der Klinik führte mich zu einem Friseur und anschließend in ein Bad. Nachdem wir uns bei unserem Freunde für seine Hilfe bedankt und auch von der Wärterin verabschiedet hatten, bestiegen wir einen Zug nach Brünn, wo eine Schwester meiner Mutter mit ihrer Familie lebte. Während der Fahrt sprachen wir wieder wenig miteinander und versuchten ein Hochtschechisch reinsten Wasser zu reden, um nicht als „Deutsche Schweine" erkannt zu werden. Denn was nützte der schönste Entlassungsschein in meiner Tasche in einem Lande, in dem überall nackte Willkür herrschte.
In Brünn wurden wir im Einfamilienhäuschen des Onkels

und seiner Familie mit Freuden begrüßt, ein Vetter stattete mich mit einem Anzug aus, ich wurde mit den besten Leckerbissen, die es im Hause gab, gefüttert und meine Mutter besuchte noch andere alte Brünner Freunde, während ich es vorzog, mich im Hause zu verbergen. Am nächsten Morgen klopften Männer an die Tür und forderten meinen Onkel auf, alle im Hause anwesenden arbeitsfähigen Männer für Aufräumungsarbeiten in der Stadt herauszuschicken. Mein Onkel verleugnete meine Anwesenheit und zum Glück wurde ich nicht entdeckt; vermutlich hätte man mich einige Zeit aufgehalten und beschäftigt, wenn ich entdeckt worden wäre. Nachmittags verließen meine Mutter und ich mit dem Geschäftsauto eines an der tschechisch-österreichischen Grenze in Schattau lebenden Vetters, der dort einen Metzgerladen besaß, die Stadt Brünn und fuhren der Heimat entgegen. Meine Mutter nahm wegen der in Wien herrschenden Not einen mit Lebensmitteln vollgestopften schweren Koffer mit, wogegen ich ängstlich protestierte; mir ging es um das nackte Leben. In Schattau hatten wir das Glück, von russischen Soldaten, die Kartoffeln nach Wien transportierten, mitgenommen zu werden. Als wir die tschechisch-österreichische Grenze passierten, vergrub ich mich unter den Kartoffeln, um so der letzten tschechischen Kontrolle zu entgehen. In Floridsdorf, am nördlichen Donauufer von Wien, war Endstation, da keine befahrbare Donaubrücke vorhanden war, und wir mußten unseren Weg zu Fuß fortsetzen. Ob wir ein Stück unseres Weges mit der Straßenbahn zurücklegen konnten, ist mir nicht mehr in Erinnerung; jedenfalls kamen wir schließlich müde, aber glücklich in der Wohnung meiner Mutter in Favoriten, nahe der zerstörten Ankerbrotfabrik an.

Am nächsten Morgen eilte ich in das Wiener Allgemeine Krankenhaus, durchschritt die alten Höfe wie ein König und meldete mich bei Prof. Lindner, der mich sofort als Assistenten aufnahm und die erforderlichen Papiere ausstellte, die ich im medizinischen Dekanat ablieferte. Vor Dienstantritt wollte ich aber zunächst noch meine Frau und mein im Juni geborenes Mädchen besuchen, die ohne mein Wissen zusammen mit meiner Schwiegermutter Zuflucht bei einem Onkel meiner Frau in Wolfsthal bei Hainburg a. d. Donau gefunden hatten. Dieser Onkel war — welch ein Glück! — Gastwirt und Fleischermeister dazu. Er kaufte eine Kuh, damit meine neugeborene Tochter mit Milch versorgt werden konnte. Soldaten der russischen Besatzungsmacht, die sich sehr kinderliebend zeigten, schenkten Zucker.

Die Dienstwohnung der Schwiegereltern neben der Tabakfabrik im Wiener Arsenal war bombardiert worden und ausgebrannt, der Schwiegervater war zu seinen Verwandten nach Nordmähren gereist, um ihnen als österreichischer Staatsbürger in den Nöten der Besatzungszeit hilfreich zur Seite zu stehen. Er ist nicht wieder zurückgekehrt und in seiner Heimat einem Herzleiden erlegen. Sein alter Vater, der Schmied gewesen war, war an den Folgen eines eingeklemmten Leistenbruches gestorben, als meine Frau und ich im Herbst 1944 einige Urlaubstage in seinem Heimatdorf verbrachten. Heute dient jener Friedhof als Fußballplatz, die deutsch-mährische Bevölkerung wurde vertrieben. Ein weiterer Schicksalsschlag hatte meine Schwiegereltern getroffen, als ihr Sohn, Student der Pharmazie, noch während meiner Prager Zeit an einem Hirnabszeß verstarb, der durch eine chronische, abszedierende Lungenentzündung verursacht worden war.

Nachdem ich in Wien meinen Wiedereintritt in die 2. Augenklinik vorbereitet hatte, fuhr ich zunäcbt mit der Bahn nach Hainburg a. d. Donau, dem Geburtsort meiner Frau, und nächtigte bei deren Großmutter, die Witwe war, viele Kinder geboren und aufgezogen und außerdem in der Tabakfabrik gearbeitet hatte. Tags darauf eilte ich zu Fuß nach Wolfsthal und konnte dort endlich Frau und Kind in meine Arme schließen. Meine Frau war ebenfalls in tschechischer Lagerhaft gewesen, wegen der vorgeschrittenen Schwangerschaft aber schon im Juni 1945 repatriiert worden. Noch in der Nacht nach ihrer Ankunft im Hause des Onkels kam unser Kind zur Welt und der Onkel hatte Schwierigkeiten, die alte Ortshebamme zu bewegen, zu Hilfe zu kommen, da ihres Wissens im Hause des Onkels niemand schwanger war. Nach der Geburt des Kindes erklärte die Hebamme in niederösterreichischer Mundart: „So a krepiert's Kind hab i no nia g'sehn!" Das schwache Kind erhielt die Nottaufe auf den Namen Johanna und wurde in Puppenkleider gesteckt. Bei meiner Ankunft fand ich eine sonngebrannte, abgemagerte Frau, die mich schon aufgegeben hatte und ein aufblühendes Kind. Nach einigen Urlaubstagen fuhr ich mit einem Lastwagen der Hainburger Tabakfabrik nach Wien und meldete mich bei Prof. Lindner zum Dienstantritt.

Zum Glück war das Allgemeine Krankenhaus in Wien unversehrt geblieben. Als sich eine Kampftruppe im Hause verschanzen wollte, wurde sie von Prof. Schönbauer, dem bekannten Chirurgen, der eine hohe militärische Charge erreicht hatte, davongejagt. Eine Gedenktafel erinnert an diese tapfere Tat.

Die Wiener medizinische Schule hatte während des Krieges, von allen internationalen Verbindungen abgeschnitten, schwere Rückschläge erlitten. Nun standen Jahre der weiteren Ausbildung und Reifung vor mir, ausgefüllt mit ärztlicher Tätigkeit und wissenschaftlicher Forschung unter schwierigen Umständen sowie der Aufbau eines Familienlebens in Freiheit und Zuversicht.

X. Kapitel:
Rückkehr an die 2. Universitäts-Augenklinik (Prof. Lindner) in Wien als Erster Assistent und Stellvertreter des Vorstandes (1945—1946)

Die Arbeitsbedingungen an den Wiener Krankenhäusern waren nach der Kapitulation der Deutschen Wehrmacht und dem Einmarsch der Alliierten denkbar schlecht. Wien wurde in vier militärische Verwaltungsbezirke aufgeteilt, das Allgemeine Krankenhaus mit den Universitätskliniken befand sich in der Amerikanischen Zone.

Nachdem ich mich bei Prof. Dr. K. Lindner zum Dienstantritt gemeldet hatte, wurde ich als erster Assistent und Stellvertreter des Chefs eingeteilt. Zweiter Assistent war Dr. Helmut Fanta. Wir beiden hatten das Privileg, die zahlenden Privatpatienten des Klinikvorstandes zu betreuen, sie zu untersuchen, bei ihnen die täglichen Visiten zu absolvieren und bei den Operationen zu assistieren. Die Betreuung der zahlenden Patienten brachte den Vorteil mit sich, daß die beiden ersten Assistenten einen Teil der Sondergebühren erhielten und finanziell besser dastanden als die übrigen Kollegen. Ich selbst hatte in Prag den Titel eines Dr. med. habil. erworben, aber nicht die Dozentur erhalten. Meine Prager Habilitationsschrift über die Entstehung von Netzhautrissen und Netzhautlöchern wurde vom Wiener Medizinischen Professorenkollegium anerkannt, das Kolloquium, das ich in Prag schon hinter mich gebracht hatte, wurde wiederholt. Damit stand meiner Ernennung zum Privatdozenten für das Fach Augenheilkunde nichts mehr im Wege.

Auch Dozent Hamburger meldete sich zur Dienstleistung, Prof. Lindner hätte ihn aber unbedingt hinter mich gereiht und das war für Hamburger inakzeptabel; er fand einen Posten an der 1. Universitäts-Augenklinik unter Prof. Dr. Arnold Pillat, der von Graz gekommen war, während Doz. Böck die Leitung der Grazer Universitätsklinik übernommen hatte. Von meinen damaligen Wiener Mitarbeitern sind Dr. Christian Eyb, Dr. Feßl, Dr. R. G. Frey, Dr. W. Funder, Dr. Peter Grün, Dr. Otto Handl, Dr. Heribert Heinrich, Dr. Heinz Kleinert, Dr. Leopold Kurz, Dr. Erich Kutschera, Dr. Lorenz, Dr. Fritz Mejer, Dr. Theodor Redl, Dr. Hans Rotter, Dr. Spiller, Dr. Josef Stepanik sowie die Damen Dr. Köppner-Brausewetter, Dr. Mahler-Lorenz, Dr. Alice Renner, Dr. Simon-Bauer und Frau Dr. Subal zu nennen.

Die Krankenzimmer konnten nur dürftig geheizt werden, in meinem Dienstzimmer betrug die Temperatur $+ 4°$ C. Vor den Operationen konnten wir die Hände nur mit kaltem Fließwasser waschen, die Finger wurden steif und klamm. Postoperative bakterielle intraokulare Infektionen kamen gehäuft vor und das rettende Penicillin war nur mit größten Schwierigkeiten aufzutreiben.

Unsere Klinik umfaßte vier bzw. fünf große Krankensäle, 2 mittlere Säle und einige sogenannte Kammerln, namentlich Ein- und Zweibettzimmer für zahlende Kranke (sogenannter Zahlstock) und für Isolierungen infektiöser Augenkranker (z. B. Gonoblennorrhö = Augentripper). Insgesamt standen uns rund 120 Betten zur Verfügung. Dazu kamen die Ambulanzen für „äußere Augenkrankheiten" bzw. die „Sehprobenambulanz". Ein größerer sowie ein kleiner Operationsraum mit einem Vorbereitungszimmer dazwischen lag etwa in der Mitte des Klinikkomplexes. Die Klinikräume erstreckten sich entlang der Alserstraßenfront im ersten Stockwerk. Später konnten die Ambulanzräume — vom Eingangstor her betrachtet — in den rechten Teil des Erdgeschosses verlegt werden. Die unmittelbare Lage an einer Straße mit lebhaftem Verkehr verursachte naturgemäß mehr Lärm als erwünscht war.

Die Frühvisite begann um etwa 7.30 Uhr und wurde von den Hilfsärzten vorgenommen; anschließend folgten die Visiten

durch die für die einzelnen Krankenstationen verantwortlichen Assistenten. Um 8.30 Uhr erschien der Chef mit *präziser Pünktlichkeit* im Mittelteil der Klinik, wo auf der „langen Bank" jene Patienten saßen und von den Assistenten vorgestellt wurden, die eingetreten waren, entlassen werden sollten oder zur Operation vorgeschlagen wurden. Dieses Programm wurde nach Ende der Chefvisite dem Professor (oder seinem Stellvertreter) gezeigt und er bestimmte zunächst, welche Fälle von ihm persönlich operiert werden sollten; anschließend wurde die Operationsliste den Stationsassistenten vorgelegt, die wiederum zu entscheiden hatten, welche Fälle sie selbst und welche schließlich ihren Mitarbeitern (Hilfsärzten) anvertraut werden sollten.
Nach Erledigung der „langen Bank" besuchte der Chef mit seinen Mitarbeitern in einem Nebenraum jene Ambulanzpatienten, die erstmalig die Klinik aufgesucht hatten; bei dieser Gelegenheit wurden die für die Vorstellung in der Studentenvorlesung oder für Prüfungen geeigneten Fälle ausgewählt.
Schließlich besuchte der Chef wöchentlich einmal jede der Krankenstationen, seine Privatpatienten sah er öfter. U. a. war es auch üblich, daß Patienten, die tags vorher operiert worden waren, am nächsten Morgen vom Chef persönlich untersucht und verbunden wurden. Den Abschluß der Chefvisite bildete gewöhnlich die Untersuchung jener Patienten, die im Dunkelzimmer mit dem Augenspiegel angesehen wurden, vor allem Fälle von Netzhautablösung; die Assistenten hatten für jeden Patienten einen Kommentar vorbereitet und bemühten sich, Fehler zu vermeiden, was sich allerdings nicht immer verhindern ließ.
Visiten, Untersuchungen, Vorlesungen, Prüfungen und Operationen mußten so eingeteilt werden, daß die Arbeiten bis zur Mittagspause beendet waren. Nach der Besuchszeit, um etwa 16 Uhr, wurden die neu eingetretenen Fälle untersucht, Entlassungen vorbereitet, Krankengeschichten geschrieben

und wissenschaftliche Arbeiten durchgeführt. Die Zeit für alle diese Aufgaben wurde nicht selten zu kurz. Von Prof. Dr. K. D. Pischel (San Francisco) hörte ich einmal den Ausspruch: „Der Tag hat 24 Stunden — und dann beginnt die Nacht." Tatsächlich blieb für die Durchführung wissenschaftlicher Arbeiten, von denen die klinische Laufbahn wesentlich abhing, nur die Nacht übrig. Und so war es verständlich, daß unsere großen Vorfahren, wie Prof. v. Eiselsberg u. a., den Standpunkt vertraten, ein klinischer Assistent sei mit der Klinik verheiratet und habe für die Gründung einer Familie keine Zeit. Ein unvorsichtiger Mitarbeiter des erwähnten Ordinarius für Chirurgie hatte Verlobungsanzeigen ausgeschickt, darunter auch seinem Chef. Bei nächster Gelegenheit, als der Chef und sein Assistent sich im Vorbereitungsraum zum Operationssaal nebeneinander die Hände wuschen, richtete Prof. v. Eiselsberg an seinen Mitarbeiter die Frage: „Herr Kollege, ich habe mit Freude erfahren, daß Sie sich verlobt haben; wann wollen Sie die Klinik verlassen?"

Da ich aus der Schule Prof. Lindners stammte, hatte ich mich rasch wieder eingearbeitet und meine Stelle als erster Assistent und „Puffer" zwischen dem Chef und seinen Mitarbeitern eingenommen.

Zu Beginn der Besatzungszeit wurde die Klinik von jungen amerikanischen Militäraugenärzten besucht, die sich vorwiegend für unsere Operationen interessierten, aber auch Kurse über Sondergebiete der Opthalmologie (in englischer Sprache) absolvierten. Damals konnte ich mein Englisch wesentlich verbessern, allerdings mit amerikanischem Akzent, wie meine Kollegen in London feststellten. Heute kann ich britisches und amerikanisches Englisch gut unterscheiden und beide Akzente imitieren. Eine amerikanische Dame hatte sich bemüht deutsch zu erlernen und erzählte von einer Flugreise von Amerika nach Europa; dabei hatte die Maschine „Rückenwind", der im Englischen als „tail-wind" bezeichnet wird. Die Dame übersetzte wörtlich und sprach von „Schwanzwind". Auch das Australische hat einen besonderen Akzent und ist anfangs schwer verständlich. Von amerikanischer Seite erhielten wir als Kurshonorar „CARE-Pakete", Lebensmittel, die sehr willkommen waren. Die damalige Lebensmittelnot äußerte sich auch gelegentlich in einer Anekdote. Eine Bäuerin vom Lande wurde von Prof. Sch. gefragt, ob sie Zucker hätte; gemeint war, ob sie zuckerkrank sei, d. h. an Diabetes leide. Die Patientin mißverstand die Frage, neigte sich zu dem Fragenden und flüsterte dem Professor ins Ohr: „Ja, Herr Professor, Zucker hätt' i schon; wieviel brauchen's denn?".

Anfangs besuchten uns auch russische Kollegen, vor allem Augenärztinnen im Militärdienst. Ein älterer russischer Sanitätsoffizier, der noch in der Zarenzeit ausgebildet worden war und gut deutsch sprach, unterhielt sich besonders oft und gern mit unserem Chef und seinen Assistenten. Eines Tages verschwand er ohne förmlichen Abschied und auch ein Briefwechsel kam nicht zustande. Die Russen schätzten die Fraternisierung nicht.

Meine Frau und Tochter verblieben inzwischen bei ihrem Onkel in Wolfsthal und wir sahen uns selten. Zu Weihnachten 1945 versicherte ich meiner Frau in einem Brief, wir würden die nächsten Weihnachtsfeiertage gewiß nicht mehr getrennt verbringen. Meine Anmeldung beim Wohnungsamt der Stadt Wien war völlig nutzlos, und einige Jahre später, als ich bereits eine Wohnung gefunden hatte, wurde mir von amtswegen ein Papier zugeschickt, mit der Aufforderung, durch meine Unterschrift zu erklären, daß ich aus der Liste der Wohnungssuchenden gestrichen werden wolle. Zu der gesuchten Wohnung kam ich auf andere Weise. Einer meiner Patienten, pensionierter Symphoniker (Baßgeige), hatte sich an einem Auge einer Operation wegen grauen Stars unterzogen. Der Eingriff verlief kompliziert und postoperativ trat eine medikamentös nicht regulierbare chronische intraokulare Drucksteigerung auf. Durch eine einfache Operation, nämlich mittels diathermischer Ausschaltung eines Teils des kammerwasserbildenden Strahlenkörpers, konnte das Übel dauernd behoben werden. Der Patient war sehr dankbar und machte sich für mich auf die Wohnungssuche. In einem Wohnhaus im 5. Wiener Bezirk hatten im ersten Stockwerk die beiden Hausbesitzer, jeder in einer getrennten Wohnung gelebt. Der eine Bruder war verheiratet, hatte eine Frau mit „trockenen Augen", die sich aus Angst nur an einem Auge durch Verödung der Tränenwege behandeln ließ, sowie einen erwachsenen Sohn, der das Medizinstudium begonnen, wegen frühzeitiger Heirat aber aufgegeben und einen anderen Beruf ergriffen hatte. Der 2. Bruder dürfte geistig etwas retardiert gewesen sein und lebte in seiner Wohnung als Einsiedler. Eines Tages hatte er vergessen, den Gashahn abzudrehen und ging an dieser Unvorsichtigkeit zugrunde. Diese Wohnung wurde mir angeboten, allerdings mußte sie vorher desinfiziert und die zerbrochenen Fensterscheiben mußten mit Hilfe eines spendenfreudigen amerikanischen Kollegen neu verglast werden.

Mein Mitarbeiter Dr. Christian Eyb wäre ebenfalls beinahe einer Gasvergiftung erlegen. Es war die Regel, daß die Gaszuleitung abends abgesperrt wurde und die Heizflammen erloschen; am frühen Morgen strömte das Leuchtgas ungehemmt wieder aus, wenn die Zuleitung offen geblieben war. Zum Glück wurde Kollege Eyb früh morgens telefonisch zu einem hilfesuchenden Augenkranken gerufen, andernfalls wäre er einer Gasvergiftung erlegen.

Nachdem die Instandsetzung der Wohnung im 5. Wiener Gemeindebezirk vollendet war, zogen meine Frau und ich mit Tochter und dem im März 1948 geborenen Sohn dort ein. Hier konnte ich bald als Dozent für Augenheilkunde eine bescheidene Praxis ausüben.

Im September 1948 reiste meine Frau mit mir und unserer kleinen Tochter nach dem Urlaubsort Fuschl am See (Salzburg), um uns dort zu erholen. Mein Sohn blieb im Schutze seiner Großmutter Schindler zurück. In der 3. Urlaubswoche erreichte uns ein Telegramm, die Schwiegermutter sei schwer erkrankt und unsere Rückreise unbedingt erforderlich. Als wir nach Wien zurückgekommen waren, erfuhren wir, daß die Schwiegermutter eines morgens, kurz nachdem sie das Kind aus dem Bad gehoben hatte, einem plötzlichen Herztod erlegen sei und der Vorfall nicht sofort entdeckt wurde. Wie lange der Knabe um die tote Großmutter herumgekrochen war, konnten wir nicht rekonstruieren. Ein Arzt war geholt worden, die Tote wurde in das Institut für gerichtliche Medizin geschafft und wegen der Pflege des Kindes entstand ein eifersüchtiger Streit zwischen den Insassen des Hauses. Jedenfalls hat das Kind alles gut überstanden. Bei der Obduktion wurden viele Herzschwielen gefunden (starke Raucherin!). Das Begräbnis erfolgte in Hainburg/Donau neben dem Sohn der Toten, der, wie früher schon berichtet wurde, zu Kriegsende einem Hirnabszeß erlegen war. Heute besteht das Grab nicht mehr.

Da wir uns schon mit dem Ableben lieber Familienmitglieder befassen, wäre nachzuholen, daß ich als Medizinstudent während zweier Sommerferien mit Schülern der Realschule im 10. Wiener Bezirk zwischen St. Gilgen und Fuschl am See Ferien machte und gemeinsam mit einem gleichaltrigen Kollegen als „Präfekt" eingesetzt war. Als Beispiel einer solchen Ferienkolonie für Mittelschüler diente mir der Ferienhort am Wolfgangsee, wo ich vier Sommerferien verbracht hatte. Die Küche versorgten zwei Damen, denen gegenüber wir die gebotene Distanz wahrten. Das Feriennest hieß „Hochlacken" und ist heute eine nette Ferienoase. Im Juli 1934 erreichte mich ein Telegramm, daß mein Vater nach einer Operation im Krankenhaus Korneuburg verstorben sei und die Beerdigung demnächst stattfinden werde. Ich hatte mit meinem Vater noch vor den Ferien seine Lage besprochen. Sein Magengeschwür war in den Querdarm durchgebrochen, so daß alle Speisen den Darmkanal auf kurzem Wege wieder verließen. Die einzige Überlebenschance war eine Operation; meinem Vater war der Ernst der Lage bewußt. Wir verabschiedeten uns für immer und ich erwartete auf der Hochlakken die Todesnachricht. Es war ein heißer Sommer und eine gespannte politische Stimmung um den Dollfuß-Mord. Die Leiche meines Vaters durfte nur mir als hart gesottenem Mediziner gezeigt werden; Maden in großer Zahl hatten ihr Werk im Gesicht des Toten schon begonnen. Der Leichengeruch war schwer zu ertragen. Unsere Großmutter mußte an diesem Tage den letzten erwachsenen Sohn zu Grabe begleiten, eine der beiden Töchter hatte sie auch schon verloren.

An der Augenklinik verfolgten wir die Entwicklung der Ophthalmologie und trugen selbst zu deren Fortschritten bei. Um mich in der Welt etwas umzusehen, schickte mich Prof. Lindner im Herbst 1947 in die Schweiz, um dortige Augenkliniken zu besuchen. Zuerst hielt ich mich einige Tage in St. Gallen auf, wo Prof. Dr. Bangerter die Augenabteilung des Kantonsspitals leitete. Sein Assistent Dr. Hegner hatte uns einige Zeit vorher in Wien besucht und unsere Tätigkeit verfolgt. Dr. Hegner übergab mir an der Grenze einen namhaften Betrag in Schweizer Franken, fuhr mich mit seinem Auto nach St. Gallen und hatte dort auch schon für ein Privatquartier gesorgt. Die zweite Station meiner Schweizer Reise war Zürich, wo ich die von Prof. Amsler geleitete Klinik besichtigte. Anschließend besuchte ich die Augenklinik in Bern, nachdem ich Herrn Prof. Goldmann versichert hatte, kein Nazi gewesen zu sein; diese Versicherung hatte er nämlich von mir verlangt. In Bern besuchte ich auch die optisch-mechanische Fabrik Haag-Streit, die als eine der ersten Firmen ihre Spaltlampengeräte mit der „Hruby-Linse" auslieferte. Als Anerkennung für meine Erfindung erhielt unsere Klinik in Wien eine Spaltlampe geschenkt. Persönlich wurde ich zu einem opulenten Schweizer Abendessen eingeladen, wie ich es schon viele Jahre nicht mehr genossen hatte. Zuletzt fuhr ich noch nach Genf, wo Herr Prof. Franceschetti der Augenklinik vorstand. Franceschetti war Deutsch-Schweizer, mußte aber in Genf in französischer Sprache vortragen. Prof. Amsler hingegen mußte sich in Zürich der deutschen Sprache bedienen, obwohl seine Muttersprache das Französische war. Prof. Franceschetti führte ein besonders vornehmes Haus, hatte stets Gäste bei sich und beherrschte nicht nur deutsch, französisch und italienisch, wie alle gebildeten Schweizer, sondern auch das Englische mit Schweizer Tonfall. Vor meiner Rückkehr nach Wien durfte ich noch einige Tage bei Prof. Hegner, dem Vorstand der Augenabteilung am Kantonsspital in Luzern, verweilen. Auch hier umgab mich Wohlstand und Schweizer Gastfreundschaft. In Wien erwartete mich meine Familie mit Ungeduld und die mitgebrachten Geschenke sowie das Spielzeug für meine Tochter bereiteten viel Freude. Ein Schweizer Kollege, dessen Name mir leider nicht mehr geläufig ist, schenkte mir nach der Geburt meines ersten Sohnes im März 1948 Windeln, die wir in Wien nicht hatten. Alle genannten Kollegen sind schon in den Ruhestand getreten oder nicht mehr am Leben. Die Firma Haag-Streit in Bern-Liebefeld hatte ihre Fabrik in das Landschaftsbild bestens eingefügt. Eine Vergrößerung seines Betriebes hat sein Inhaber stets abgelehnt; er weiß es, sich zu bescheiden.

Im Mittelpunkt unserer Tätigkeit an der 2. Universitäts-Augenklinik in Wien unter Prof. Lindner stand die *Netzhautablösung*, die vor wenigen Jahren noch als unheilbar gegolten und zur Erblindung des erkrankten Auges, ja in 20% der Fälle zur beidseitigen Erblindung geführt hatte. Der Schweizer Ophthalmologe Jules Gonin, Lausanne, kam dahinter, daß die Ursache der Netzhautablösung Lochbildungen und Risse in diesem dünnen Häutchen waren, die verschlossen werden mußten, damit sich die Netzhaut wieder anlegen und ihre Funktion zurückgewinnen konnte. Anfangs wurden seine Überlegungen nicht ernst genommen, aber bald bildeten sich Zentren für die operative Behandlung der Netzhautablösung, nämlich bei Arruga in Barcelona, Marc Amsler in Zürich und bei Weve in Utrecht. Auch Lindner interessierte sich frühzeitig für die neue Operationstechnik und trug viel zu diesem Thema bei. In Fällen mit geschrumpfter, abgehobener Netzhaut verkleinerte Lindner den Augapfel durch die „Bulbusverkürzung", ließ aber in solchen Fällen merkwürdigerweise die Netzhautlöcher offen, während sonst die Regel galt, alle aufgefundenen Netzhautdefekte mittels Glühschlinge (Gonin), Diathermieelektroden (Weve, Šafař) oder mittels ätzender Substanzen (Guist, Lindner) zu verschließen, nachdem so eine Entzündung provoziert worden war. Dem Schweizer Augenarzt Jules Gonin dankt die Augenheilkunde den größten Fortschritt dieses Jahrhunderts.

XI. Kapitel:
Ärztliche Behandlung, Lehre und Forschung (1947—1954)

Über die ärztliche Behandlung in der 2. Wiener Universitäts-Augenklinik wurde im vorhergehenden Kapitel bereits berichtet, besonders über die Einteilung der Operationen. Undisziplinierte Patienten wurden vom Chef „abserviert", und wenn sie am nächsten Tag wieder auf der Liste standen, wurden sie mir anvertraut. So lernte ich es, auch mit unangenehmen Fällen fertig zu werden. Bei Prof. Lindner gab es auch keine Ausrede, man hätte diese oder jene Operation noch nie gemacht; schlimmstenfalls lief man noch schnell in die Bücherei, las in einer Operationslehre nach, nahm ev. auch noch das Lehrbuch in den Operationssaal mit und tat, was man konnte. Zumeist operierte der Chef „das erste Auge" (z. B. bei beidseitigem grauen Star), das 2. Auge operierte später der zuständige Stationsassistent. Die Operationen des Chefs mußten pünktlich beginnen und die Patienten gut anästhesiert auf den Operationstisch kommen. Einmal wurde ich in der Ambulanz einige Minuten aufgehalten und der Chef wusch sich bereits die Hände, als ich im Operationssaal eintraf. „Dozent Hruby, Sie müssen pünktlich sein, wenn ich operiere", sagte der Chef unwillig. In schwierigen Fällen wurde die örtliche Betäubung mir überlassen; das Geheimnis meiner guten Anästhesien lag darin, daß ich eine größere Dosis des Anästhetikums lokal injizierte als offiziell vorgesehen war; natürlich durfte die Maximaldosis nie überschritten werden. Prof. Lindner war kein geduldiger Mann. Patienten, vor allem Kinder, die in Vollnarkose operiert werden sollten, mußten rasch dem Operateur freigegeben werden. Dem mußte sich auch meine Narkosetechnik anpassen. Die komplizierte intratracheale Narkose, die heute von Spezialisten (Anästhesiologen) ausgeführt wird, hat sich von Amerika her bei uns allmählich eingebürgert. Ärgerlich ist es, wenn das Operationsteam bereits wartet, der Patient medikamentös auf den Eingriff vorbereitet ist, aber der Anästhesist mangels genügenden Personals nicht erscheint; so kann viel Zeit verlorengehen. Bei einer Operation darf man allerdings nicht nach der Uhr sehen, bei Komplikationen muß man Ruhe bewahren. Ein linkshändiger Assistent kann sehr nützlich sein, indem der Operateur jene Handgriffe ihm überläßt, die er selbst als Rechtshänder nicht mit gleicher Geschicklichkeit ausführen kann. Vor der Vollnarkose muß der Internist im Verein mit dem Anästhesisten sein placet geben bzw. eine entsprechende medikamentöse Vorbereitung des Patienten eingeleitet werden. Alkoholiker sind unangenehme Patienten, ich ließ ihnen während ihres Aufenthaltes in der Augenklinik ihr gewohntes Quantum Alkohol auch weiterhin geben. Einer dieser Patienten erwischte nachts die Harnflasche seines Nachbarn und stillte mit deren Inhalt seinen Durst; geschadet hat es ihm offensichtlich nicht. Mit Hilfe der vielen Psychopharmaka, die uns heute zur Verfügung stehen, können ängstliche und aufgeregte Patienten vor dem Eingriff gut beruhigt werden.

Mein älterer Sohn hatte im Bereiche der rechten Augenbraue eine angeborene Geschwulst (Dermoid), die ich ihm in Äthernarkose entfernte. Wenn wir später in ein Bad oder sonst wohin gingen, wo sich ein Spital dahinter verbergen konnte, fing er zu jammern an: „Nicht riechen! Nicht riechen!" Meinem Chef mußte ich einen Naevus an der Wange entfernen, ein einfacher, lächerlich kleiner, aber für mich doch aufregender Eingriff.

Außerhalb der Klinik, in Privatsanatorien, operierte Prof. Lindner nur selten und nahm einen geübten Assistenten und eine Operationsschwester mit. Dem Premierminister von Westbengalen, Dr. B. C. Roy, operierten wir im Sanatorium Auersperg das eine Auge wegen grauen Stars mit bestem Erfolg. Einige Zeit später lud er das Team nach Kalkutta ein.

Das zweite Auge ließ sich der indische Patient aber erst viel später in Kalkutta operieren, wobei Prof. Böck operierte und Prof. Lindner, damals schon im Ruhestand, assistierte.

Prof. Dr. K. Šafař, der Vorstand der Augenabteilung des Krankenhauses in Lainz, erkrankte an einer Netzhautablösung des linken Auges und wurde in die Klinik Lindner aufgenommen. Prof. Šafař hatte auf dem Gebiete der Netzhautablösung selbst wichtige Publikationen veröffentlicht und die diathermische Stichelung der Netzhautrisse (gleichzeitig mit Prof. Weve, Utrecht) eingeführt. Prof. Lindner operierte unseren prominenten Kollegen mit meiner Assistenz zweimal, doch jedesmal ohne Erfolg. Die Gattin des Patienten wünschte daher, daß Prof. Böck aus Graz zugezogen werde und tatsächlich konnte das linke Auge diesmal geheilt werden. Am Partnerauge fanden wir bei Prof. Šafař einen Lappenriß in der temporalen Netzhautperipherie, aber er konnte sich zu einem Eingriff nicht entschließen; eine manifeste Netzhautablösung ist daraus nicht geworden. Heute würde man einen solchen Riß mit Licht- *) oder Laserstrahlen **) verschließen, um einer Netzhautablösung vorzubeugen.

Wie oben bereits erwähnt wurde, hat Prof. Lindner in Fällen von Netzhautablösung mit geschrumpfter Retina die Prognose durch Verkleinerung des Augapfels (Skleralresektion) wesentlich verbessert. Die vorhandenen Netzhautdefekte hat er allerdings entgegen den Regeln von Jules Gonin nicht verschlossen. Dieses Verfahren erschien mir unlogisch und ich führte die „kombinierte Operation" ein, bei der die Skleralresektion mit einem diathermischen Rißverschluß verbunden wurde. Solche Eingriffe waren schwierig, dauerten lange und waren recht ermüdend. Aber die Ergebnisse waren so gut, daß auch mein Chef die Methode übernahm und dieses Verfahren von vielen Fachkollegen in aller Welt aufgegriffen wurde.

---

*) Die Lichtkoagulation wurde von Univ.-Prof. Dr. Dr. h. c. Gerd Meyer-Schwickerath (Bonn—Essen) eingeführt.
**) „Laser" bedeutet Light amplification by stimulated emission of rays.

1950 erschien meine Monographie „Spaltlampenmikroskopie des hinteren Augenabschnittes" im Verlage Urban & Schwarzenberg, Wien u. Innsbruck. Eine verbesserte, amerikanische Ausgabe erschien 1967 im Verlage Williams & Wilkins in Baltimore, U.S.A. Die Übersetzung besorgten bzw. verbesserten meine amerikanischen Freunde Dr. Adolph Posner, New York, und Dr. C. C. Foster in Ohio. Der zweite von ihnen ist im August 1982 einem Magenkrebs erlegen.

In diesen Monographien habe ich die damals gängigen Untersuchungs- und Operationsmethoden in Fällen von Glaskörper- und Netzhauterkrankungen beschrieben; mit der Netzhautablösung habe ich mich besonders beschäftigt. Die verschiedenen Formen der hinteren Glaskörperabhebung habe ich schon frühzeitig in ein System zu bringen versucht und diese Einteilung wurde international akzeptiert.

Die „Hruby-Linse" ist heute an jeder modernen Spaltlampe zu finden. — Prof. H. Goldmann (Bern) hat für die Spaltlampenuntersuchung des hinteren Augenabschnittes ein Kontaktglas mit drei eingebauten Spiegeln angegeben, mit deren Hilfe auch die äußerste Fundusperipherie untersucht werden kann. Das Goldmann-Glas kann aber nicht jedem Auge und jedem Patienten (Kinder!) zugemutet werden.

Die Operation des grauen Stars änderte ich insoferne, als die Extraktion der trüben Linse durch deren Expression ersetzt wurde, d. h. die Entbindung der Linse wird nur durch Druck bewirkt, so daß auch gequollene Linsen ohne Kapselriß entbunden werden können. Die Methode ist nicht neu und wurde vor vielen Jahrzehnten in Indien von Captain Smith eingeführt. Um auch bei Glaukomaugen mit seichter Vorderkammer einen Schnitt mit dem Schmalmesser von Albrecht v. Graefe machen und anschließend eine Iriseinklemmung ausführen zu können, habe ich statt der Eröffnung der Vorderkammer mit dem Keratom einen Schnitt mit dem Schmalmesser empfohlen. Später habe ich den Schnitt „ab externo" ausgeführt.

Während meiner Assistentenjahre an der Klinik Lindner wurde ich aufgrund eines Vorschlages des englischen Kollegen Dr. Ayoub, dessen Vorfahren Ägypter waren, zum Ehrenmitglied der Royal Society of Medicine, Section of Opthalmology, ernannt. Aus diesem Anlasse hielt ich in London einen Vortrag über Forschungen auf dem Gebiete des Glaskörpers. Vorher sprach ich vor Schweizer Kollegen in Luzern. In London besuchte ich das Moorfield's Eye Hospital und sah bei Augenoperationen prominenter englischer Kollegen zu. Den Vortragssaal in der Wimpole Street erreichte ich wegen des dichten Verkehrs mit dem Taxi nur mit Müh' und Not und machte dabei die Erfahrung, daß man in London mit der Untergrundbahn am raschesten ans Ziel kommt. Nach dem Vortrag fand ein Bankett statt, zu dem nur Herren eingeladen waren. „Black tie" (Smoking) war vorgeschrieben. Als ich einen Löffel voll Senf auf meinen Teller kleckste, murmelte der Butler hinter mit „impossible".

Die von Montag bis Freitag an den beiden Wiener Augenkliniken abgehaltenen Vorlesungen für Medizinstudenten fanden während der Wintersemester von 11—12 und während der Sommersemester von 10—11 Uhr vormittags statt. Sobald der Chef den Lehrstoff durchgenommen hatte, war es meine Aufgabe, Wiederholungsvorlesungen zu halten. Geprüft wurde Samstag vormittags, wobei sich der Chef häufig von mir vertreten ließ. Um möglichst objektiv vorzugehen, hatte ich für jede Prüfung Fragenzettel vorbereitet, die von den Kandidaten wie Lose gezogen wurden. Während meiner letzten Professorenjahre sah ich außerdem die Prüfungsprotokolle vorher nicht an und ließ die Kandidaten Losnummern ziehen. Erst nach der Prüfung wurden die Namen der Kandidaten festgestellt und die Kalküle bekanntgegeben. Auf diese Weise

konnte ich mir Interventionen, sei es von welcher Seite immer, vom Halse halten.
Die Augenheilkunde ist ein besonderes Fachgebiet der Medizin. Die Untersuchung beginnt mit der Inspektion des vorderen Augenabschnittes, die heutzutage überall mit der „Spaltlampe" vorgenommen wird. Mit diesem Gerät kann man durch die Pupille hindurch auch die Linse und bei weiter Pupille noch den vorderen Abschnitt des Glaskörpers inspizieren; der Augenhintergrund wird an der Spaltlampe mit der „Hruby-Linse" oder mit einem Augenspiegel untersucht; heute stehen viele gute elektrische Modelle zur Verfügung. Der Augenhintergrund ist die einzige Stelle im menschlichen Körper, wo man die Blutgefäße unmittelbar sehen kann. Gefäßveränderungen sind dabei unschwer zu erkennen und können dem Internisten, Neurologen usw. mitgeteilt werden. So hängt die Augenheilkunde mit vielen anderen medizinischen Fächern innig zusammen. Dem Augenarzt obliegt es aber auch, die Funktion des Auges zu prüfen. Dazu gehören die Sehleistung (Sehvermögen ohne etwaige Brillenkorrektur) und die Sehschärfe (optimales Sehvermögen nach Bestimmung und Korrektur optischer Brechungsfehler, wie Kurzsichtigkeit, Übersichtigkeit, Weit- oder Alterssichtigkeit und Stabsichtigkeit oder Astigmatismus). Verschiedene optische Mängel können miteinander verbunden sein. Die Bestimmung einer guten Brille ist keine einfache Sache. Neben der Sehschärfe muß u. a. auch das Gleichgewicht der Augenmuskeln berücksichtigt werden. Mit Hilfe der Perimetrie wird das Ausmaß des Gesichtsfeldes beider Augen bestimmt, mit Farbtafeln bzw. dem Farbenanomaloskop werden Mängel des Farbensehens entdeckt. Die erbliche Rot-Grün-Schwäche kommt nur bei etwa 8% der männlichen Bevölkerung vor, Frauen bilden im Erbgang unerkannte Konduktoren. Auch die Hell- und Dunkelanpassung gehört zur Funktionsprüfung des Auges. Sehr wichtig ist ferner die Messung des intraokularen

Druckes, der 12—22 mm Hg betragen soll; ein erhöhter Augendruck führt zur Erblindung; dieses Leiden heißt im Volksmund „grüner Star", in der Fachsprache Glaukom. Davon gibt es verschiedene Spielarten. Wenn ein Patient die Ambulanz einer Augenklinik aufsucht, wird zunächst festgestellt, ob es sich um einen „äußeren Fall", z. B. einen Bindehautkatarrh, oder um einen Fall handelt, dessen Augenhintergrund untersucht werden muß; Hand in Hand damit geht eine „Sehprobe", oft auch die Messung des Augendrucks, die Bestimmung des Gesichtsfeldes u. a. einher. Der Arzt muß gewissermaßen das Gefühl haben, in welche Richtung er zu gehen hat, um der Diagnose auf die Spur zu kommen und die richtige Therapie einzuleiten.

Der junge, angehende Augenarzt wird zunächst in der „äußeren Ambulanz" beschäftigt, später kommt er ins „Spiegelzimmer", um sich mit den Veränderungen des hinteren Augenabschnittes sowie mit den Funktionsprüfungen des Auges und der Brillenbestimmung vertraut zu machen. Dabei wird der junge Assistent von älteren Kollegen (Oberärzten) überwacht und angeleitet.

Manche junge Kollegen sind sehr operationsfreudig und können es kaum erwarten, im Operationssaal beschäftigt zu werden. Andere sind operationsscheu. Manche sind Draufgänger, andere ängstlich. Zuerst werden einfache Eingriffe geübt, wie etwa die Entfernung eines Hagelkorns, später folgen Schieloperationen an den Augenmuskeln, und letzten Endes die verantwortungsvollen Eingriffe mit Eröffnung des Auges. Zuerst werden die jungen Kollegen als Operationsassistenten verwendet, später müssen sie selbständig arbeiten und sich, vor allem anfangs, einen erfahrenen Operationsgehilfen wählen. Operieren und Assistieren sind verschiedene Dinge. Prof. Lindner erzählte uns, man habe ihm bei einem Besuch in den U.S.A. die bedeutendsten Opthalmologen als Assistenten zur Verfügung gestellt, bis er selbst bat, ihm „ordentliche

Assistenten" zu verschaffen, die täglich damit befaßt sind, dem Operateur als Gehilfen zur Seite zu stehen.
Die besten Operationsergebnisse erzielt man, wenn ein Operationsteam längere Zeit hindurch stets zusammenarbeitet. Zu Beginn meiner Laufbahn als Ordinarius war es mir ziemlich gleichgiltig, wer assistierte; später habe ich längere Zeit hindurch immer mit demselben Assistenten gearbeitet, so daß dieser meine Arbeitsweise genau kennen lernte. Die Ausbildung zum Facharzt für Augenheilkunde dauert heute bei uns 6 Jahre; davon müssen 6 Monate an einer Klinik oder Abteilung für Innere Medizin zugebracht werden, 6 weitere Monate können einem Fachgebiet freier Wahl gewidmet werden. Nach 10 Jahren Fachausbildung wird der Assistent „Oberarzt". Die Ärztekammer kann ihm aber schon am Ende der 6jährigen Fachausbildung das ius practicandi als Augenarzt verleihen. Die Lehrbefugnis (venia docendi) für das ganze Gebiet oder ein größeres selbständiges Teilgebiet eines wissenschaftlichen Faches an einer Fakultät wird nach Maßgabe entsprechender Bestimmungen erworben, die im Universitäts-Organisations-Gesetz (UOG) festgelegt sind. Mit diesem Gesetz werden wir uns später noch beschäftigen.
Sobald ein Lehrstuhl vakant geworden war, legte früher das zuständige Professorenkollegium dem Unterrichtsminister einen Dreiervorschlag vor, an den sich der Minister in der Regel gebunden fühlte. Heute wird die vakante Stelle ausgeschrieben und ein Verfahren nach dem neuen UOG eingeleitet (siehe später). Einen Vorteil kann ich darin nicht erblicken.
1947 wurde die Lehrkanzel für Augenheilkunde an der Universität in Innsbruck vakant. Prof. Lindner und Prof. Böck (Vorstand der Augenklinik in Graz) schlugen mich als neuen Klinikvorstand vor. Der damalige Unterrichtsminister Dr. Hurdes ernannte mich tatsächlich, wie mir sein Sekretär bzw. der spätere Unterrichtsminister Dr. Heinrich Drimmel mit-

teilte. Durch welche Intrigen ich zu Fall kam, weiß ich nicht, ich habe mich auch nie darum gekümmert. Jedenfalls wurde Prof. Dr. Karl Heinz zum Chef der Innsbrucker Augenklinik ernannt, ein ehemaliger Assistent Prof. Lindners, der nach Kriegsende auf seinen Dienstplatz in Wien nicht zurückgekehrt war. Anläßlich seines 70. Geburtstags und seiner Emeritierung habe ich in den „Klinischen Monatsblättern für Augenheilkunde" für Prof. Heinz eine Laudatio verfaßt. Ich selbst habe bei Prof. Lindner noch viel gelernt, bis ich 1955 zum Vorstand der Universitäts-Augenklinik in Graz als Nachfolger von Prof. Dr. Josef Böck ernannt worden bin. Das Verhältnis zwischen dem älteren Prof. Heinz als meinem Untergebenen und mir als seinem jüngeren Vorgesetzten wäre zweifellos nicht reibungslos gewesen. Ob man mich als tschechischen Emigranten aus Prag angesehen hat, oder was sonst gegen meine Berufung sprach, ist mir, wie gesagt, nicht bekannt. Jedenfalls haben alle damaligen maßgebenden akademischen und politische Kräfte, von den Patres Jesuiten bis hin zu den Kommunisten, gegen mich Stellung genommen. Es hat mir wenig geschadet.

Später war das Primariat für Augenheilkunde am Landeskrankenhaus in Salzburg zu besetzen. Ich wurde eingeladen, mich um diesen Posten zu bewerben. Herr Landeshauptmann Dr. Josef Klaus, der nachmalige Bundeskanzler, und Prof. Dr. Domanig, der Vorsitzende des Landessanitätsrates von Salzburg, setzten sich für mich ein. Seit meiner Indienreise mit Prof. Lindner war ich Ehrenmitglied der Opthalmologischen Gesellschaft von Westbengalen, und auch das Instituto Barraquer in Barcelona, ein privates Institut von Weltruf, hatte mich zum Ehrenmitglied gewählt. Von der Royal Society of Medicine in London war schon die Rede. Ich stellte mich den Salzburger Kollegen mit einem Vortrag und einem Film über die damals modern gewordene Art der Operation des Grauen Stars ohne Zurücklassung eines optisch oft störenden „Nachstars" vor, der nicht selten einen zweiten Eingriff nötig machte. Man nannte die bessere — moderne Methode die „intrakapsuläre Staroperation". Da sich die Salzburger Landesregierung über die Stellenbesetzung nicht einigen konnte, wurde der Posten nochmals ausgeschrieben, um einer größeren Zahl von Kollegen Gelegenheit zu geben, sich um die Stelle zu bewerben. Wieder wurde ich vom Landessanitätsrat an erster Stelle vorgeschlagen. Man ließ mich aber wissen, es wäre zweckmäßig, mich mit der Sozialistischen Partei zu arrangieren. Tatsächlich stellte ich mich auf der Rückreise von einem in Berlin abgehaltenen Kurs über die Glaskörperuntersuchung beim sozialistischen Landesrat für das Gesundheitswesen, Herrn Weißkind, vor und erklärte, ich stünde der Salzburger Landesregierung gerne zur Verfügung, soferne kein besserer Kandidat vorhanden wäre. Die Wahl fiel schließlich auf Herrn Dr. Zwiauer, einen Assistenten der 2. Wiener Augenklinik, der der politischen Konstellation besser entsprach als ich.

Eines Tages ließ mich Prof. Dr. Leopold Arzt, die graue Eminenz des Wiener medizinischen Professorenkollegiums, zu sich kommen und machte mich kurzerhand zum Obmann der Assistentengewerkschaft. Ich hatte Sitzungen einzuberufen, den Kontakt mit der Gewerkschaft der Hochschullehrer aufzunehmen und im Bundeskanzleramt Verhandlungen über die Besoldung der Hochschulassistenten zu führen.

Da die Verhältnisse an der Wiener medizinischen Fakultät zu wünschen übrig ließen, erklärte mir Prof. Arzt eines Tages, wir würden bei Unterrichtsminister Dr. Hurdes vorsprechen und ihm unsere Wünsche und Beschwerden vortragen. Das geschah auch, aber Minister Hurdes antwortete auf unsere Beschwerden ungehalten und im schlimmsten Wiener Dialekt. Prof. Arzt ließ sich in eine unerfreuliche Debatte ein, ich ließ die Dinge kühl über mich ergehen und betrachtete den ganzen Vorgang als eine der vielen Episoden in meinem Leben, die nicht immer einen erfreulichen Verlauf nahmen. Herr Minister Dr. Hurdes mußte nach einiger Zeit abtreten, ich aber setzte meine eingeschlagene Laufbahn fort und wurde schließlich Ordinarius für Augenheilkunde in Graz, nachdem ich auch an der Saaruniversität auf der Berufungsliste gestanden hatte. Aber damit eilen wir den Dingen wieder etwas voraus.

XII. Kapitel:
Professor Dr. Karl Lindner feiert seinen 70. Geburtstag (19. Jänner 1953)

Am 19. Jänner 1953 feierte Prof. Dr. Karl David Lindner seinen 70. Geburtstag. Aber er war nicht da. Seine Abwesenheit von Wien hatte er seit langem geplant. Dr. B. C. Roy, selbst ein Arzt, damals aber Politiker und Ministerpräsident von Westbengalen mit dem Sitz in Kalkutta, hatte sich in Wien an einem Auge einer Operation wegen Grauen Stars unterzogen. Den Rat nach Wien zu gehen, hatte ihm sein Leibarzt Captain Sen gegeben, der Professor für Augenheilkunde in Kalkutta war. In Indien werden auch die Universitätsprofessoren mit ihrem militärischen Titel angesprochen und Prof. Sen war eben Captain. Die Staroperation von Dr. B. C. Roy hatte im Sanatorium Auersperg stattgefunden, ich hatte assistiert und Operationsschwester Tilde hatte instrumentiert. Da Dr. B. C. Roy anscheinend ein gutherziger Mann war, lud er uns ein, während der Weihnachtsferien 1952/53 auf seine Kosten nach Kalkutta zu fliegen, um dort indische Patienten zu untersuchen, zu behandeln und zu operieren. Ich dachte zunächst, er würde sich der Staroperation am Partnerauge unterziehen, aber daraus wurde damals nichts.

Kurz vor Weihnachten 1952 flogen wir, Prof. Lindner, Schwester Tilde und ich als Assistent von Wien-Schwechat nach Zürich. Das Flughafengebäude in Schwechat war damals eine jämmerliche Bretterbude und diente der britischen Besatzungsmacht als militärischer Flugstützpunkt. Die Amerikaner hatten sich in Langenlebarn bei Tulln, die Russen in Bad Vöslau und die Franzosen in Aspern eingerichtet. Der Flughafen Schwechat wurde später unser endgiltiger österreichischer Flughafen für Wien und lief den anderen Wiener Flughäfen den Rang ab. Von Schwechat nach Zürich flogen wir mit einem britischen Tiefdecker, Modell „Queen Elisabeth", das heute längst aus dem Verkehr gezogen ist. In Zürich stiegen wir in einem Hotel ab und warteten auf den Anschlußflug nach Indien. Das viermotorige Propellerflugzeug der BOAC konnte aber zu nächtlicher Stunde in Zürich nicht landen, weil die Landepisten stark vereist waren. So mußten wir einen Tag in Zürich verbummeln. Aber in der folgenden Nacht hatten wir Glück und konnten die Reise planmäßig fortsetzen. Unter den zugestiegenen Fluggästen befand sich auch ein in der Schweiz erzogenes Internatsmädchen aus Pakistan in hübschem Pyjama; so erkannte ich damals, daß Kinder ohne Begleitung auf weite Strecken hin am besten mit dem Flugzeug reisen. Nach achtstündigem Flug landeten wir in Beirut, wurden ausgebootet, in ein Hotel gebracht und ins Bett gelegt. Die mehrstündige Ruhepause tat uns gut. Es blieb auch noch Zeit, sich in der schönen Hafenstadt umzusehen, und Prof. Lindner, der sich kürzlich beim Ballspiel mit seinen Enkelkindern einen Knöchelbruch zugezogen hatte, war flotter bei Fuß als die Operationsschwester und ich. Die folgende Flugetappe dauerte wieder 8 Stunden und wir landeten in Karachi, der Hauptstadt von Pakistan. Am Rande des Flugfeldes standen Holzhäuschen, in denen wir wieder zur Rast niedergelegt wurden. Vor den „Vogelhäuschen", wie wir sie nannten, saßen Zauberer, Schlangenbeschwörer und ähnliches Volk, das sich von den Fluggästen honorieren ließ. Früh am Morgen wurden wir geweckt, bestiegen unsere Maschine und flogen wiederum 8 Stunden quer über den indischen Subkontinent nach Kalkutta, der Hauptstadt von Westbengalen, die in den Jahren 1774—1912 Hauptstadt von Indien gewesen war. In Karachi erlebte ich zum ersten Male den Aufstieg eines Jets. Damals waren die ersten Modelle dieses Flugzeugtyps in Dienst gestellt worden und einige davon zerfielen in großer Höhe infolge „Ermüdung" des Materials und gingen mit Mann und Maus verloren. In Kalkutta wurden wir von unserem hohen Patienten und seinem Gefolge empfangen, mit Blumenkränzen behängt und ohne jede Paßkontrolle in die Stadt und unser nobles Hotel gefahren. Dort empfing uns eine große Schar männlichen Dienstpersonals, bloßfüßig und romatisch gekleidet. Überall waren Tafeln mit der Warnung „No tipping" zu sehen, aber die Leute nahmen trotzdem alles, was man ihnen gab. Neben uns speiste im großen Saal der Neffe des Königs von Nepal mit seinen vier schönen Frauen. Reis durfte wegen Mangels an diesem wichtigen Nahrungsmittel nicht serviert werden, aber unser Freund Dr. K. G. S. Chhokar, ein indischer Augenarzt, brachte es zuwege, daß uns Reis mit Curry nach indischer Art in einem Séparée vorgesetzt wurde.

Prof. Lindner war sehr beschäftigt, während die Operationsschwester und ich viel Freizeit hatten. Am Abend unserer Ankunft wurden wir zu einem umzäunten Platz gefahren, wo die Toten verbrannt wurden. Da Holz in Indien rar und teuer ist, blieb von den Leichen ziemlich viel übrig, die Reste wurden in den Ganges geworfen. Bettler umringten uns, da aber alles Geld Prof. Lindner verwahrt hatte, konnten wir den Leuten nichts geben. Damals hielt ich das indische Volk für harmlos, aber nachdem ich das Buch „Freedom at Midnight" gelesen hatte, in dem das gegenseitige Abschlachten der Hindus und Moslims nach der Teilung Indiens beschrieben wird, mußte ich meine Meinung gründlich ändern. Gandhi hatte sich bekanntlich sehr bemüht, ein einheitliches Indien zu erhalten, aber die Moslims bestanden auf der Gründung eines eigenen Staates (Pakistan), dessen Abgrenzung gegenüber dem Hindustaat Indien nicht leicht war. Wer sich für die blutigen Ereignisse anläßlich der Entlassung Indiens in die Freiheit näher interessiert, sollte das oben erwähnte Buch lesen.

Vormittags operierten wir in verschiedenen Krankenhäusern, gaben Vorlesungen ohne Honorar für unsere indischen Kollegen, nachmittags hielt Prof. Lindner seine Sprechstunde, die von vielen Menschen besucht wurde. Der Präsident von Indien klagte über Migräne, Prof. Lindner empfahl ihm, im Anfall ein Gläschen Wein zu trinken; der alte Herr fiel fast in Ohnmacht, da ihm Alkohol aus religiösen Gründen verboten war. Viele der vorgestellten Patienten waren komplizierte bzw. unheilbare Fälle, wie z. B. Pigmentdegenerationen der Netzhaut. Wie groß war die Enttäuschung, wenn der berühmte Arzt, in den die Kranken alle ihre Hoffnung gesetzt hatten, erklärte, da sei nichts zu machen.

Abends waren wir meistens in einem Club eingeladen, wo Ströme von Whisky flossen. Da ich dieses Getränk bis dahin kaum kannte, mußte ich trachten, die mir zugereichten vollen Gläser der Reihe nach unauffällig verschwinden zu lassen. Je heller die Hautfarbe, desto schöner gilt der Mensch in Indien. Dies war der Grund dafür, daß viele indische Herren jüdische Frauen geheiratet hatten. Auch in einer Familie von Parsen waren wir eingeladen, die ihre Leichen von Priestern auf die „Türme des Schweigens" emporschaffen lassen, wo sie von Geiern gefressen werden; eine durchaus hygienische Art der Leichenbestattung. Im Hause der Parsen war nicht Platz für alle Gäste an einer Tafel, so daß in zwei Partien abgespeist wurde. Niemand nahm Anstoß daran. Der Gastgeber war vor Jahren Patient Prof. Lindners in Wien gewesen, war mit Erfolg operiert worden, hatte aber nie einen Groschen Honorar bezahlt.

Wenn Schwester Tilde und ich von einem der im Dienste der Regierung stehenden Chauffeure spazieren gefahren wurden, konnte sich unser Begleiter mit dem Fahrer nicht verständigen, da Indien viele lokale Sprachen hat. Offiziell gilt immer noch das Englische als Landessprache. Besonders sehenswert waren ein großer Tiergarten mit unzähligen Vögeln verschiedenster Arten sowie der ausgedehnte botanische Garten mit Riesenbäumen unvorstellbarer Ausdehnung.

Ich habe Indien dreimal besucht. Bei diesem ersten Besuch

hatte ich am dritten Tage den üblichen Darmkatarrh und nährte mich nur noch von Tee und Zwieback. Beim zweiten Besuch, über den später berichtet werden soll, entging ich allen intestinalen Beschwerden. Am schlimmsten war es beim dritten Besuch in Nepal, doch auch darüber wollen wir später berichten.

Während unseres Besuches in Kalkutta wohnten wir mit Dr. B. C. Roy auch einer Kinovorstellung bei. Das Kino ist in Indien sehr beliebt und die Filmindustrie blüht. Die Inder haben auch ihre angebeteten Stars und hervorragende Tänzerinnen und Tänzer. Unsere Kinovorstellung dauerte endlos lang, allerdings gönnte man uns eine längere Erholungspause.

Alkoholische Getränke werden in manchen indischen Staaten frei angeboten, in anderen sind sie gesetzlich untersagt. Wenn ein Bankett in einem solchen Staat abgehalten werden soll, muß jeder Teilnehmer einen Bewilligungsantrag an die lokalen Behörden richten.

Es gibt reine Herrengesellschaften, zu denen die Damen nicht zugezogen werden. Oder die Damen des Hauses erscheinen für kurze Zeit, treten ans Buffet, verweilen einige Zeit und ziehen sich dann wieder zurück. Die Küche ist das Reich der Frauen, ein Mann hat dort nichts zu suchen. Bei meiner zweiten Indienreise besuchten wir meinen Freund Dr. K. G. S. Chhokar in Chandigarh und wurden auch in sein Haus eingeladen. Mein jüngerer Sohn drang bis in die Küche vor, um dort die Damen des Hauses zu begrüßen; es wurde ihm verziehen.

Die „heilige Kuh" spielt in Indien nach wie vor eine große Rolle. Sie kann mitten auf den Straßen großer Städte spazieren gehen oder sich hinlegen und den Straßenverkehr blockieren, niemand wird es wagen, das heilige Tier zu stören, wenn er sein Leben liebt. Getrocknete Kuhfladen werden zum Heizen verwendet, Holz gibt es sehr wenig. Der Rauch der Kuhfladen liegt über der ganzen Stadt und verbreitet einen unangenehmen Geruch. Ob die heiligen Kühe versorgt, gepflegt, gefüttert oder gar gemolken werden, ich weiß es nicht. Die Milch und Butter zum Frühstück kommt nicht von der Kuh, sondern vom Wasserbüffel. Die Straßen entlang sitzen Aasgeier auf den Bäumen und lauern auf Beute; sie sind die Sanitätspolizei Indiens. Jedes Auto hupt so laut und gut es kann, der Straßenlärm ist enorm. Einen öffentlichen Autobus kann ein Europäer nicht gut benützen. Er nimmt sich ein Taxi. Einheimische mieten eine Rikscha, ein zweirädriges Fahrzeug mit einem gepolsterten Sitz für den Fahrgast (oder für zwei Fahrgäste) und zwei langen Stangen, zwischen denen der Rikschakuli seinem Tod an Lungentuberkulose und Marasmus entgegenläuft. Neuerdings werden die Rikschas von kleinen Mopeds oder Fahrrädern gezogen. Auf den Straßen werden die Fremden von Scharen von Bettlern, namentlich von Kindern, umringt, die sich zufrieden geben, wenn sie eine kleine Münze erhalten haben. Handwerker arbeiten am Straßenrand, die Morgenwäsche mit Rasur wird im Rinnsal abgetan. Wer keine andere Schlafstätte hat, schläft im Freien, in sein einziges Tuch eingewickelt. Die Trauerfarbe ist weiß, Leichen werden, in weiße Tücher eingehüllt, durch die Straßen zum Platz der Verbrennung getragen, die Trauergäste sind weiß gekleidet.

Auch die römisch-katholischen Geistlichen tragen weiße Sutanen. An einem Sonntag besuchte Prof. Lindner einen Gottesdienst in einer anglikanischen Kirche, die Operationsschwester und ich eine hl. Messe in einer römisch-katholischen Kirche. Damals war die internationale katholische Kirchensprache noch Latein und wir konnten dem Gottesdienst folgen wie zu Hause. Heute ist das vorbei, man sitzt dort und ist traurig, weil man der Liturgie und Predigt nicht mehr folgen kann. Alle, die in unserem Lande dem Lateinunterricht in den Mittelschulen das Wort reden, verdienen unsere Unterstützung. Wir sind bald so weit, daß wir bei der Krankenvisite nicht mehr Latein reden können, wenn wir uns mit den Assistenten verständigen wollen und die Kranken nichts verstehen sollen.

In den europäisch geführten großen indischen Hotels werden alle Wünsche erfüllt. Man sieht aber nur männliches Personal. In den älteren Häusern werden die Räume noch durch große Windräder (fans) gekühlt, die sich oben an der Decke drehen; moderne Häuser sind air-conditioned. Auf dem Tisch des Gästezimmers steht täglich eine Schale mit frischem Obst und ein Thermophor mit gekochtem Trinkwasser; ungekochtes Wasser zu trinken ist nicht ratsam.

Handarbeit ist in Indien sehr billig. Seidenhemden werden in kürzester Zeit nach Maß angefertigt. Da ich mir ein Nehru-Jackett gewünscht hatte, kam der Schneider abends ins Hotel, um Maß zu nehmen, am nächsten Morgen wurde die Ware prompt geliefert. Auch Elfenbeinschnitzereien sind schön und billig.

Geschwindelt wird auch in Indien. So z. B. von den Taxilenkern, die das Mehrfache der gesetzlichen Taxe kassieren. Aufrufe in den Zeitungen helfen nicht viel; die Polizei schaut weg.

Auch in guten Hotels ist ein Eßbesteck nicht unbedingt nötig, man kann alles und überall mit den Händen essen. Als Brot dienen schmackhafte Fladen, ähnlich unseren Palatschinken; sie werden mit den Händen zerteilt und zum Aufnehmen der Speisen aus dem vorgesetzten Teller verwendet.

Ein brennendes Problem ist die rapide Vermehrung der indischen Bevölkerung. Jede Geburtenbeschränkung wird vom Volk abgelehnt. Und so gibt es Arme in erschreckender Menge. Der größte Teil des indischen Volksvermögens befindet sich in den Händen dreier Familien. Höchster Luxus und tiefste Armut leben nebeneinander.

Als die Rückreise näher kam, stellte sich heraus, daß wir die erforderlichen Impfungen nicht durchgemacht hatten. Ein Teil dieser Impfungen wurde im Büro des Ministerpräsidenten nachgeholt, der Rest in den Reisepässen bestätigt, obwohl diese Impfungen niemals stattgefunden hatten. Prof. Lindner hatte die Absicht gehabt, seinen 70. Geburtstag in Indien zu verbringen, um so allen Ehrungen, die er nicht schätzte, zu entgehen. Auch ein Besuch in Dakka, der Hauptstadt von Ostpakistan, war auf dem Programm; aber die Machthaber von Westbengalen erlaubten nur einen ganz kurzen Besuch mit dem Flugzeug. Schließlich verabschiedeten wir uns von Prof. Lindner, der noch Bombay und andere indische Städte besuchen wollte, und bestiegen auf dem Flughafen von Kalkutta unser viermotoriges Propellerflugzeug der BOAC. Wieder ging der Flug über den indischen Subkontinent hinweg nach Karachi, der Haupstadt von Pakistan, dann nach Beirut und schließlich sollten wir in Zürich landen und nach Wien weiterfliegen. Aber wie beim Anflug waren die Züricher Pisten zu sehr vereist, um eine Landung zu riskieren, und wir flogen ohne weiteren Aufenthalt nach London.

In London wurden wir auf Kosten der Fluggesellschaft BOAC in ein Schloßhotel geführt, fürstlich bewirtet und ebenso untergebracht. Am nächsten Morgen — es war ein Sonntag — wurden wir von einem Autobus abgeholt und zum Flughafen gebracht. Die Stadt war wie ausgestorben, niemand war auf den Straßen, vor den Haustüren standen Milchflaschen und auf den weitläufigen Wiesen, an denen wir vorüberkamen, tummelten sich einige Golfspieler. Sonntag in England!

Auf dem Londoner Flughafen bestiegen wir wieder eine kleine Maschine vom Typ „Queen Elisabeth" und flogen zurück nach Wien. Die Wiener Zöllner durchstöberten unser Gepäck und da wir von Indien Geschenke und Andenken mitgebracht hatten, hieß es Zoll zahlen.

Finanziell war die Reise nach Indien überhaupt kein Erfolg. Zunächst war bald nach unserer Ankunft in Indien ein Finanzbeamter bei uns erschienen und machte uns darauf aufmerksam, daß ein hoher Prozentsatz unseres Honorars als Steuer abzuführen sei, da wir Ausländer waren und zwischen Indien und Österreich kein Abkommen über die Handhabung von Steuergeldern bestand. Da Prof. Lindner ohnehin ein grundehrlicher Mann war, der dem Finanzamt nie einen Groschen unterschlagen hat, zahlten wir brav unsere Steuern. Zu Hause mußten wir den Rest unseres Honorars nochmals versteuern, obwohl es nach Ansicht meines Steuerberaters „nicht unbedingt nötig" gewesen wäre, so daß letzten Endes von unserem indischen Geldschatz nicht viel übrig blieb. Immerhin waren Prof. Lindner und ich zu Ehrenmitgliedern der Ophthalmologischen Gesellschaft von Westbengalen gewählt worden.

In Wien hatte man zur Feier des 70. Geburtstages von Prof. Lindner gerüstet. Zunächst hatte ich schon vor Jahresfrist alle prominenten Augenärzte der Welt angeschrieben und sie um wissenschaftliche Arbeiten zu Ehren des Jubilars gebeten. Meine Aufgabe war es, die Manuskripte, die in den verschiedensten Sprachen verfaßt waren, zu sammeln, die in schlechtem Deutsch geschriebenen Publikationen praktisch neu zu schreiben und alle Manuskripte den Redaktionen von Fachzeitschriften zur Veröffentlichung einzusenden. Die Autoren hatte ich gebeten, mir von jeder dieser Arbeiten einige Sonderdrucke zur Verfügung zu stellen; diese gewidmeten Hefte sollten schließlich zu zehn Bänden gebunden und dem Jubilar als Festgeschenk und Huldigung überreicht werden. Außerdem sollte jede der vier österreichischen Universitäts-Augenkliniken je einen Band für ihre Bibliothek erwerben und so das ganze Unternehmen finanzieren. Schwierigkeiten machte nur die Innsbrucker Augenklinik, die schließlich auch noch überwunden werden konnten.

Anläßlich des Geburtstages von Prof. Lindner fand eine Festsitzung der Ophthalmologischen Gesellschaft in Wien im Hörsaal der 2. Augenklinik statt. Als Festredner hatte ich Herrn Univ.-Prof. Dr. Ludwig von Sallmann von New York nach Wien gebeten und er war auch gekommen. Prof. v. Sallmann war erster Assistent der 2. Wiener Universitäts-Augenklinik und Augenarzt der Nobilitäten gewesen, als ich meine Laufbahn begann. Als jeder Eingeweihte schon wußte, wie die Judenfrage in Österreich nach der Okkupation durch Hitler gelöst werden würde, verließ Prof. Ludwig v. Sallmann Wien, weil er mit einer jüdischen Dame verheiratet war, und ging nach New York, wo er eine gute Position einnehmen konnte. Später trat er in den Militärdienst ein, weil die Altersgrenze dort höher lag als im Zivildienst. Natürlich war Prof. v. Sallmann verstimmt, daß der Jubilar nicht anwesend war. Später hat sich Prof. Lindner persönlich entschuldigt und von Sallmann hat Lindners Argumente anscheinend gebilligt. Bei Sallmanns Vortrag fiel mir auf, wie schnell auch ein gebildeter Mensch, der das Hochdeutsche fehlerlos beherrschte, in sprachliche Schwierigkeiten geraten kann, wenn er einige Zeit keine Gelegenheit hat, sich in seiner Muttersprache zu üben. Nach der Festsitzung der Ophthalmologischen Gesellschaft fand noch ein Festessen statt. Alles in allem mußte ich den Vorwurf auf mir sitzen lassen, ich hätte das Jubiläum Lindners verpatzt, weil der Chef fehlte. Ich habe mir jedenfalls vorgenommen, meine Mitarbeiter nicht in solche Verlegenheit zu bringen, wenn sie die Absicht hätten, eines meiner Jubiläen zu feiern. Tatsächlich haben mir meine Mitarbeiter zu meinem 70. Geburtstag keine Festschrift gewidmet. In einer Festsitzung der Ophthalmologischen Gesellschaft in Wien sprach a. o. Prof. Dr. W. Funder die Laudatio, Herr Univ.-Prof. Dr. Dr. h. c. Hans Sautter (ehemals Vorstand der Augenklinik in Hamburg) hielt die Festrede.

XIII. Kapitel:
Emeritierung Prof. Lindners, stellvertretende Leitung der 2. Wiener Universitäts-Augenklinik (1953—1954)

Damals war es noch die Regel, daß die Vorstände der Universitäts-Kliniken und -Institute, wenn sie es wünschten, vom Bundesministerium für Unterricht über Antrag des zuständigen Professorenkollegiums ein „Ehrenjahr" im Dienste verbleiben konnten, nachdem sie das 70. Lebensjahr bereits vollendet hatten. Prof. Lindner verzichtete auf dieses Ehrenjahr und war nicht zu bewegen, über das Ende des Studienjahres 1953/54 hinaus noch ein Jahr als Klinikvorstand tätig zu sein. Seine Begründung: „Die Studenten in Wien sind desinteressiert und lernen nichts, anderswo wird man gebraucht." Am 30. September 1953 versah er noch seinen Dienst wie jeden Tag, niemand merkte ihm an, daß es sein letzter Arbeitstag an der Klinik war. Für das nächste Studienjahr hatte mich das Ministerium über Antrag des Professorenkollegiums zum „supplierenden Leiter" der Klinik bestellt.

Ähnliche Stellvertretungen hatte ich auch früher schon innegehabt. Während der Augenerkrankung von Prof. Šafař besuchte ich einmal wöchentlich die von ihm geleitete Augenabteilung am Krankenhaus der Stadt Wien in Lainz, untersuchte die dort in Pflege befindlichen Patienten und operierte zusammen mit dem damaligen Assistenten, Doz. Dr. J. Stepanik, dem späteren Primarius der Abteilung. Schon früher, während der politischen Nachkriegswirren, als Denunziationen gang und gäbe waren, war Prof. Pillat als Vorstand der 1. Wiener Universitäts-Augenklinik beurlaubt worden und ich mußte die Aufgabe übernehmen, die Klinik einige Zeit stellvertretend zu leiten. Damals erschien eines Tages Prof. Meller in der Klinik, um sich zu erkundigen, was geschehen war. Prof. Pillat konnte bald wieder seinen Dienst aufnehmen.

Die Stellung eines stellvertretenden Klinikchefs war nicht angenehm. Tat man zuviel des Guten, hieß es, man werde von übertriebenem Ehrgeiz geplagt; tat man zu wenig, wurde man als nachlässig verrufen. An der 2. Augenklinik ging die Arbeit so weiter, wie sie unter Prof. Lindner getan worden war, wesentliche Änderungen habe ich nicht veranlaßt. Prof. Lindner wirkte weiter in seiner Privatordination und operierte in Privatspitälern, verließ aber bald Wien und trat zunächst eine Stelle als Gastprofessor in Kairo an. Später war er in Täbris (Iran) in gleicher Eigenschaft tätig und fand überall aufmerksame und dankbare Schüler. Lindner war in privaten Gesellschaften ein sehr humorvoller Mann. Seine Frau war nicht so reisefreudig wie er selbst, aber in den Iran hatte er sie mitgenommen. Nun ist es dort sehr einfach, sich von seiner Ehefrau zu trennen; man muß nur vor Zeugen erklären: „Wir sind geschiedene Leute!" Einmal machte sich Prof. Lindner den Spaß und rief seiner Frau in einer illustren Gesellschaft über den Tisch hinweg diesen ominösen Satz zu. Alle waren entsetzt und nahmen die Sache ernst. Aber Prof. Lindner hatte sich tatsächlich nur einen seiner Späße geleistet. Ein andermal rief er einem Assistenten während einer Operation laut zu, was er zu tun hätte, um den Eingriff regelrecht durchführen zu können. Der Arme erschrak derart, daß er kollabierte und in Ohnmacht fiel.

Prof. Lindner hat uns nach seiner Rückkehr so manche Anekdote erzählt. So sei es im Iran die Regel, das W.C. außerhalb des Wohnbereichs einzurichten, damit alles „Unreine" vom Hause im engeren Sinne ferngehalten werde. Zur Morgentoilette mußte man daher, mit einem Wasserkrug bewaffnet, über den Haushof gehen, dann konnte man erst „verschwinden".

Die Mentalität der Moslims ist von der unseren grundverschieden. Das muß man bei der Behandlung mohammedanischer Patienten einkalkulieren. Was Allah beschlossen hat,

geschieht unter allen Umständen, der schwache Mensch kann daran nichts ändern; weder im Guten, noch im Bösen. Der Fatalismus der Orientalen ist ja bekannt. Eine junge Dame aus Baghdad erschien einmal bei mir, um sich einer kosmetischen Hornhautüberpflanzung zu unterziehen. Bei verunstalteten Augen waren die Heiratsaussichten erheblich beeinträchtigt. Die Operation verlief gut und ich gab der jungen Dame samt der begleitenden Mutter zu verstehen, daß sie nach der Operation einige Tage strenge Bettruhe einhalten müßte. Tatsächlich stand sie schon in der ersten Nacht nach dem Eingriff auf, wechselte das Hemd, wusch sich die Kopfhaare, entfernte den Verband des frisch operierten Auges, betrachtete es im Spiegel und verband es dann wieder so gut sie konnte. Daß es in diesem Falle postoperative Komplikationen gab, ist verständlich. Durch solche Komplikationen wurde der Aufenthalt im Krankenhaus verlängert, die mitgebrachten Geldmittel gingen zu Ende und es geschah nicht nur einmal, daß ich schließlich auf mein Honorar verzichtete und dem Patienten samt Begleitung auch noch das Reisegeld gab, um die Leute wieder los zu werden.
Aber auch einheimische Patienten können undiszipliniert und uneinsichtig sein. Oft ergaben sich schon Schwierigkeiten, wenn zwei Damen oder Herren in einem Zweibettzimmer untergebracht waren. Über alles mögliche wurde geklagt. Am häufigsten konnte der Partner nicht schlafen, weil der Zimmergenosse schnarchte. Wenn es zu schlimm wurde, fragte ich die beiden Patienten, ob sie schon einmal in einer Gefängniszelle gesessen hätten. Großes Entsetzen! „Nun", so sagte ich, „ich lag 3 Wochen lang in einer Gefängniszelle, die für zwei Häftlinge eingerichtet war; wir waren aber unser sieben! Ich glaube, Sie werden zu zweit recht gut zurechtkommen."
Die Neubesetzung einer Universitätsklinik ist immer eine aufregende Affäre. Damals wurde Umschau nach guten Leuten

gehalten, das Professorenkollegium bestellte eine Besetzungskommission, diese suchte in der Regel drei gute Kandidaten aus, reihte sie entsprechend ihrer Qualitäten, holte zunächst die Genehmigung des Kollegiums ein und schließlich ging der Vorschlag an das zuständige Unterrichtsministerium. Das Ministerium war an den Vorschlag nicht unbedingt gebunden, hielt sich aber in der Regel daran und begann mit den Kandidaten zu verhandeln. Gehaltsfragen, Neuanschaffungen für die Klinik usw. wurden vereinbart und schließlich kam die Ernennung zum neuen Klinikchef, die von der Mannschaft mit Spannung erwartet wurde. Sagte der erstgenannte Kandidat ab, wurde mit dem zweiten Bewerber verhandelt usf. bis alles ins rechte Lot gebracht war. Damals wurde man also „berufen". Heute kann sich jedermann, der von sich selbst glaubt, für den ausgeschriebenen Posten befähigt zu sein, um diese Stellung bewerben. Wir werden bei Besprechung des neuen Universitäts-Organisations-Gesetzes (UOG) darauf zurückkommen.
Als Nachfolger von Prof. Lindner wurde „primo loco" Prof. Ludwig von Sallmann vorgeschlagen, den wir schon kennen. Er hatte sich in den USA eine gute Position geschaffen und wurde von den amerikanischen Kollegen sehr geschätzt. Dies nicht zuletzt deshalb, weil er in erster Linie ein Laboratoriums-Gelehrter und weniger ein Kliniker war und daher für die Kollegen in den USA zwar theoretische Probleme löste, aber nur wenig (gut zahlende) Patienten behandelte oder gar operierte. Prof. v. Sallmann kannte die Verhältnisse in Wien sehr gut, war er doch Assistent bei Prof. Dimmer und Prof. Lindner an der 2. Augenklinik und zuletzt Primarius an einer Augenabteilung in einem konfessionellen Privatkrankenhaus gewesen. Prof. Sallmann sah auf der einen Seite das „schöne" Wien mit seinen kulturellen Einrichtungen, die ihn lockten, auf der anderen Seite die schier unbegrenzten Möglichkeiten experimenteller Forschungen in den Laboratorien

der USA. Außerdem hatte er in Wien die „Nobelpraxis" innegehabt und wurde von ganz prominenten Patienten, wie z. B. vom ehem. Prinzen von Wales, dem späteren unglücklichen König von Großbritannien, besucht. Das Unterrichtsministerium bzw. der Finanzminister waren bereit, einen entsprechenden Geldbetrag zur Verfügung zu stellen, um Prof. Sallmann die Möglichkeit zu geben, die gewünschten Laboratorien einzurichten. Die Verhandlungen wurden von beiden Seiten mit bestem Willen geführt, aber schließlich gab das „Land der unbegrenzten Möglichkeiten" doch den Ausschlag und Prof. von Sallmann lehnte die Berufung nach Wien ab. Er wirkte noch viele Jahre höchst erfolgreich in den Vereinigten Staaten und ich selbst hatte einmal Gelegenheit, seine Laboratorien in New York zu besichtigen und zu bestaunen. Derartiges konnten wir ihm in Wien niemals bieten. Prof. Sallmann starb vor wenigen Jahren an den Folgen einer Entzündung der Harnblase, nachdem er von einem Urologen mit ätzenden Spülungen behandelt worden war; die Folge dieser Therapie war ein Verschluß der Einmündung beider Harnleiter in die Blase, so daß es zu einer deletären Rückstauung in die Nieren kam und der Patient an einer Harnvergiftung (Urämie) starb. Die Leiche wurde eingeäschert, die Urne nach Wien gebracht und hier bestattet.

„Secundo loco" war für die Wiederbesetzung der 2. Wiener Universitäts-Augenklinik Prof. Dr. Josef Böck vorgeschlagen worden und er nahm nach entsprechender Verhandlung mit dem Ministerium den Ruf an. Prof. Böck wurde am 13. 10. 1901 in St. Pölten geboren, absolvierte seine augenärztliche Fachausbildung vorwiegend an der 1. Wiener Universitäts-Augenklinik unter Prof. Dr. Josef Meller, habilitierte sich 1939 und wurde 1947 außerordentlicher Professor und Vorstand der Universitäts-Augenklinik in Graz als Nachfolger von Prof. Dr. Arnold Pillat, der nach Wien an die 1. Augen-

Evang. Stadtpfarrkirche in Sächsisch-Regen (Siebenbürgen).

Univ.-Prof. Dr. K. Hruby als Maturant (1931).

Portrait:
Univ.-Prof. Dr. K. D. Lindner.

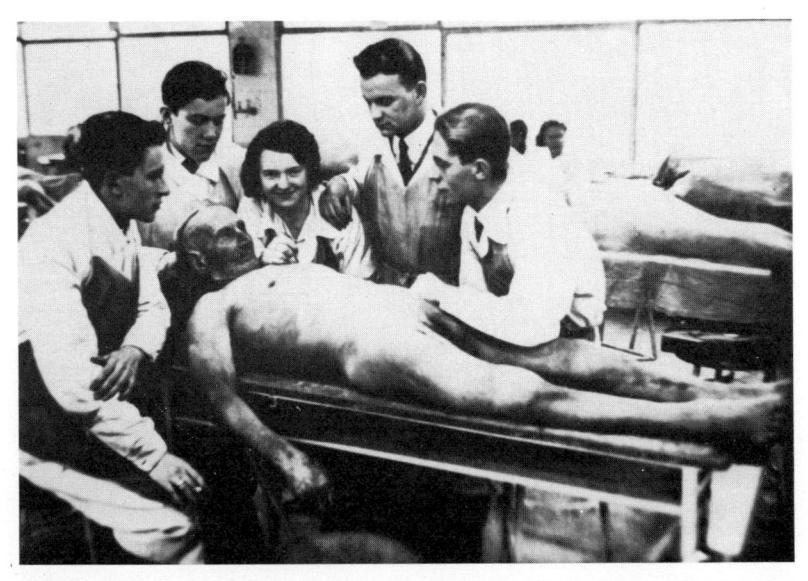

Zweiter Sezierkurs im Wintersemester 1932/33. Der Verf. steht zu Häupten der männlichen Leiche.

Elfriede Hruby, geb. Schindler, 27. 10. 1915 – 25. 12. 1971.

Portrait Univ.-Prof. Dr. H. Rieger.

Ärzteteam der 2. Univ.-Augenklinik in Wien mit Gästen (Zeitpunkt um 1950).

Dieses Ärzteteam versorgte 174 Krankenbetten der Grazer Univ.-Augenklinik (1955–1964).

o. Univ.-Prof. Dr. K. Hruby, als Vorstand der 1. Univ.-Augenklinik in Wien.

Univ.-Prof. Dr. K. Hruby am Vortragspult, Kongreß der Österr. Ophthalm. Ges. Mai 1967.

Reisegruppe zum Internat. Kongreß der Augenärzte 1978 in Kyoto (Japan).

Univ.-Prof. Dr. K. Hruby und Gattin Elfriede, geb. Frick, beim Kongreß der Deutschen Ophthalm. Ges. (1979).

klinik berufen wurde. Seine letzte Assistentenzeit verbrachte Prof. Böck an der 2. Wiener Augenklinik unter Prof. Lindner, da er die Klinik Meller aus politischen Gründen verlassen mußte. Die bekannte katholische Wochenzeitung „Die Furche" glossierte die ungenügende Dotierung, die Prof. Sallmann veranlaßt hätte, die Berufung nach Wien abzulehnen und in den USA zu bleiben. Prof. Böck, der nun quasi als Ersatzmann zum Zuge kam, war darüber sehr verärgert. Das Ministerium konnte immerhin Prof. Böck jene Mittel zur Verfügung stellen, die erforderlich waren, um die 2. Augenklinik zu modernisieren.

Als mein erstes Jahr als stellvertretender Vorstand der 2. Augenklinik verstrichen war, waren die Verhandlungen über die Wiederbesetzung der Lehrkanzel noch nicht abgeschlossen, so daß ich dem Dekanat mitteilen mußte, die Klinik wäre nun nach Ablauf dieses Jahres ohne bevollmächtigten Leiter. Der damalige Dekan, Prof. Dr. von Brücke, Vorstand des Institutes für Pharmakologie und ehemaliger Asssistent bei Prof. Peter Pick, entschuldigte sich in nettester Weise wegen dieses Versehens und verlängerte meine Bestellung, so daß die Klinik weiterhin unter meiner Leitung stand.

Prof. Böck wurde im März 1955 zum Vorstand der 2. Universitäts-Augenklinik in Wien ernannt, mit der provisorischen Leitung der vakanten Grazer Augenklinik wurde Doz. Rudolf Schneider betraut. Dr. Schneider war Sekundararzt bei Prof. Salzmann gewesen. 1926 konnte er sich habilitieren. Während des ersten Weltkrieges geriet er in russische Kriegsgefangenschaft und kehrte erst 1920 nach Graz zurück. Durch ca. 30 Jahre war Doz. Schneider Referent für russische wissenschaftliche Arbeiten des Zentralblattes für Augenheilkunde, 1934 wurde Doz. Schneider zum Zentraldirektor des Landeskrankenhauses in Graz ernannt und zum stellvertretenden Leiter der Universitäts-Augenklinik bestellt. 1936 wurde er a. o. Univ.-Prof. und Primarius der Augenabteilung am Landeskrankenhaus. Während der russischen Besetzung von Graz im Jahre 1945 hat Prof. Schneider dank seiner russischen Sprachkenntnisse viel zur Erhaltung des Landeskrankenhauses beigetragen. Mit dem Eintreffen der Engländer als Besatzungsmacht wurde a. o. Prof Schneider seines Amtes enthoben, aber — wie bereits erwähnt — nach der Berufung von Prof. Böck nach Wien wieder zum stellvertretenden Leiter der Grazer Augenklinik bestellt. In den Jahren 1950—1965 leitete Prof. Schneider das Augenambulatorium der Gebietskrankenkasse in Graz. 1965 trat er in den Ruhestand..

Prof. Dr. Böck war in erster Linie Augenchirurg und ein Operateur von internationalem Ruf. Mellers „Operationslehre" hat er verbessert und zuletzt in der 6. Auflage (1950) deutsch, englisch und chinesisch veröffentlicht. Nachdem er schon während seiner Grazer Tätigkeit ein Jahr als Dekan der Medizinischen Fakultät gewirkt hatte, wurde er für das Studienjahr 1963/64 in Wien neuerdings zum Dekan gewählt. 1964 präsidierte er dem 2. Kongreß der Europäischen Ophthalmologischen Gesellschaft in Wien. Er war Mitglied des Internationalen Ophthalmologischen Rates und wurde Ehrenmitglied zahlreicher Fachgesellschaften und Inhaber vieler Auszeichnungen.

Auch theoretische wissenschaftliche Fragen wurden von Prof. Böck bearbeitet und gelöst. Zahlreiche Untersuchungen befassen sich mit dem Chemismus des Kammerwassers. Besonders beschäftigt haben ihn histologische Untersuchungen, insbesondere die Geschwülste der Augenhöhle sowie der Tränen- und Speicheldrüsen. Weitere bahnbrechende Arbeiten betreffen die experimentelle Elektroretinographie und die Glaukomforschung. 1971 trat Prof. Böck in den Ruhestand, ist aber weiterhin praktisch und wissenschaftlich tätig und feierte am 13. Oktober 1981 seinen 80. Geburtstag.

Während der ersten Zeit seiner Wiener Tätigkeit war ich noch erster Assistent bei Prof. Böck. Indessen hatte ich jenes

Alter und jenen internationalen Ruf erreicht, der eine Berufung zum Vorstand einer Augenklinik erwarten ließ. Zunächst war ich auf der Berufungsliste für die vakant gewordene ophthalmologische Lehrkanzel an der Saarländischen Universität, deren medizinische Fakultät in Homburg an der Saar etabliert ist, während sich die anderen Fakultäten in Saarbrücken befinden. Da sowohl in deutscher als auch in französischer Sprache vorgetragen wurde, hieß diese Hochschule „Europäische Universität". In Homburg wurde ich von dem Chemiker Prof. Ammon empfangen und eingeführt. Um mich als Berufungskandidaten zu präsentieren, hielt ich einen Vortrag über meine persönlichen Methoden der chirurgischen Behandlung der Netzhautablösung und deren Ergebnisse.

An den Universitäten der Deutschen Bundesrepublik wurden den berufenen Professoren auch Wohnungen angeboten, was in Österreich in keiner Weise der Fall ist. Prof. Ammon berichtete mir, man hätte sich anläßlich seiner Berufung nach Homburg entschuldigt, da man ihm vorläufig „nur" eine Vierzimmerwohnung anbieten könne. Für einen Österreicher wäre dies ein Traumangebot gewesen.

Der opthalmologische Lehrstuhl in Homburg wurde schließlich mit Prof. Dr. Wilhelm Kreibig besetzt, der am 10. 12. 1900 in Wien geboren wurde und somit um 12 Jahre älter war als ich. Er war zunächst Assistent bei Prof. Meller an der 1. Universitäts-Augenklinik in Wien, habilitierte sich 1938, wurde 1939 Dozent an der Universität in Frankfurt/Main und Oberarzt bei Prof. Thiel, 1951 a. o. Univ.-Prof. und 1955 Ordinarius an der Augenklinik der Europäischen Universität in Saarbrükken. 1969 wurde er emeritiert, sein Nachfolger wurde Prof. Dr. Hans-Joachim Schlegel, geb. 9. 6. 1921 in Homburg.

Indessen war der Besetzungsvorschlag für die *Grazer Universitäts-Augenklinik* erstellt worden. Primo loco wurde Prof. Dr. Karl Šafař genannt; da er aber, wie schon erwähnt, eine schöne Augenabteilung am Städtischen Krankenhaus in

Wien-Lainz leitete und eine gute Privatpraxis hatte, war er an einer Berufung nach Graz desinteressiert. An zweiter Stelle wurden aeque loco Prof. Dr. H. Rieger, der ehemalige Direktor der Prager Augenklinik (1940—1945), Dozent Dr. K. Hruby und der 2. Assistent der 2. Wiener Augenklinik, Dozent Dr. H. Fanta genannt. Die Entscheidung zwischen Doz. Fanta und mir dürfte sehr knapp ausgefallen sein, wie ich später erfahren habe; aber ich habe die diesbezüglichen Akten nicht eingesehen, auch nicht in meinem Dekanatsjahr 1961/62. Jedenfalls erhielt ich im August 1955 die Ernennungsurkunde vom stellvertretenden Dekan der Wiener Fakultät Prof. Dr. Schönbauer überreicht.

In der zweiten Septemberhälfte fuhr ich mit meinem Auto und einem Patienten aus der Grazer Gegend, an dessen Heilung mir besonders gelegen war, nach Graz und suchte zunächst Prof. Dr. Böck auf, der mich erwartete. Wir gingen in die Augenklinik, wo wir mit dem Dekan, Prof. Dr. Anton Lieb (Chemie), und Prof. Schneider zusammentrafen und die formelle Übergabe der Klinik durchführten.

Zum Schluß dieses Kapitels möchte ich noch eine Bemerkung anfügen. In der Wiener medizinischen Fakultät war es ein ungeschriebenes Gesetz, keine *„Hausberufungen"* zuzulassen. Kandidaten für ein Ordinariat mußten sich erst anderswo ihre Sporen verdienen, ehe sie in die altehrwürdige medizinische Fakultät der Universität Wien als Vorstand einer Klinik oder eines Institutes berufen wurden. Auch ich selbst wurde nach der Emeritierung meines Chefs Prof. Lindner im Vorschlag für die Neubesetzung nicht genannt. Heute sind Hausberufungen an den österreichischen medizinischen Fakultäten geradezu die Regel.

XIV. Kapitel:
Vorstand der Universitäts-Augenklinik Graz (1955—1964)

Am 12. September 1955 übernahm ich aus den Händen des damaligen Dekans Prof. Dr. Hans Lieb (Medizinische Chemie) offiziell die Leitung der Universitäts-Augenklinik in Graz. Die Klinik setzte sich aus der eigentlichen Universitäts-Klinik und der Augenabteilung des Landeskrankenhauses zusammen; das ergab insgesamt 174 Betten. Dazu kam noch eine umfangreiche Ambulanz. Zwei Assistenten hatte ich aus Wien mitgebracht, Dr. Wolfgang Funder und Dr. Erich Kutschera. Insgesamt standen mir 12 Assistenten und Sekundarärzte zur Verfügung, die teils im Bundesdienst, teils im Dienste des Landes Steiermark standen.
Zunächst verbrachte ich viel Zeit mit der Vorstellung bei den Landesgrößen und Kollegen. Manche von ihnen machten ein saures Gesicht, und ich fand auch bald den Grund. Da ich 1947 zum Vorstand der Universitäts-Augenklinik in Innsbruck ernannt, aber wieder abgesetzt worden war, fühlte sich das Unterrichtsministerium veranlaßt, mich vom Dozenten gleich zum ordentlichen Professor aufrücken zu lassen, während die Grazer Kollegen den „normalen Gang" durchlaufen mußten und zunächst zum Extraordinarius mit geringeren Bezügen ernannt wurden; einige Kollegen, die älter waren als ich mit meinen 42 Jahren, waren noch Extraordinarii, was verständlicherweise ihren Unwillen erregte. Aber die Wellen legten sich bald und ich wurde als jüngstes Mitglied des Professorenkollegiums akzeptiert.
Auch die Wohnungssuche nahm Zeit in Anspruch und die Verhandlungen mit Maklern und Hausbesitzern war nicht immer angenehm. Schließlich mietete ich das Hochparterre in der Villa Dr. Leopold Böhms in der Schubertstraße um eine sündteure und wertgesicherte Miete. Dr. Leopold Böhm war Jurist, hatte eine Kanzlei in Graz und seine Gattin, geb. Mös-

lacher, war Besitzerin des eleganten Schloßhotels in Velden am Wörthersee. Der bekannte Dirigent Dr. Karl Böhm war ein älterer Bruder; ein jüngerer Bruder war Arzt und Inhaber des Sanatoriums „Hansa" in Graz. In der neuen Wohnung konnte ich auch meine Privatordination abhalten. Die Lage war sehr angenehm, der Garten der Villa grenzte unmittelbar an den Botanischen Garten der Universität und sowohl zum Landeskrankenhaus als auch zum Hauptgebäude der Universität war die Entfernung gering. Im Hause wohnte auch der Sohn Dr. Böhms, der ebenfalls Jurist war und in der Kanzlei des Vaters arbeitete, sowie dessen Familie. Schließlich darf die Haushälterin Mia nicht vergessen werden, für die Herrschaft eine Perle, für uns manchmal etwas schwierig. Wenn der Herr Generalmusikdirektor im Hause zu Besuch weilte, durften meine Kinder nicht musizieren, und wenn der Schauspieler Karl Heinz Böhm erschien, war Frau Mia ganz aus dem Häuschen.

Die Wohnung mußte instand gesetzt werden und unmittelbar nach den Weihnachtsfeiertagen des Jahres 1955 zogen wir in die Grazer Wohnung ein. Die Familie bestand damals — von mir abgesehen — aus meiner Frau Elfriede, geb. Schindler, meiner Tochter Johanna, die in die erste Klasse des Gymnasiums der Ursulinen eintrat, aber vom Englischen, das sie in Wien zu lernen begonnen hatte, zum Französischen umsteigen mußte, meinem Sohn Karl Martin, der die Volksschule noch nicht abgeschlossen hatte und meinem Sohn Michael Andreas, der seinen Geburtstag alljährlich am 20. Oktober gemeinsam mit seinem Vater feiert und schon im Mutterleib von seiner Großmutter mit dem Schreckensruf: „Was, noch ein Kind!?" begrüßt worden war. Dazu kam noch eine Katze, die uns im Laufe der Jahre viele junge Kätzchen bescherte, so daß es schwierig wurde, immer wieder neue Namen und neue Kostplätze zu finden.

Die Arbeit an der Klinik richtete ich nach dem Muster meines

Lehrers Lindner ein. Um 8.30 Uhr morgens versammelten sich die stationsführenden Assistenten in meinem Zimmer, so daß alle wichtigen Dinge besprochen werden konnten. Es folgte die Vorstellung der Patienten nach dem Muster der „langen Bank" an der 2. Augenklinik in Wien, sodann wurde täglich eine der Krankenstationen gemeinsam mit den zuständigen Mitarbeitern besucht; von 10—11 Uhr fand die Hauptvorlesung für die Studenten statt, anschließend ging ich in den Operationssaal, wo ich nicht selten bis etwa 14 Uhr zu tun hatte. Zum Mittagessen fuhr ich nach Hause und um 15 Uhr begann die Privatordination. Abends fanden häufig Sitzungen verschiedener Gremien statt; dazu gehörten das Professorenkollegium, der wissenschaftliche Verein der Ärzte in Steiermark, und im Fasching war man verpflichtet, viele Bälle zu besuchen. Meine „Freizeit" widmete ich wissenschaftlichen Arbeiten und meiner Familie. Am Samstag Nachmittag machten wir gewöhnlich einen Spaziergang nach Maria Trost. Abends gingen wir oft ins Opernhaus, ins Theater oder ins Kino. Auch an Sonntagen und Feiertagen besuchte ich vormittags meine Patienten in der Klinik. Vorher gingen wir zur Kirche, nachher kurz ins Wochenschaukino. Nachmittags gab es wieder einen Spaziergang, einen Kino- oder Theaterbesuch. Bei jeder Gelegenheit habe ich meinen Kindern vorgelesen; es gibt kaum deutsche Märchen, die sie nicht kennen. Die schönsten sind meines Erachtens die „Träumereien an französischen Kaminen", die der deutsche Chirurg Volkmann-Leander während des deutsch-französischen Krieges 1870 für seine Kinder geschrieben hat. So lernten meine Kinder gutes Deutsch. Bei meinem Jüngsten zeigte sich bald seine Liebe zur Musik, während ich, meine Frau und unsere Vorfahren gänzlich unmusikalisch waren. Michael konnte stundenlang neben dem Plattenspieler sitzen und Symphonien hören. Auch schwierige Opernmusik, wie „Die Walküre" oder „Parsifal" genoß er im Opernhaus mit sichtlichem Vergnügen. Er hat die Berufslaufbahn als Musiker eingeschlagen und ist Pianist und Musiklehrer geworden. Meine beiden älteren Kinder haben anscheinend die Liebe zur Medizin geerbt. Meine Tochter ist Fachärztin für Augenheilkunde, mein älterer Sohn arbeitet heute als Assistent an der 1. Universitäts-Klinik für Innere Medizin unter Prof. Dr. Erwin Deutsch in Wien, besonders in der Giftinformationszentrale.

Das Grazer Professorenkollegium der Medizinischen Fakultät war natürlich kleiner als das Wiener Kollegium. Wir hatten nur *eine* Klinik für Innere Medizin unter Prof. Dr. .K Gotsch aus der Prager Schule sowie *eine* Klinik für Chirurgie unter Prof. Dr. Franz Spath. Die Frauenklinik wurde von Prof. Navratil geleitet, der aus der Wiener Schule kam. Vorstand der Universitätsklinik für Nasen-, Ohren- und Kehlkopfleiden war Prof. Dr. Hofer aus Wien; sein Steckenpferd war es, von Sängern und Schauspielern kein Honorar zu verlangen. Die Klinik für Zahn- und Kieferkrankheiten leitete Prof. Trauner, die Kinderklinik Prof. Dr. Lorenz. Die Universitätsklinik für Neurologie und Psychiatrie wurde provisorisch von Prof. Dr. Bertha geleitet, Prof. Holzer, der eigentliche Vorstand, war selbst psychisch krank, beurlaubt und prozessierte jahrelang um seine aussichtslose Wiedereinstellung in den Dienst. Das Institut für Gerichtliche Medizin wurde von Prof. Dr. Werkgartner geleitet; auch er kam aus der Wiener Schule. Das Universitäts-Institut für Pharmakologie unterstand Prof. Dr. Häusler, das Institut für Hygiene Prof. v. Jettmar, später Prof. Möse. Graz hat das größte Krankenhaus Österreichs und ein Arbeitsfeld, das sich weithin in das Land erstreckt. Vorstand des zuständigen Institutes für Pathologische Anatomie war Prof. Konschegg, der bald einem Hirntumor erlegen ist; sein Nachfolger wurde sein Assistent Prof. Dr. Ratzenhofer, ein Fachmann hohen Ranges. Die Kliniker waren gleichzeitig Primarii am Landeskrankenhaus und als solche nicht nur Bundes-, sondern auch Landesbeamte. Neben den Kliniken gab es mehrere Abteilungen (Innere Medizin, Chirurgie, Urologie, Radiologie), die der Landesregierung unterstanden und in die Medizinische Fakultät der Universität nicht eingegliedert waren. Die Radiologie unter Prof. Leb, für die ein modernes Institut errichtet worden war, wurde während meiner Tätigkeit in Graz vom Bund übernommen und als Universitäts-Institut weitergeführt.

Die theoretischen Fächer des Vorklinikums wurden vertreten durch Prof. Dr. Lieb und Prof. Dr. Holasek (Chemie), Prof. Dr. Hafferl, später Prof. Dr. Thiel (Anatomie), Frau Prof. Dr. von Zawisch, später Prof. Dr. Burkl (Histologie) und Prof. Dr. Rigler (Physiologie). Physik für Mediziner wurde von Prof. Smekal an der philosophischen Fakultät gelehrt und geprüft.

Zu meiner Antrittsvorlesung „Über Möglichkeiten und Grenzen der Augenheilkunde" hatte ich neben den Honoratioren des Landes und den Mitgliedern des Professorenkollegiums auch meine Vorgänger Prof. Dr. Pillat und Prof. Dr. Böck sowie meinen Lehrer und langjährigen Chef Prof. Dr. Lindner eingeladen. Der Dekan des Studienjahres 1955/56, Prof. Dr. R. Rigler, stellte mich zu Beginn der Vorlesung dem Auditorium vor.

Mein Vorgänger hatte für den Studentenunterricht weniger Interesse gezeigt als es mir notwendig erschien. Ich ließ neue Wandtafeln anfertigen, die im Hörsaal angebracht wurden und legte eine umfangreiche Sammlung von Diapositiven der verschiedensten Augenkrankheiten und deren Varianten an. Die Prüfungen waren streng und gefürchtet; die Studenten intervenierten deswegen beim Dekan, aber ich ließ nicht lokker. Erst in meinen letzten Jahren, die ich als Vorstand der 1. Universitäts-Augenklinik in Wien verbrachte, stellte sich eine gewisse Altersmilde ein und die Prüfungen wurden als akademische Unterhaltungen über das Fachgebiet Augenheilkunde abgehalten. 1961 erschien die erste Auflage meines kurzen, auf den Studentenunterricht abgestellten Lehrbuches, von dem zuletzt im Jahre 1978 die 5. Auflage in erweiterter und verbesserter Form erschienen ist. Mein Lehrer Lindner hatte erst zum Abschluß seiner Tätigkeit ein Lehrbuch verfaßt, von dem keine weiteren Auflagen mehr erschienen sind; heute ist es schon überholt.

Die finanzielle Gebarung war etwas anders als in Wien. Die Dotationen flossen zum Teil aus Bundesmitteln, zum Teil aus Landesmitteln zu. Auch die Verteilung der Sondergebühren zahlungspflichtiger Patienten erfolgte etwas anders, an der Beteiligung der beiden ältesten Assistenten hielt ich fest, die übrigen Mitarbeiter waren ausgeschlossen; daran habe ich auch nach Interventionen der jüngeren Assistenten nichts geändert. Im Bundesministerium für Unterricht unterstanden Personalangelegenheiten Herrn Min.-Rat Dr. Thiel, die übrigen Agenden Herrn Min.-Rat Dr. Walter Sturminger, dessen Steckenpferd Forschungen über die Türkenbelagerung von Wien im Jahre 1683 war. Eine Monographie „Die Türken vor Wien in Augenzeugenberichten" erschien 1969 als Jahresgabe der Wiener Bibliophilen-Gesellschaft und ist eine Fundgrube für Kenner und interessierte Laien. Dr. Sturminger kam aus dem Polizeidienst, wo ihm die Abteilung zur Bekämpfung der Geschlechtskrankheiten und des Mädchenhandels unterstellt war. In seiner gemütlichen Wiener Art konnte er daher mit Recht sagen: „Früher hatte ich die Huren, jetzt habe ich die Professoren." Er hat für die österreichischen Universitäten viel Gutes getan und so ist es verständlich, daß wir bemüht waren, ihn über das vollendete 65. Lebensjahr hinaus im Amte zu behalten, was verständlicherweise nicht zu erreichen war. Er starb im Range eines Sektionschefs, und wenn ich das Grab meiner Mutter und meiner ersten Frau auf dem Wiener Zentralfriedhof besuche, versäume ich es nicht, auch dem verstorbenen Sektionschef i. R. Dr. Walter Sturminger meine Reverenz zu erweisen.

Während meiner Amtszeit in Graz konnte ich zwei Assistenten zur Habilitation führen. Assistent Dr. Hans Hofmann, geb. 19. 9. 1916 in Graz, habilitierte sich 1957 mit einer Schrift über die Ursache der Keratitis nummularis Dimmer (Münzenförmige Hornhautentzündung, seinerzeit von Prof. Dimmer als eigenes Krankheitsbild beschrieben), die vorzüglich bei der Landbevölkerung in und nach der Sommererntezeit auftritt und von Hofmann auf eine Virusinfektion zurückgeführt wird. Dozent Hofmann wurde nach meiner Berufung an die 1. Wiener Universitäts-Augenklinik in Wien (1964) mit der provisorischen Leitung der Grazer Augenklinik betraut und 1968 zum Vorstand der Klinik ernannt. — Assistent Dr. Wolfgang Funder, geb. am 28. 9. 1918 in Wien, Sohn des bekannten Redakteurs Dr. Friedrich Funder, war zunächst an der Klinik Lindner in Wien tätig und ging mit mir nach Graz. Er habilitierte sich 1959 mit einer Schrift über die Chirurgische Behandlung der Netzhautablösung mit besonderer Berücksichtigung der im Operationsfeld vorhandenen Wirbelvenen. Um Blutungen ins Augeninnere mit deren bösen Folgen zu vermeiden, empfiehlt er, Wirbelvenen im Operationsfeld zu durchtrennen, so daß Blutungen nach außen abgeleitet werden. Dozent Funder ging 1964 mit mir zurück nach Wien, erlangte hier den Titel eines a. o. Univ.-Prof. und ist bereits in den Ruhestand getreten. Doz. Funder wäre befähigt gewesen, einer Augenklinik vorzustehen, kam aber nicht zum Zuge.

Die Grazer Augenklinik konnte schon unter meiner Leitung etwas erweitert und modernisiert werden; so wurde eine eigene Glaukomstation eingerichtet, deren Betreuung meinem Assistenten Dr. Erich Kutschera anvertraut wurde, der ebenfalls 1964 mit mir nach Wien zurückging. Dr. Kutschera konnte sich in Wien habilitieren und wurde 1976 Primarius der Augenabteilung des Landeskrankenhauses in Salzburg. 1978 wurde er mit dem Titel eines a. o. Univ.-Professors ausgezeichnet. 1980/82 war er Vorsitzender der Österreichischen Ophthalmologischen Gesellschaft. Unter Prof. Dr. Hofmann konnte ein großzügiger Ausbau der Grazer Augenklinik durchgeführt werden.

Im Studienjahr 1961/62 war ich Dekan der Medizinischen Fakultät, nachdem ich mich eben von einem Zervikalsyndrom erholt hatte. Eine meiner ersten Verfügungen betraf die Prüfungsordnung des 1. Medizinischen Rigorosums, dessen erste Teilprüfung die Physik war. Es war die Unsitte eingerissen, daß durchgefallene Kandidaten diese Prüfung zunächst wiederholen durften, obwohl nach der Rigorosenordnung zunächst alle fünf Prüfungen des 1. Rigorosums abgelegt werden mußten, ehe man zu Wiederholungsprüfungen antreten durfte. Die Studenten protestierten gegen meine Verfügung, daß Wiederholungsprüfungen erst nach Abschluß des 1. Rigorosums zugelassen wurden, ich konnte ihnen aber die bisherige Übung als eine solche contra legem beweisen und hinzufügen, daß unter den bisher üblichen Umständen das ganze 1. Rigorosum ungültig werden könnte. Auch sonst war ich als Dekan Interventionen hinsichtlich Prüfungen nicht zugänglich. Bei Wiederholungsprüfungen war ich neben dem Examinator ebenfalls anwesend. Die causa Holzer (siehe oben) konnte auch ich zu keinem gedeihlichen Abschluß bringen.

Während meines Dekanats war der Lehrstuhl für Medizinische Chemie neu zu besetzen. Der bisherige Vorstand des Institutes Prof. Lieb beharrte auf einer Teilung des Institutes in eine Abteilung für allgemeine und eine Abteilung für Biochemie, die er mit seinem Schüler Prof. Holasek besetzt haben wollte. Das kleine Restinstitut für Allgemeine Chemie war schwer zu besetzen und Prof. Lieb leitete es bis weit über die Altersgrenze hinaus. Es gelang mir auch nicht, einen prominenten ausländischen Fachvertreter für Graz zu gewinnen und schließlich wurde der Lehrstuhl für Allgemeine Chemie mit Prof. Leipert, dem ehemaligen Assistenten von Prof. Otto von Fürth besetzt. Da mich das Dekanat zeitlich sehr in Anspruch nahm, hatte Dr. Hofmann die Aufgabe, im Falle meiner Verhinderung die Klinik in medizinischer Hinsicht zu leiten, und Dr. Funder wurde mit dem Studentenunterricht und den Prüfungen betraut. Zu den Verpflichtungen des Dekans gehörte auch der Besuch der Tanzveranstaltungen der Faschingszeit. Beim Ball der Waffenstudenten herrschte beachtliche Disziplin und mir stand als „Adjutant" der Sohn des Zentraldirektors des Landeskrankenhauses zur Verfügung. Beim Ball des C. V. war die Organisation weniger gut als beim Ball der Waffenstudenten, und beim Ball der Katholischen Jugend kümmerte sich kein Mensch um mich.

Mit dem Zentraldirektor hatte ich eine Kontroverse. Mein Antrag, im Erdgeschoß eine beleuchtete Hinweistafel für unsere sehbehinderten Patienten anzubringen, wurde auf meinem Antragsschein vom Zentraldirektor kurzerhand abgelehnt. Daraufhin ließ ich diesen Zettel einrahmen und im Erdgeschoß an die Wand hängen. Nachdem der Zentraldirektor davon erfahren hatte, wurde er sehr böse und schrieb mir einen unfreundlichen Brief. Ich antwortete, Zweck meiner Demonstration sei es gewesen, zu zeigen, wie Vorschläge eines Ordinarius hierzulande behandelt und abgetan werden. Eine Aussprache führte zu einem guten Ende und bis zum Übertritt in den Ruhestand herrschte zwischen dem Zentraldirektor und mir ein gutes Einvernehmen.

Im Mai 1961 fand in Salzburg die fällige Jahrestagung der österreichischen augenärztlichen Gesellschaft statt; im Vorjahr war ich zum Vorsitzenden der Salzburger Tagung gewählt worden. Prof. Lindner hielt am 12. Mai 1961 einen der ersten Vorträge und sprach über das Lieblingsthema seiner letzten Jahre, nämlich über die Ursachen der Kurzsichtigkeit, die er vorwiegend auf äußere Einflüsse, namentlich viel Lesen unter ungünstigen Lichtverhältnissen zurückführte, während seine Gegner genetische Einflüsse in den Vordergrund stellten. Gegen Ende seines Vortrages griff Prof. Lindner nach dem Trinkglas am Vortragspult und seine Hand zitterte, was ich bei ihm nie zuvor bemerkt hatte. Kurz darauf brach er zusammen und lag leichenblaß auf dem Boden. Obwohl ich als damaliger Vorsitzender ganz nahe neben ihm saß, gelang es mir nicht, ihn aufzufangen oder seinen Sturz zu mildern. Dem Fachmann war sofort klar, daß der Patient einem „Sekundenherztod" erlegen war. Er hatte schon 1958 in Caux (Schweiz) anläßlich einer Tagung der Gesellschaft „Moral rearmament" einen leichten Herzinfarkt erlitten und konnte die Brüsseler Weltausstellung sowie den gleichzeitig in Brüssel stattfindenden Internationalen Kongreß der Augenärzte nicht besuchen, erholte sich dann wieder, schonte sich aber, wie es seine Art war, in keiner Weise. Alle Wiederbelebungsversuche waren vergebens; trotzdem ließ ich den Patienten in das Salzburger Landeskrankenhaus bringen und setzte die Tagung fort. Bald danach erhielten wir die Nachricht, daß Prof. Lindner verschieden war. Prof. Böck, damals Vorstand der 2. Augenklinik in Wien, übernahm es, die Familie des Verstorbenen in Wien zu verständigen und die Überführung der Leiche zu veranlassen. Bei der Beerdigung in einem Wiener Vorstadtfriedhof waren der Dekan der Medizinischen Fakultät Prof. v. Hajek sowie Prof. Pillat als Vertreter der Deutschen Ophthalmologischen Gesellschaft und der Heidelberger Fakultät anwesend, deren Ehrendoktor Prof. Lindner gewesen war. Zahlreiche Trauergäste hatten sich hinzugesellt. Der Bischof der Evangelischen Kirche A.B., D. Gerhard May, hielt eine ergreifende Trauerrede, die ihn selbst zu Tränen rührte. Die Familie des Verstorbenen war äußerst gefaßt und lud mich nach dem Begräbnis zu einem kurzen Besuch und Imbiß in ihr Haus ein. Dann fuhr ich wieder nach Graz zurück. Im 2. Weltkrieg hatte Prof. Lindner 2 Söhne und einen Schwiegersohn verloren; seine Witwe, die verwitwete Tochter, eine unverheiratete jüngere Tochter so-

wie der jüngste Sohn (Chemiker) waren am Grabe versammelt.
Die Urkunde der Stiftung der Grazer Universität trägt das Datum des 1. Januars 1585; sie umfaßte zunächst nur eine Theologische und Philosophische Fakultät. Der Plan, sechzig Jahre später auch eine Juridische Fakultät anzuschließen, scheiterte ebenso wie ein weiterer Versuch im Jahre 1723 in der Hauptsache an den Finanznöten des Landes. Die Stiftungsurkunde der Grazer Universität stammt vom innerösterreichischen Habsburger Erzherzog Karl. Während 1779 endlich eine Juridische Fakultät errichtet wurde, kam es nach der Verstaatlichung der Grazer Hochschule nur langsam zum Aufbau einer Medizinschule, aber noch immer nicht zur Gründung einer Medizinischen Fakultät. Unter Kaiser Josef II. wurde Ende September 1782 die Grazer Universität zu einem Lyzeum degradiert, ohne daß der Status der bestehenden Fakultät nennenswert verändert worden wäre. Nachdem endlich die finanziellen Hindernisse für die Gründung einer Medizinischen Fakultät beseitigt worden waren, wurde die Universität mit kaiserlicher Entschließung vom 13. Januar 1863 zu einer Volluniversität erweitert und im kommenden Wintersemester eröffnet. Aus der Geschichte der Grazer Universität ergab sich auch ihre Bezeichnung als „Alma mater Cárola Francisca".
Im Studienjahr 1962/63 wurde das *Hundertjahrjubiläum* der Grazer Medizinischen Fakultät gefeiert. Rektor war Prof. Franz Spath (Chirurgie), Dekan Prof. Dr. Anton Musger, Vorstand der Klinik für Haut- und Geschlechtskrankheiten, Bundespräsident war Dr. Adolf Schärf, Landeshauptmann war Ökonomierat Josef Krainer, Bundesminister für Unterricht Dr. Heinrich Drimmel und Diözesanbischof Dr. Josef Schoiswohl.
Am Vorabend der Hundertjahrfeier, dem 20. Juni 1963, fanden ein feierlicher katholischer und evangelischer Gottes-

dienst statt, anschließend war ein Abendessen im „Steirerhof", an dem die genannten Honoratioren teilnahmen. Der Rektor eröffnete mit einer Tischrede die Festfolge und begrüßte die Gäste, im besonderen auch die vielen Vertreter auswärtiger Universitäten. Der erste akademische Festakt fand am Tage darauf in der Aula der Universität statt, wo auch ich als Prodekan in festlichem Talar an bevorzugter Stelle teilnehmen konnte. Nach der Begrüßung durch den Rektor und einer Ansprache des Dekans folgten die Gratulationsreden der Dekane der übrigen Fakultäten, sodann ein Bläserquintett von J. Haydn in B-Dur und der Festvortrag von Prof. Dr. W. Thiel über „Das medizinische Erbe des Abendlandes im Lichte und Schatten des Fortschritts." Nach dem 2. Satz des Bläserquintetts fand die Ehrenpromotion des verdienten Chirurgen Prof. Dr. Karl Heinz Bauer (Heidelberg) statt, gefolgt von einer Ansprache des Geehrten. Den Abschluß bildete eine Festansprache des Bundesministers für Unterricht Dr. H. Drimmel. Am 22. Juni wurde eine Feier im Stephaniensaal abgehalten. Umrahmt von Musikstücken sprachen nach der Begrüßung durch den Dekan, Prof. Dr. A. Musger, der Rektor Prof. Dr. F. Spath, Med.-Rat Dr. v. Arbesser-Rastburg (für die ehemaligen Studenten), der Grazer Bürgermeister Dipl.-Ing. G. Scherbaum, der Landeshauptmann von Steiermark Ökonomierat und Ehrensenator der Universität Josef Krainer, der damalige Bundeskanzler Dr. Alfons Gorbach und schließlich der Herr Bundespräsident Dr. Adolf Schärf. Alle Ansprachen, Aufsätze der einzelnen Mitglieder des Medizinischen Professorenkollegiums über „Lehre und Forschung zur Zeit der Hundertjahrfeier", eine Wiedergabe der überreichten Gratulationsurkunden verschiedener Universitäten, ein Verzeichnis der „Sponsoren" sowie Abbildungen vom Festgeschehen und ein Faksimile der ersten und letzten Seite der Gründungsurkunde vom 13. 1.

1863 sind in einer *Festschrift* enthalten, die von der Universitäts-Druckerei Styria in Graz aufgelegt wurde. An dieser Stelle seien drei Nobelpreisträger erwähnt, die der Grazer medizinischen Fakultät angehörten. Prof. Dr. Pregl (Mikrochemie) und Prof. Dr. Löwi (Pharmakologie), der Entdecker der neuroaktiven Wirkung des Acetylcholins. Der Nobelpreisträger Prof. Dr. Julius Wagner-Jauregg begann seine Laufbahn in Graz, wurde aber erst später als Vorstand der Universitätsklinik für Neurologie und Psychiatrie in Wien für seine erfolgreiche Behandlung der progressiven Paralyse mit eingeimpfter Malaria ausgezeichnet.

Während meiner Tätigkeit in Graz war die Klinik und Therapie der Netzhautablösung ein bevorzugtes Arbeits- und Forschungsgebiet. Die Operation des Grauen Stars konnte durch Verbesserung der medikamentösen Vorbereitung, Operations- und Nahttechnik sowie durch Forschungen auf dem Gebiete der enzymatischen Zonulolyse mit Trypsin gefördert werden. Die technisch schwierige Entfernung einer dislozierten Linse und die Operation des infantilen Grauen Stars wurde gleichfalls verbessert. Auch der Technik der Hornhautüberpflanzung waren einige Publikationen gewidmet. Das große Krankengut der Klinik bot ferner Gelegenheit, Fragen der Glaukomdiagnostik und -therapie zu behandeln. Die übergroße Zahl schwerer Augenverletzungen in der Steiermark veranlaßte prophylaktische Bemühungen (z. B. Pyrotechnik-Gesetz über Böllerschießen). Gerontologische Probleme wurden ebenfalls in unser Forschungsprogramm aufgenommen, desgleichen Fragen der Schielbehandlung und Bemühungen um die rechtzeitige Einschulung sehgestörter Kinder. Arbeiten auf den Gebieten der Virusforschung, der Biochemie und Elektronenmikroskopie konnten dank des Entgegenkommens jener Institute, die über entsprechende Einrichtungen verfügten, ebenfalls begonnen werden. Auf die unbefriedigende Situation des augenärztlichen Gutachters in der Sozialversicherung und im Entschädigungsrecht wurde aufmerksam gemacht. Eine brauchbare wissenschaftliche Dokumentation wurde eingerichtet. Neue Arzneimittel und Operationsmethoden wurden getestet und kommerziell einträgliche, aber medizinisch nutzlose Pharmaka kritisiert; so erwies sich u. a. die als „Gewebetherapie" angepriesene Placentaimplantation unter die Bindehaut des Auges bei Kurzsichtigkeit und Netzhauterkrankungen degenerativer Genese als sinnlos.

Zum Zwecke der augenärztlichen Fortbildung wurden an der Klinik zweimal jährlich Fortbildungskurse veranstaltet, bei denen Operationen demonstriert und Vorträge über neue Untersuchungs- und Behandlungsmethoden gehalten wurden. Abends lud ich immer einige Kollegen als Gäste in mein Haus ein, um sie näher kennen zu lernen und engere Kontakte zu knüpfen.

Gegen Ende des Jahres 1963 erhielt ich den Ruf an die 1. Universitäts-Augenklinik in Wien als Nachfolger von Prof. Dr. A. Pillat. Das Wiener Medizinische Professorenkollegium hatte mich einstimmig vorgeschlagen. Bevor ich mich entschied, richtete ich an den Landesamtsdirektor Hofrat Dr. Junger ein Schreiben, in dem ich ihm mitteilte, unter welchen Voraussetzungen ich in Graz verbleiben würde; dieser Brief wurde niemals beantwortet. Ein Wiener wird in der Steiermark nicht leicht akzeptiert. Da Wien drängte, sagte ich zu, die Leitung der 1. Augenklinik zu übernehmen. Der neue Zentraldirektor und die Herren der Spitalsverwaltung gaben ein Abschiedsessen. Bei einem Besuch beim Direktor des Allgemeinen Krankenhauses in Wien, Hofrat Dr. Ritschl, war dieser über meinen Entschluß überrascht, da in Wien das Gerücht verbreitet worden war, ich würde den Ruf nach Wien ablehnen (cui bono?). Meinen Entschluß, Graz wieder zu verlassen, hatte ich nicht zuletzt deshalb gefaßt, weil die Fertigstellung des großen, neuen modernen Allgemeinen Krankenhauses (AKH) Wien in absehbarer Zeit erwartet werden konnte. Daß sich die Dinge völlig anders entwickeln würden, war nicht vorauszusehen. Wir werden auf dieses Problem noch zurückkommen.

An der Grazer Augenklinik wünschte ein Teil der Mitarbeiter, ich möge bleiben, ein anderer Teil wünschte meinen Abschied. So betete ein Teil der geistlichen Krankenschwestern für mein Verbleiben, der andere Teil für mein Abtreten; wie sollte da der Himmel entscheiden?

Dem Professorenkollegium schlug ich die Herren Doz. Dr. Funder und Doz. Dr. Hofmann als stellvertretende Leiter der Klinik bis zur endgültigen Wiederbesetzung vor. Das Kollegium entschied sich für Doz. Dr. Hofmann; Doz. Dr. Funder löste seinen Grazer Haushalt auf und begleitete mich ebenso wie Dr. Kutschera wieder als Mitarbeiter zurück nach Wien. Am 31. Jänner 1964 nahm ich von der Klinik in Graz Abschied. Die anschließenden Semesterferien während des Monats Februar erleichterten mir den Eintritt als Vorstand der 1. Universitäts-Augenklinik in Wien, die interimistisch von Doz. Dr. F. Schwab geleitet worden war.

XV. Kapitel:
Vorstand der 1. Wiener Universitäts-Augenklinik (1964—1981)

Anfangs Februar 1964 trat ich meine Stellung als Vorstand der 1. Wiener Universitäts-Augenklinik an. Die Klinik befand sich in einem trostlosen Zustand. Im Hinblick auf die bevorstehende Vollendung des neuen AKH wollte man in das alte Haus nicht mehr viel investieren; aber man mußte doch darin leben und arbeiten. Eine Krankenstation mit etwa 20 Betten war stillgelegt worden, da es an Pflegepersonal fehlte. Je eine große Frauen- und Männerstation waren belegt, eine weitere Station befand sich im Umbau; hier sollten Krankenzimmer entstehen, die auch gehobenen Ansprüchen genügen sollten. An dieser Baustelle hat sich ein Patient erhängt, obwohl sein Fall gar nicht aussichtslos war. Schließlich bestand noch eine Station aus kleineren Zimmern und einem größeren Raum; hier waren vorwiegend Frauen und unsere kranken Kinder untergebracht. Insgesamt standen mir zunächst etwa 40 Betten und rund 20 Assistenten zur Verfügung.

Während sich meine Vorgänger mit einem kleinen Raum als Arbeitszimmer begnügten, bestimmte ich das bisherige „Prunkzimmer" zum Arbeitsraum des Chefs. Hier hingen die Portraits aller Vorgänger angefangen von Josef Barth (1745—1818), gefolgt von dem ersten Ordinarius für Augenheilkunde Joseph Georg Beer (1763—1821), der 1812 ernannt wurde. Daneben sah man die Porträts von Rosas, einem Gegner der Lehre des Frauenarztes Semmelweis über die infektiöse Ursache des Kindbettfiebers, Ferdinand Ritter von Arlt (1812—1887), Stellwag von Carion (1823—1904), Isidor Schnabel (1842—1908), Friedrich Dimmer (1855—1926), Stephan Bernheimer (1916—1918), Josef Meller (1874—1969) und Arnold Pillat (1891—1975). In diesem Raume herrschte bald jene Unordnung, von der man sagen konnte, Ordnung liebe nur der, der zum Suchen zu faul sei. Ehe ich noch die Klinik betreten hatte, wurde ich vom Portier des „Johannistores" von dem für den Klinikchef reservierten Parkplatz verwiesen, weil er mich noch nicht kannte. In der Klinik ließ ich zunächst das ärztliche Personal in der Bibliothek zusammenkommen, um mich vorzustellen und die Kollegen, soweit ich sie noch nicht kannte, kennen zu lernen. Dann folgte dasselbe Zeremoniell mit den Schwestern und den sonstigen nichtärztlichen Mitarbeitern. Vorher hatte ich mich beim damaligen Dekan, meinem Fachkollegen Prof. Dr. Böck, dem Vorstand der 2. Augenklinik, an der ich viele Jahre unter Prof. Lindner gearbeitet hatte, gemeldet.

Da es der Wunsch des Herrn Bundespräsidenten war, die neuernannten Universitätsprofessoren kennen zu lernen, ließ ich mich in der Präsidialkanzlei zum Antrittsbesuch anmelden. An einem der folgenden Vormittage wurde ich vor dem Präsidentschaftsgebäude empfangen, von Raum zu Raum weitergereicht und schließlich dem Herrn Bundespräsidenten vorgestellt. Dr. Adolf Schärf war sichtlich leidend; er begrüßte mich, suchte in dem Aktenstoß auf seinem Schreibtisch nach meinem Namen und beglückwünschte mich, daß ich mit meinen 52 Jahren schon eine beachtliche Position erreicht hatte. Ich lenkte das Gespräch auf die Tocher des Herrn Präsidenten, Frau Dr. Kyrle, die ich als Studentin zur Prüfung in Augenheilkunde vorbereitet hatte. Auch der Herr Bürgermeister, Herr Franz Jonas, empfing mich in seinem Arbeitszimmer im Rathaus am frühen Morgen und klagte über sein durch viele Reden und Ansprachen verursachtes chronisches Halsleiden, so daß er Fachärzte konsultieren mußte. Auch der Herr Bundesminister Dr. Heinrich Drimmel empfing mich freundlich und besuchte mich auch späterhin einige Male mit seiner Gattin zur ärztlichen Konsultation. Von den Mitgliedern des Medizinischen Professorenkollegiums besuchte ich alle Kliniker, für einen Antrittsbesuch der anderen Kollegen konnte ich neben dem Aufbau des klinischen Betriebes keine Zeit finden. Heute ist das Kollegium so groß geworden, daß jedes neue Mitglied anläßlich einer Sitzung dem Plenum nur kurz vorgestellt werden kann.

An der alten Klinik stand es mit dem Operationssaal am schlimmsten; er war eine Rumpelkammer. Der Operationstisch behielt nicht mehr die anfangs eingestellte Höhe und senkte sich während des Eingriffs in kurzen Abständen mit einem begleitenden Knacken um einige Millimeter; für heikle Augenoperationen denkbar unangenehm. So reifte in mir der Entschluß, die wegen Personalmangels leerstehende Krankenstation in einen modernen Operationstrakt umzuwandeln. Es kostete viel Interventionen und Mühe bei den maßgebenden Behörden, um schließlich das neue Werk feierlich zu eröffnen und vom Anstaltsgeistlichen weihen zu lassen.

Überholte Behandlungsmethoden wurden möglichst unauffällig ausgemerzt. Die noch auf Prof. Meller zurückgehende Tuberkulinbehandlung entzündlicher Erkrankungen des Augeninnern (Aderhautentzündung u.dgl.m.) ließ ich durch meinen Mitarbeiter Doz. Funder totlaufen. Wieder ließ ich neue Wandtafeln für den Studentenunterricht im Hörsaal aufhängen und einen Schaukasten für eine Sammlung von Diapositiven aufstellen. Im Laufe der Zeit wurden Sonderambulanzen für Zuckerkranke, für Patienten, die wegen einer Netzhautablösung operiert worden waren, und für Glaukomkranke eingerichtet. Die Ultraschall-Echographie, Elektroretinographie, Dynamometrie (Messung des Blutdrucks in den Netzhautgefäßen) und Fluoreszenz-Angiographie wurden eingeführt und Spezialisten in diesen Sondergebieten der Augenheilkunde ausgebildet. Für die Diagnostik und Behandlung von Augenmuskelstörungen (Schielen, Lähmungen) bestand eine besondere „Sehschule", welche ausgebaut und mit dem nötigen Personal (Orthoptistinnen) versehen wurde.

Während mich der Aufbau der Klinik weitestgehend in Anspruch nahm, mußte ich mich auch um eine Wohnung und Räumlichkeiten für meine Privatordination kümmern. Zunächst schrieb ich meinem Farbenbruder Durchlaucht Fürst Franz Josef von Liechtenstein, ob er in Wien eine Wohnung für mich hätte; er antwortete, er besitze in Wien nur Palais, die nicht geheizt werden könnten. Handelsminister Dr. Bock schrieb mir, von den unter seiner Verwaltung stehenden Wohnungen in Bundesgebäuden werde nach menschlichem Ermessen in absehbarer Zeit nichts frei werden. Mein Freund Prof. Dr. Karl Fellinger versicherte mir, seine Gattin werde sich der Sache annehmen. Schließlich kam ich durch meinen Couleurbruder Bankdirektor Erich Manhart von Manstein mit der Bundesländer-Versicherung in Kontakt und konnte eine passende Wohnung in der Berggasse, in Kliniknähe, ohne Ablöse und zu einem neuvereinbarten Mietzins in erschwinglicher Höhe mieten. Durch ein Zeitungsinserat gelang es mir, Ordinationsräume in der Nähe des Liechtenstein-Palais im 9. Wiener Gemeindebezirk zu mieten; leider befand sich in diesem Hause kein Personenaufzug, was für meine betagten, geh- und sehbehinderten Patienten oft recht unangenehm war. Durch Empfehlung meines Assistenten Dr. E. Kutschera kam ich mit dem Architekten Schärpe in Kontakt, der Wohnung und Ordinationsräume instandsetzen sollte und zu einem befriedigenden Ergebnis kam. Einen verwandten Künstler Schärpe zeigt ein Standbild im Wiener Stadtpark. Die Wohnung in der Berggasse, unweit vom ehemaligen Domizil Sigmund Freuds, war zu Ende der Sommerferien 1964 soweit bezugsfertig, daß meine Familie von Graz nach Wien übersiedeln konnte. Meine Privatordination mußte ich noch einige Monate lang in der Klinik abhalten, wozu ich aufgrund des Krankenanstaltengesetzes auch berechtigt war, ehe die Ordinationsräume einen geordneten Betrieb zuließen.
Der Unterschied zwischen Graz und Wien war enorm, und

ich stellte mir noch lange die Frage, ob ich vernünftig gehandelt hatte, als ich mich zur Annahme des Rufes nach Wien entschlossen hatte. In Graz war die Villa, in der ich wohnte, von Grün umgeben, in Wien parkten Automobile in jeder Menge. Spaziergänge mußte man an die Donaukanal-Lände oder in den Rathauspark bzw. Volksgarten verlegen. Ein Vorteil war die Nähe des Burgtheaters, der Volksoper, Staatsoper, des Akademietheaters sowie des Theaters in der Josefstadt.

Um den Studenten im Hörsaal Augenoperationen „live" demonstrieren zu können, bedurfte es einer Fernsehanlage, deretwegen ich ein entsprechendes Ansuchen an das Professorenkollegium richtete; der Antrag wurde abgelehnt. Bei nächster Gelegenheit kam meine zweite Gattin mit Frau Bundesminister Firnberg ins Gespräch und schilderte meine prekäre Lage. Die Frau Bundesminister zückte Notizbuch und Bleistift, notierte sich etwas und bald flossen die Geldraten für die gewünschte Fernsehanlage im erwünschten Maße zu. Ich konnte eine gewisse Schadenfreude nicht unterdrücken, daß ich über das Professorenkollegium hinweg ans Ziel gelangt war. Mit anderen Worten: Ein Gespräch zwischen zwei Damen hatte mehr vermocht, als das Professorenkollegium verhindern konnte.

Was mir mißlungen ist, war die Errichtung einer Abteilung für „Experimentelle Ophthalmologie". Als Fachmann auf diesem Gebiete präsentierte sich Herr Dr. Hanns Weiß, dessen Habilitation für Experimentelle Ophthalmologie jedoch vom Kollegium abgelehnt wurde, so daß alle Bemühungen im Keime erstickt wurden. Gegner waren vor allem die Vertreter der Sinnesphysiologie, allen voran der früh verstorbene Prof. Dr. Bornschein, der nach langem Krankenlager einer Hirnblutung erlegen ist. Dr. Weiß, den ich Herrn Prof. Weigelin in Bonn empfohlen habe, hat später jeden Kontakt mit uns abgebrochen.

Ich habe mich immer bemüht, wenigstens *einen* besoldeten ausländischen Kollegen an der Klinik auszubilden, so lange dies gesetzlich möglich war. Ein griechischer Kollege war etwa 10 Jahre an meiner Klinik und konnte sich schließlich als gut ausgebildeter Augenarzt in Athen niederlassen. Eine polnische Kollegin aus Krakau war ebenfalls längere Zeit bei mir. Der Sohn meines indischen Freundes Dr. Chhokar aus Chandigarh in Indien war gleichfalls längere Zeit mein Assistent und hat einen unehelichen Sohn in Wien zurückgelassen. Dr. Chhokar jun. lebt und arbeitet heute in den Vereinigten Staaten, wo auch seine Gattin als medizinisch-technische Assistentin tätig ist. Die Briefe, die der junge Balbir Chhokar nach Hause schrieb, wurden von seiner Mutter abgefangen, so daß sein Vater von seinem Enkel erst erfahren hat, als sein Sohn mit seiner ihm bestimmten indischen Braut bereits verheiratet war. Dr. Chhokar war seines Sohnes wegen sehr traurig und unglücklich; er hätte es gerne gesehen, wenn sein Sohn in Europa geblieben wäre.

Dr. Chhokar hat mir auch meinen prominentesten Patienten zur Staroperation anvertraut. Es war Exz. Baldev Singh, der ehemalige Verteidigungsminister Indiens, der die Befreiungsurkunde für die Volksgruppe der Sikhs unterschrieben hatte. Er litt an einem schweren Diabetes und hatte sich jahrelang von Quacksalbern und Astrologen behandeln lassen, ehe er sich zu einer vernünftigen medizinischen Behandlung entschloß. Ich hatte schon anläßlich meines Besuches in Kalkutta mit Prof. Lindner Gelegenheit, den Patienten zu untersuchen; damals zeigten sich beginnende diabetische Netzhautveränderungen sowie ein leichter Grauer Star. Später reiste der Patient zur Behandlung an die Majo-Klinik in Rochester (U.S.A.) und bei der Durchreise konnte ich ihn in Zürich augenärztlich untersuchen. Schließlich kam er zur Staroperation nach Graz. Nach entsprechender Vorbehandlung durch den Internisten habe ich *ein* Auge operiert und der Patient

konnte bis zu seinem Ende wenigstens größeren Zeitungsdruck lesen. Prof. Lindner, Dr. Chhokar, der Internist Dr. Gotsch, und der Anästhesiologe Dr. Edlinger waren bei der Operation zugegen, Doz. Dr. Hofmann hat mir assistiert. Es war ein „Hochamt". Dr. Chhokar ist kürzlich einem Herzinfarkt erlegen.
Einen bedauerlicher Trauerfall hatten wir auch in der Wiener Fakultät zu beklagen. Der junge Professor für Hygiene, Dr. Moritsch, hatte mit Viren experimentiert, die von Zecken übertragen werden und eine Meningoenzephalitis erzeugen. Alle Bemühungen, das Leben des Kollegen zu retten, waren vergebens. Von den aktiven Mitgliedern des Kollegiums starben während meiner Wiener Zeit auch der Neurochirurg Prof. Dr. Herbert Kraus und der Pharmakologe Prof. v. Brücke an einem Krebsleiden sowie der Anatom Dr. von Hayek. Prof. Dr. Hans Hoff, der bekannte Neuropsychiater, starb im 70. Lebensjahr. Auch der Vorstand der Zahnklinik, Prof. Dr. Langer, verschied noch vor seiner Emeritierung.
Einen Neubau des Wiener AKH hatte schon Bürgermeister Dr. Karl Lueger geplant, aber immer wieder fehlte es an den nötigen Geldmitteln. Als ich nach Wien kam, blickte man der Vollendung des neuen AKH hoffnungsvoll entgegen. Die Professoren Fellinger, Hoff und Schönbauer waren die treibenden Kräfte für einen Neubau, der von dem deutschen Krankenhausarchitekten Riethmüller entworfen wurde. Zahlreiche „Bausitzungen" fanden statt, aber wir Mediziner verstanden das Vokabular der Architekten nur unvollkommen. Professoren in vorgerücktem Alter interessierten sich für den Neubau kaum noch, da seine Vollendung nicht mehr in ihre Amtsperiode fallen konnte. So wurden in die Bausitzungen viele jüngere Vertreter der Klinikvorstände entsandt. Nach einiger Zeit war die Sache endlich so weit gediehen, daß wir darangehen konnten, die einzelnen Fachkliniken im Detail zu planen. Diese Pläne waren fertiggestellt, als plötz-

lich der ganze Vorgang aus mir unbekannten Gründen zum Stillstand kam. Der Zeitpunkt der Vollendung wurde immer weiter hinausgeschoben, neue Wünsche wurden laut, neue Kliniken meldeten ihre Ansprüche an, und schließlich konnte ich mir leicht ausrechnen, daß auch ich in das neue Haus nicht mehr einziehen würde und verlor das Interesse am Fortgang der Dinge. Was da alles geschah, weiß die Bevölkerung aus Zeitungsberichten, Parlamentsdebatten, dem Untersuchungsausschuß des Parlaments, Berichten im Fernsehen und Rundfunk etc. Die Grundursache aller Übel liegt meines Erachtes darin, daß in unserem Wirkungsbereich noch nie ein Bauwerk dieses Ausmaßes geplant und ausgeführt worden ist. Der Betrieb eines solchen Giganten ist geradezu unvorstellbar; der Zustrom einer unübersehbaren Menge von Personal, Patienten und Studenten, vor allem am Morgen, die Versorgung einer großen Masse von stationär oder ambulatorisch behandelten Kranken, der Zustrom und Wechsel vieler Studenten usf. Von den Betriebskosten gar nicht zu reden.
Die Medizinstudenten können neuerdings bei Doppelkliniken den Prüfer selbst wählen. Natürlich wird der leichter Prüfende vorgezogen und so geschah es, daß in manchen Fächern der eine Prüfer überlaufen wurde, während der andere fast keine Kandidaten zu sehen bekam. Bei meinem Fache wurde die 2. Augenklinik geradezu von Kandidaten gestürmt, so daß mehrere Ersatzprüfer herangezogen werden mußten, während ich als strenger Examinator fast keine Kandidaten hatte. Nach der Neubesetzung der 2. Augenklinik, die im folgenden Kapitel behandelt werden wird, kehrten sich die Verhältnisse um. Um die Hörer überhaupt in die Vorlesungen zu bringen, wurden meine Kollegien als obligate Praktika abgehalten, so daß immer Studenten anwesend waren.
Nachdem der Herr Kardinal von Wien sein Kirchenvolk aufgefordert hatte, nicht zu viele Weihnachtsfeiern abzuhalten, um die eigentliche Familienfeier nicht zu entwerten, hielt

ich die Feier an der Klinik am Nachmittag des 24. Dezembers ab. Mein musikalischer Sohn sorgte für Kammermusik und einen Chor, der Weihnachtslieder sang, und mir fiel die Aufgabe zu, eine Ansprache zu halten. Es war nicht leicht, in den vielen Jahren immer wieder eine neue Rede zu erfinden, denn die Assistenten würden es bald gemerkt haben, daß dem Professor nichts Neues mehr einfiel.

Am 13. Oktober 1971 feierte der Vorstand der 2. Wiener Universitäts-Augenklinik, Prof. Dr. Josef Böck, seinen 70. Geburtstag und begann sein letztes Studienjahr. Er war rüstig und sehr aktiv und hatte nie daran gedacht, um vorzeitige Emeritierung anzusuchen. Nun wurde die Wiederbesetzung des 2. Lehrstuhls für Augenheilkunde der Universität Wien aktuell. Wir hatten erwartet, Prof. Böck würde seinen langjährigen Assistenten Dr. Josef Stepanik, der schon bei Lindner gearbeitet und ein Jahr bei Prof. Ascher in Cincinatti (U.S.A.) zugebracht hatte, favorisieren. Aus mir unbekannten Gründen ließ aber Prof. Böck Kollegen Stepanik, Primarius der Augenabteilung am Städtischen Krankenhaus Wien-Lainz, wie eine heiße Kartoffel fallen. Auch Prof. Dr. H. Fanta, Primarius der Augenabteilung am städtischen Krankenhaus Rudolfsstiftung, wurde von Prof. Böck nicht gefördert, da er ihm für die Übernahme seiner Klinik zu alt erschien.

Den damaligen gesetzlichen Vorschriften entsprechend (das neue UOG stammt vom 11. April 1975) setzte das Professorenkollegium eine Kommission ein, mit deren Vorsitz ich betraut wurde. Schon in der ersten Sitzung zeigte sich, daß die Professoren Stepanik und Fanta keine Chance hatten. Ich schlug Herrn Prof. Dr. Wilhelm Doden, Direktor der Universitäts-Augenklinik in Frankfurt/Main vor, ein Mitglied der Kommission nahm mir aber gleich den Wind aus den Segeln, indem es erklärte: „Was brauchen wir einen Preußen?" Tatsächlich ist Kollege Prof. Doden ein Friese. Vorsichtshalber hatte ich frühzeitig prominente Fachkollegen aus dem deutschen Sprachgebiet um ihre Vorschläge gebeten. Die Kommission stimmte schließlich mit Mehrheit für einen Dreiervorschlag, den ich dem Plenum mitzuteilen und zu kommentieren hatte. Als ich erklärte, es handle sich um einen Vorschlag der Kommissionsmajorität, nicht aber um einen Besetzungsvorschlag der kompetenten Fachleute, wurde das Kollegium hellhörig. Der Vorschlag wurde zwecks Berücksichtigung der in der Debatte des Kollegiums vorgebrachten Argumente an die Kommission zurückverwiesen.

Da ich mich demnächst in Spitalspflege begeben mußte, richtete ich an den Herrn Dekan ein Schreiben, er möge einen neuen Kommissionvorsitzenden bestellen, da die Dauer meiner Erkrankung nicht abzusehen sei und die Besetzung der 2. Lehrkanzel für Augenheilkunde nicht über die Maßen verzögert werden sollte. Meinem Ansuchen wurde stattgegeben und Prof. Bornschein (Sinnesphysiologie) mit dem Vorsitz der Besetzungskommission betraut. Aber auch der neue Dreiervorschlag wurde vom Professorenkollegium abgelehnt und ein im Kollegium spontan gestellter Besetzungsantrag angenommen. An erster Stelle wurde Herr a.o. Univ.-Prof. Dr. Hans Slezak genannt, der schon unter Prof. Lindner bzw. während meiner stellvertretenden Leitung der 2. Augenklinik dort eingetreten war. Das Ergebnis war überraschend aber nicht unerwartet. Ein Mitglied des Kollegiums warb noch für ein Minoritätsvotum mit a.o. Univ.-Prof. Dr. H. Fanta an erster Stelle, und Frau Minister Dr. Hertha Firnberg (Wissenschaft und Forschung) erkundigte sich, warum dieser Kandidat nicht zum Zuge gekommen war; er war eben doch zu alt. Mit dieser Feststellung gab sich die Frau Minister zufrieden und Prof. Slezak wurde zum Vorstand der 2. Augenklinik ernannt.

Zum Verständnis der Sachlage soll noch bemerkt werden, daß das ehemalige Bundesministerium für Unterricht von der sozialistischen Mehrheit im Parlament in ein Bundesministerium für Unterricht unter Dr. Fred Sinowatz und ein Bundesministerium für Wissenschaft und Forschung unter Frau Dr. Hertha Firnberg geteilt worden war. Die sozialistische Regierung errichtete auch ein Bundesministerium für Gesundheit und Umweltschutz, mit dem es allerdings bisher wenig Glück hatte, da die Kompetenzen dieses Ministeriums umstritten sind.

Nach der Neubesetzung der 2. opthamologischen Lehrkanzel trat geradezu eine Umkehr bei der Wahl der Prüfer seitens der Kandidaten ein: meine Klinik wurde überlaufen, während die 2. Augenklinik nur wenige Prüfungskandidaten aufzuweisen hatte. Um dieser Diskrepanz abzuhelfen, lud der Dekan, Univ.-Prof. Dr. Kraupp (Pharmakologie) Kollegen Slezak und mich zu einer Besprechung ein. Ich erklärte mich bereit, eine Liste aller Prüfungsfragen zusammenzustellen, die an beiden Kliniken gleicherweise geprüft werden sollten. Viel hat sich dadurch nicht geändert, da es weniger auf den Prüfungsstoff, als auf die Art zu prüfen ankommt und dies für die Kandidaten entscheidend ist.

Nach der Emeritierung von Prof. Dr. Böck verlor die 2. Augenklinik etwas von ihrem Ansehen als augenchirurgisches Zentrum und wandte sich in zunehmendem Maße theoretischen Fragen zu. Der Chef einer Augenklinik soll in gleicher Weise die experimentelle und theoretische Seite des Faches sowie die konservativen und operativen Behandlungsmethoden beherrschen und nicht zuletzt ein ausgezeichneter Lehrer sein. Naturgemäß sind die Schwerpunkte verschieden. Der beste Augenchirurg an der 2. Augenklinik war zweifellos ao. Univ.-Prof. Dr. Zehetbauer, von dem sich auch Prof. Böck selbst wegen Grauen Stars operieren ließ; Dr. Zehetbauer war auch ein guter Lehrer und meine Tochter, verehelichte Wiesflecker, die seit 1967 an der 2. Augenklinik fachärztlich ausgebildet wurde, hat ihm viel zu verdanken. Nachdem a.o.

Univ.-Prof. Dr. H. Fanta sein 65. Lebensjahr vollendet hatte und in den Ruhestand getreten war, wurde die Augenabteilung im Rudolfsspital aufgrund meines Gutachtens Herrn Prof. Dr. Zehetbauer anvertraut.
Aber noch bevor diese Neubesetzung stattgefunden hatte, erkrankte Herr Bundeskanzler Dr. Bruno Kreisky am rechten Auge. Obwohl meine Klinik ein anerkanntes Zentrum für einschlägige Augenleiden war, nahm der Herr Bundeskanzler meine ärztliche Hilfe nicht in Anspruch, vermutlich aus politischen Gründen. An der 2. Augenklinik wurde eine intraokulare Blutung im rechten Auge festgestellt und eine Kältekoagulation (Kryopexie) ausgeführt. Meine Tochter hatte als Assistentin die Ehre, den hohen Patienten zu betreuen. Da keine Besserung eintrat, suchte sich der Herr Bundeskanzler Rat an der Augenklinik in Boston, U.S.A., nicht an der Majo-Klinik in Rochester, wie in der Tagespresse berichtet wurde. Die Blutung dürfte durch arteriellen Hochdruck bei einem Diabetiker verursacht worden sein und im Verein mit einer Netzhautablösung zu einer irreparablen Erblindung des rechten Augens geführt haben. Neben den amerikanischen Kollegen ließ sich der Herr Bundeskanzler auch von Prof. Fanta beraten. In meinen Augen ist der Herr Bundeskanzler ein bedauernswerter kranker Mann, der durch seine Amtsgeschäfte überfordert wurde. Er hat sich einer Konsiliaruntersuchung durch kompetente Fachleute unterzogen, zumal auch sein Herz-Kreislauf-System sowie seine Nierenfunktion zu wünschen übrig lassen. Die Fortsetzung der Amtstätigkeit in einer weiteren Legislaturperiode wäre nicht ratsam gewesen.
Auf den Gesundheitszustand der Politiker wird anscheinend wenig Rücksicht genommen. Keiner der bisher amtierenden Bundespräsidenten der 2. Republik konnte die zweite Amtsperiode durchstehen: Dr. Renner, Dr. Körner, Dr. Schärf, Dr. Jonas. Ing. Raab wurde als Kandidat für die Bundespräsidentenwahl aufgestellt, obwohl er ein schwer kranker Mann

war. Der Gesundheitszustand der Politiker kann allerdings für die Geschichte eines Landes oder für die Weltgeschichte entscheidend sein. Der schwerkranke amerikanische Präsident Roosevelt überließ vor dem Ende des 2. Weltkrieges den Russen das Feld, Churchill bzw. Attlee und Truman konnten Roosevelts politische Fehler nicht mehr gutmachen. Die Folgen sind bekannt.

Wir wollen uns nun aber wieder den Fortschritten an den Wiener Augenkliniken zuwenden. Die Augenchirurgie wurde durch Einführung von Operationsmikroskopen in eine Mikrochirurgie umgewandelt, die es ermöglicht, feinste Instrumente anzuwenden. Unter anderen haben sich besonders Kollegen aus der Tübinger Universitäts-Augenklinik auf diesem Gebiete Verdienste erworben. Die Ergebnisse der Hornhautüberpflanzung wurden durch die Verankerung des Transplantates mittels feinster Nadeln und Fäden (Tübinger-Naht) erheblich verbessert. Die Operation des Grauen Stars, die lange schon zu den erfolgreichsten Eingriffen gehörte, wurde durch den mikrochirurgischen Nahtverschluß noch weiter verbessert. Neue Methoden der Glaskörperchirurgie sind der Anwendung des Operationsmikroskops zu verdanken. Die Implantation künstlicher Linsen nach Entfernung einer trüben Linse (Grauer Star) erspart dem Patienten das Tragen einer „Starbrille" mit allen ihren optischen Nachteilen, an die sich alte Menschen oft nicht mehr gewöhnen können. Bei schweren Blutungen in das Innere des Auges kann heute der trübe Glaskörper mitsamt dem eingedrungenen Blut mittels „Vitrektomie" entfernt, durch klare Flüssigkeit (Kochsalzlösung, Natriumhyaluronat) ersetzt und so die Sehschärfe in hohem Grade oder ganz wiederhergestellt werden. Die Operation der Netzhautablösung wurde im Laufe der letzten Jahre sehr verbessert, die früher der Erblindung verfallenen Augen können zu 85—90% wieder funktionsfähig gemacht werden. Das von dem Lausanner Augenarzt Jules Gonin vertretene Prinzip des

Riß- bzw. Lochverschlusses, deren Entstehung letzte Ursache der Netzhautablösung darstellt, gilt nach wie vor. Aber heute kann man zur Lochbildung disponierende Netzhautstellen schon frühzeitig erkennen und mittels Licht,- Laser- oder Kältekoagulation vorbeugend verschließen und dem Patienten eine Operation ersparen. Solche Eingriffe können in den meisten Fällen ohne Spitalsaufenthalt ausgeführt werden. Ist die Netzhaut bereits abgelöst und erscheint dem Patienten ein Teil des Gesichtsfeldes wie durch einen schwarzen Vorhang ausgelöscht, wird der Rißverschluß mit dem Aufnähen einer Plombe aus einem elastischen Kunststoff verbunden, der fast immer dauernd an Ort und Stelle verbleiben kann. Die Auffüllung des Glaskörperraumes mit einer der oben genannten Lösungen kann die Heilungsaussichten wesentlich verbessern, wie wir an der Grazer Klinik zeigen konnten. Auch die chirurgische Versorgung verletzter Augen unter dem Operationsmikroskop führt heute zu einer besseren Wiederherstellung des Sehvermögens als ehedem mit gröberen Methoden. Zuletzt sei noch die Keratoprothetik erwähnt, d. i. die Implantation einer künstlichen Hornhaut in ungünstigen Fällen, in denen eine Hornhaut-Überpflanzung zu keinem guten Dauerresultat führen würde.

Meine zweite Frau klagte anläßlich des Kongresses der Europäischen Ophthalmologischen Gesellschaft bei einer abendlichen Theatervorführung in Hamburg (1976) über einen Schatten links oben im Gesichtsfeld ihres rechten Auges. „Du hast einen Gefäßausfall oder eine Netzhautablösung" war meine Diagnose. Am nächsten Morgen lieh ich mir in der Industrieausstellung des Kongresses einen Augenspiegel aus und konnte eine teilweise Netzhautablösung im rechten Auge feststellen, die die Netzhautmitte bereits erreicht hatte. Kollege Merté (München) bestätigte die Diagnose im Vorübergehen. Meine Frau war als Kind mit einem Porzellangefäß eine Treppe hinabgestürzt, das Gefäß war zerbrochen und hatte eine Schnittwunde in der rechten Schläfenregion verursacht. Der holländische Pflegevater, ein Arzt, vernähte die Wunde und alles schien wieder in Ordnung. Doch die Netzhaut war geprellt worden und im Laufe vieler Jahre hatten sich degenerative Löcher entwickelt, die zur Netzhautablösung führten. Es war gerade Osterzeit und alle meine Assistenten hatten Urlaubsquartiere für sich und ihre Familien gebucht. Mein langjähriger griechischer Assistent Stergios Nichorlis kam mit dem Flugzeug aus Athen angereist und am Karfreitag führten wir die Operation in lokaler Betäubung durch. Sie dauerte 2 Stunden und war erfolgreich. Meine Operationsschwester sagte mir nachher, bei keiner Operation hätte ich jemals so geschwitzt. Da die Netzhautmitte bereits abgelöst war, blieb die Sehschärfe des betroffenen Auges auf ein Drittel des Normalen reduziert und das Gesichtsfeld hat einen dauernden Ausfall in der linken oberen Peripherie, der sich allerdings praktisch kaum bemerkbar macht. Meine Frau verrichtet wieder alle Hausarbeiten, auch Näh- und Handarbeiten und fährt Auto; nur über die Tatsache, daß die Pupille des rechten Auges nicht mehr genau so aussieht wie die des linken Auges — was der Laie kaum bemerkt — ist sie nicht glücklich.

In letzter Zeit habe ich mich bemüht, den Aufenthalt Augenkranker in der Klinik möglichst abzukürzen oder die Behandlung ambulatorisch durchzuführen. Ein Beispiel sind Operationen an schielenden Kindern. Sie wurden am Operationstage morgens nüchtern (absolute Abstinenz von Speisen und Getränken ab Mitternacht) in die Klinik gebracht, vom Kinderarzt auf Narkosetauglichkeit untersucht, operiert und am späten Nachmittag von den Eltern wieder nach Hause mitgenommen. Die weitere Behandlung erfolgte während einer Reihe von Tagen im Rahmen der Morgenvisite an der Klinik. Meines Erachtens wird die Tendenz zur Verkürzung des Krankenhausaufenthaltes oder dessen völlige Vermeidung immer mehr zunehmen, was nicht zuletzt für die Kostenfrage von Bedeutung sein wird.

Man soll die Feste feiern wie sie fallen. Die Wiener Universität wurde bekanntlich von Rudolf IV., dem „Stifter" im Jahre 1365 gegründet und ist seit dem Zusammenbruch der Deutschen Universität in Prag die älteste Universität im deutschen Sprachraum. Die Sechshundertjahrfeier der Wiener Universität wurde ähnlich festlich begangen wie die oben beschriebene Hundertjahrfeier der Grazer Medizinischen Fakultät. Univ.-Prof. Dr. Karl Fellinger war Rektor, Dekan war Univ.-Prof. Dr. Leopold Breitenecker (Gerichtliche Medizin), der kürzlich im 80. Lebensjahr gestorben ist, Bundesminister für Unterricht war Dr. Theodor Piffl-Percević, Bundespräsident Dr. Adolf Schärf. In der Aula der Universität fand eine Festsitzung mit einer Festrede von Magnifizenz Dr. Fellinger statt, im Stephansdom sprach Kardinal Erzbischof Dr. Franz König zu den im Talar erschienenen Professoren und in der Wiener Stadthalle fand eine Großveranstaltung statt; dort sprach Bundeskanzler Dr. Josef Klaus, und zahlreiche Honoratioren und um die Universität verdiente Persönlichkeiten wurden zu Ehrendoktoren, Ehrensenatoren oder Ehrenbürgern der Alma mater Rudolfina ernannt.

Neben anderen akademischen Feiern möchte ich jene zu Ehren des 80. Geburtstages meines Vorgängers Prof. Dr. A. Pillat und anläßlich desselben Jubiläums von Prof. Dr. J. Böck erwähnen. Anläßlich meines 70. Geburtstages fand, wie schon erwähnt, eine Festsitzung der Ophthalmologischen Gesellschaft in Wien statt; Prof. Dr. Dr. h. c. Hans Sautter, emeritierter Direktor der Universitäts-Augenklinik in Hamburg, hielt die Festrede. Außerdem wurde ich zum Ehrenmitglied der Gesellschaft ernannt.

Mein 60. Geburtstag bot Anlaß für eine bescheidene Feier in meiner Klinik, Dozent Dr. Rudolf Gittler hielt die Laudatio, und ich nahm die Gelegenheit wahr, meine zukünftige zweite Gattin vorzustellen.

Der Professorentitel hat während der letzten Jahre seinen Wert verloren. An der Spitze steht nach wie vor der ordentliche Universitätsprofessor, der in der Regel einer Lehrkanzel vorsteht. Der außerordentliche Universitätsprofessor steht eine Stufe tiefer und ist nur selten Inhaber einer Lehrkanzel; manchmal folgt bald die Ernennung zum ordentlichen Universitätsprofessor mit Erhöhung der Bezüge. Der „titulierte außerordentliche Professor" wird als Auszeichnung für wissenschaftliche Arbeiten verliehen, die Habilitierung und Verleihung des Titels eines Universitäts-Dozenten mit dem Recht, an der Universität Vorlesungen abzuhalten, muß vorausgehen. Die Kollegen mit dem Titel eines a.o. Univ.-Professors lassen alle zusätzlichen Ausschmückungen des Professorentitels weg und nennen sich auf Visitkarten, Türschildern u. dgl. m. schlicht „Universitätsprofessor". Mittelschullehrer werden nach wie vor als „Professoren" angesprochen. Schließlich gibt es noch den „Berufstitel" Professor, der vom Herrn Bundespräsidenten an verdiente Persönlichkeiten aller Art, wie Schauspieler, Rundfunkleute, Künstler, Komiker u. dgl. m. verliehen wird. In Graz galt der Titel „Primarius" im Volke mehr als der Titel Professor und bei uns in Wien fühlen sich die Ehefrauen unserer Kollegen mehr geehrt, wenn sie als „Frau Doktor" angesprochen werden, denn als „Frau Professor".

Früher gab es nur *die* Universität mit ihren vier bzw. fünf (evang. Theologie) Fakultäten. Heute sind alle Hochschulen berechtigt, den Titel „Universität", und die Professoren, den Titel Universitätsprofessor zu führen. Wir haben eine Technische Universität, eine Tierärztliche Universität, eine Universität für Montanistik (Leoben) usf. Früher wurde man von Kellnern und Friseuren als „Herr Baron", später als „Herr Doktor" angesprochen, und heute wird man als „Herr Professor" tituliert, auch wenn man gar keiner ist. Zudem herrscht bei uns die Unsitte, die Ehefrauen der Akademiker mit dem Titel des Gatten zu schmücken, auch wenn sie akademischen Boden nie betreten haben.

In Deutschland legt man in Kollegenkreisen auf den akademischen Titel keinen so großen Wert wie hierzulande und man wird einfach als Herr Huber oder Müller angeredet. In den U.S.A. wird man nur mit dem Vornamen angesprochen, soferne man Anerkennung unter den Kollegen gefunden hat.

In einer meiner Vorlesungen rief ich eine junge Dame aus der BRD, wie ich dies immer tue mit „*Frau* sowieso" auf. Dagegen wehrte sich die Kollegin, indem sie als „Fräulein" angesprochen werden wollte. Meine Antwort: „Wir Österreicher sind galante Leute und reden akademisch gebildete Damen immer als ‚Frau Doktor' an; ein Fräulein Doktor oder Professor ist bei uns unvorstellbar."

Eine wichtige Regel, der ich in meinem ärztlichen Leben immer gefolgt bin, möchte ich zum Abschluß dieses Kapitels noch erwähnen: „Der Patient hat immer recht!" Es gibt Kranke, die dissimulieren, ihre Leiden verbergen und über die Krankheitssymptome nicht reden wollen. Andere wieder erzählen bei jeder Gelegenheit lange Leidensgeschichten, stellen den Arzt auf eine harte Geduldsprobe und werden schließlich unglaubwürdig. Diese Menschen geraten in Gefahr, im Ernstfall nicht ernst genommen zu werden. Eine Lehrerin, die sich einer Operation wegen Grauen Stars unterzogen hatte, klagte bei jeder ärztlichen Visite über irgendwelche Beschwerden. Wer konnte sie schließlich noch ernst nehmen? Eines Morgens äußerste sie Schmerzen in einem Bein, ohne daß wir einen ersichtlichen Grund fanden. Und doch nahm die Sache ein böses Ende, denn die Schmerzen waren durch einen Verschluß der Hauptschlagader dieses Beins verursacht worden und es mußte schließlich amputiert werden.

Während meiner Tätigkeit als Vorstand der 1. Wiener Augenklinik verlor ich einen meiner älteren Assistenten, Doz. Dr. Franz Schwab, durch Herzversagen. Am offenen Grabe widmete ich ihm einige Abschiedsworte und versuchte die Witwe zu trösten, indem ich die Worte des Orthodoxen Patriarchen Athenagoras zitierte: „Ohne den Tod wäre dieses Leben wie ein Traum ohne Erwachen."

Wollen wir dieses Kapitel mit einer heiteren Episode abschließen. Alte Damen pflegten wir, Ärzte wie Pflegepersonal, gerne als „Großmama" anzureden. Eine dieser Damen wehrte sich aber entschieden dagegen, indem sie erklärte: „Ich bin keine Großmutter, ich bin ledig geblieben!"

XVI. Kapitel:
Krebsleiden und Tod meiner ersten Ehefrau Elfriede, geb. Schindler (1969—1971)

Ehefrauen von Ärzten leben gefährlich. Ihre Männer haben wenig Zeit für sie und von den Frauen geäußerte Beschwerden werden oft nicht ernst genommen. Eine ganze Reihe meiner Kollegen hat ihre Ehefrauen durch einen frühzeitigen Tod verloren; die meisten sind eine zweite Ehe eingegangen. Die Gattin meines Wiener Kollegen Prof. Böck starb an einem Krebsleiden an einem Ostersonntagmorgen; er blieb Witwer. Prof. B. Streiff, Vorstand der Universitäts-Augenklinik in Lausanne/Schweiz, verlor ebenfalls seine Frau und blieb allein. Univ.-Prof. Dr. Hallermann, Direktor der Universitäts-Augenklinik in Göttingen, wurde gleichfalls Witwer, ging aber nach einigen Jahren eine zweite Ehe ein. Auch die Wiener Professoren Fellinger, Fuchsig und Chiari haben ihre Frauen früh verloren und ein zweites Mal geheiratet. Kollege Prof. Stepanik in Wien fand eines morgens seine Gattin tot im Bett, sie war einem Kreislaufversagen erlegen; auch er hat nach längerem Zögern wieder geheiratet. Mein ehemaliger Assistent Dr. R. Gittler verlor seine Gattin ebenso wie ich an einem Krebsleiden. Die junge Ehefrau des französischen Kollegen Amalric in Albi wurde das Opfer eines Verkehrsunfalls.

Meine erste Gattin hatte schon als junge Frau eine beidseitige Mastopathia chronica fibrosa cystica, d. i. eine Gewebsanomalie der Brustdrüsen, die im Laufe der Zeit in ein bösartiges Krebsleiden übergehen kann. In der ersten Hälfte des Jahres 1969, in ihrem 54. Lebensjahr, klagte sie über Schmerzen in ihrer linken Brust, wenn sie einen Brotlaib andrückte, um eine Scheibe abzuschneiden. Schon bei der nächsten Sitzung unseres Professorenkollegiums bat ich Herrn Prof. Dr. Paul Fuchsig, den Vorstand der 1. Universitätsklinik für

Chirurgie, an der große Männer, wie Billroth, von Eiselsberg, von Ranzi und Leopold Schönbauer gewirkt hatten, er möge meine Gattin untersuchen. Aufgrund dieser Untersuchung riet er zur Radikaloperation der linken Brust und führte sie auch durch. Anschließend wurden von Kollegen Prof. Dr. K. H. Kärcher Bestrahlungen vorgenommen. Einen Teil meines Sommerurlaubs verbrachten wir in Bibione Pineda, wo wir die Sommerferien schon oft verlebt hatten; meine Frau mied jede Sonnenbestrahlung und fühlte sich wohl. Wir erhofften einen Dauererfolg, zumal auch die Gattin meines Bruders und die Frau eines Assistenten nach einer Brustamputation genesen waren.

Etwa ein Jahr nach dem Eingriff riefen mich meine Kinder nachmittags in der Ordination an und teilten mir mit, die Mutter sei von heftigsten Leibschmerzen befallen worden und mußte zu Bett gebracht werden. Ich unterbrach sofort meine Sprechstunde, eilte nach Hause, und fand meine Frau mit den Symptomen eines „akuten Abdomens" in bedenklichem Zustand. Sie wurde sofort in die Chirurgische Klinik gebracht und von Kollegen Doz. Dr. Dienstl laparotomiert. Alle waren wir überrascht, als er feststellte, daß ein okkultes Geschwür des Duodenums (Zwölffingerdarm) perforiert und die Bauchhöhle mit Speisebrei gefüllt war. Es wurde eine Operation nach Billroth II ausgeführt, die Bauchhöhle mit einer antibiotischen Lösung gespült und drainiert. Ein Blick auf die Leber ließ den Chirurgen den Verdacht auf Krebsmetastasen aussprechen, er war aber aufgrund des makroskopischen Befundes seiner Diagnose nicht sicher und führte eine Leberbiopsie aus, um eine patho-histologische Gewebsuntersuchung zu veranlassen. Ich fragte den Chirurgen, wie lange meine Frau noch leben würde, seine Prognose war „etwa 3 Monate". Meine Tochter Dr. Johanna Wiesflecker und ich waren während der ganzen Operation anwesend, dann brachte mich meine Tochter nach Hause, es war 1 Uhr nachts;

um 4 Uhr früh war ich wieder wach und versuchte meine Gedanken zu ordnen.

Mein Sommerurlaub stand vor der Tür, ich hatte ein arbeitsreiches Studienjahr hinter mir und eine Einladung nach Griechenland angenommen. Da eine Absage aus verschiedenen triftigen Gründen nicht möglich war, flog ich am Vortage der Entlassung meiner Frau aus der Klinik mit meinem jüngsten Sohn, meinem Schwiegersohn Dr. Wiesflecker, dessen Sohn Karl und Fräulein Beata N. als „Kindermädchen" nach Athen. Dort wurde ich von Freunden erwartet und nach Ekali gebracht, einem Villenvorort von Athen, wo wir im Hause des Schwagers eines Patienten, den ich operiert hatte, untergebracht wurden. Alle zusammen verbrachten wir zwei Wochen in Griechenland, mein Schwiegersohn mit Enkel und Beata reisten sodann nach Wien zurück, mein Sohn Michael und ich blieben noch eine Woche länger. Meine Tochter und mein älterer Sohn, die beide Medizin studierten, waren in Wien zurückgeblieben, um die Mutter zu betreuen. Sie erholte sich allmählich nach der Magenoperation trotz Fortgang des Krebsleidens und konnte bald Autoausflüge in die nähere Umgebung Wiens unternehmen.

Da ich viele Patienten aus Griechenland untersucht, behandelt und operiert hatte, ließ sich mein Aufenthalt in der Nähe Athens nicht verheimlichen und viele ehemalige und neue Patienten wollten mich konsultieren. Das konnte nur so geschehen, daß mich ein ansässiger Kollege zum Konsilium einlud. Mein Assistent Dr. Stergios Nichorlis, der damals von seiner Frau und ihrer Familie vorübergehend getrennt lebte und sich in einem Hotel einquartiert hatte, übernahm die Aufgabe, Patienten, die mich sehen wollten, zu registrieren und den Tag und Ort festzusetzen, wann und wo die Untersuchungen stattfinden sollten. Der Arme wurde tags und nachts angerufen und wußte sich nicht anders zu helfen, als das Hotel zu wechseln; aber auch diese Flucht half nur vorübergehend und wir hatten zwei oder drei volle Tage zu tun, um alle angemeldeten Patienten und solche, die noch dazukamen, zu verkraften. Zum Glück hatten wir einen treuen griechischen Freund, der uns mit Sandwiches und Limonaden versorgte, denn wir konnten keine Mittagspause einschalten.

Zeitlich morgens, als meine Angehörigen noch schliefen, saß ich schon auf der Veranda der Villa in Ekali und arbeitete an einem Beitrag für eine englische Zeitschrift über „Biomikroskopie des Auges", wobei wieder die Hruby-Linse eine Rolle spielte. Dank eines Mietwagens war es uns möglich, schöne Badeplätze aufzusuchen und im Meer zu baden. Beata sorgte für die Verpflegung. Abends gab es viele Einladungen seitens griechischer Kollegen und Freunde.

Das Leben des Griechen in Athen unterscheidet sich von dem unseren so sehr, daß die Umstellung auf die geänderte Lebensweise kräfteverzehrend sein kann. Wenn ein Stelldichein für 9 Uhr abends vereinbart wird, ist die Gesellschaft erst um 10 Uhr versammelt; die Damen unterschätzen die Zeit, die sie für ihre Toiletten benötigen. Die versammelte Gesellschaft berät, welches Lokal besucht werden soll. Die Verhandlungen dauern wieder eine halbe Stunde. Im Lokal selbst dauert die Wahl der Tische einige Zeit, gefolgt von der Wahl der Speisen und Getränke. In manchen Lokalen gehen die Gäste in die Küche, wählen „ihren" Fisch oder „ihr" Stück Fleisch, das dann speziell zubereitet wird. Mit Essen, Trinken, unterhaltsamen Gesprächen und Musikbegleitung verrinnt die Zeit und vor 3 Uhr morgens erreicht niemand sein Nachtlager. Morgens wälzt sich die erste Verkehrswelle durch die Stadt, die alle Werktätigen an ihre Arbeitsplätze bringt. Mittags wird es, namentlich zur Sommerszeit, sehr heiß; unter diesen Umständen zu arbeiten wäre sinnlos. Die 2. Verkehrslawine rollt durch die Stadt, damit jeder Grieche die Siesta in seinem Heim verbringen kann. Nach Ende der

Siesta rollt die dritte Verkehrswelle durch die Stadt, um am gewohnten Arbeitsplatz wieder tätig zu sein. Die Arbeit dauert oft bis in die frühen Nachtstunden, Ärzte ordinieren z. B. von 8 bis 10 Uhr abends. In diesen Abendstunden rollt die vierte Verkehrswelle durch die Stadt.
Gäste werden großzügig bewirtet, Freundschaften werden geschlossen und Geschichten aus dem Leben der Runde erzählt. Wenn dem gelernten Mitteleuropäer die Kräfte schwinden und die Augen zufallen, ist das Fest noch in vollem Gange. Eine größere Gastfreundschaft als in Griechenland habe ich nirgendwo anders erlebt.
Natürlich wurde über das bittere Schicksal meiner Gattin gesprochen und die eine oder andere griechische Dame wäre nicht abgeneigt gewesen, einen Witwer aus Wien zu ehelichen. In den griechischen Familien müssen erst die Töchter der Reihe nach unter die Haube gebracht werden. Die Bräute sind oft noch recht jung, die gewählten Ehemänner erheblich älter. Daher gibt es auch viele Witwen, die Geld und Reichtum besitzen und ihren Einfluß in der Gesellschaft geltend machen. Wenn der Familienvater nicht mehr lebt, übernimmt der älteste Sohn dessen Aufgaben und kann nicht heiraten, bevor die jüngste Schwester an den Mann gebracht worden ist. Die Witwen tragen für den Rest ihres Lebens schwarze Kleider und sind somit leicht als Witwen zu erkennen.
Während meines Aufenthaltes in Ekali bzw. Athen wurde ich u. a. auch Herrn Univ.-Prof. Dr. Danopoulos und seiner ledigen Tochter Dr. med. Iphigenie vorgestellt. Dr. Danopoulos hatte entdeckt, daß lokale Injektionen einer Harnstofflösung imstande wären, Krebsgeschwülste der Lidhaut zu heilen. Primäre Leberkrebse wurden nach regelmäßigem Trinken einer Harnstofflösung sichtlich kleiner oder verschwanden völlig. Eine Wirkung auf Krebsmetatstasen in der Leber war unwahrscheinlich, aber in der Verzweiflung greift man nach je-

dem Strohhalm. Ich schrieb meiner Tocher nach Wien, sie möge chemisch reinen Harnstoff besorgen und die Mutter veranlassen, die von Prof. Danopoulos empfohlenen Dosen regelmäßig einzunehmen. Übrigens hat auch Herr Univ.-Prof. Wrba, der Vorstand des Krebsinstitutes der Universität Wien, einmal meine Frau besucht und ihr ein Medikament verordnet, dessen Zusammensetzung geheimgehalten werden mußte, da sich die Art dieser Krebstherapie noch im experimentellen Stadium befand.

Am Ende der dritten Urlaubswoche hatten wir durch meine augenärztliche Tätigkeit einen ansehnlichen Geldbetrag in griechischen Drachmen in der Hand, mit dem wir nicht viel anfangen konnten; sinnlose Einkäufe widerstrebten uns, und so zahlten wir den verfügbaren Betrag auf ein Konto meines jüngsten Sohnes Michael in die „National Bank of Greece" ein. Das Geld nach Hause mitzunehmen hätte den geltenden Finanzgesetzen widersprochen und als Mann von Ruf konnte ich mir ein gesetzwidriges Verhalten nicht leisten.

Als wir nach unserem dreiwöchigen Griechenlandurlaub in Wien-Schwechat landeten, wurde ich von meiner Frau und den zurückgebliebenen Kindern erwartet. Meine Frau machte zwar einen rekonvaleszenten Eindruck, sah aber besser aus, als ich erwartet hatte. Wir verbrachten dann noch einen zweiwöchigen Urlaub im Martinschloß in Klosterneuburg, so daß ich meine Kontakte zu Wien wieder aufnehmen und schließlich meinen Dienst antreten konnte.

Nach einer Sitzung des medizinischen Professorenkollegiums richtete ich an unseren Pathoanatomen, Univ.-Prof. Dr. Holzner, die Frage nach dem Ergebnis der mikroskopischen Gewebsuntersuchung des der Leber meiner Frau entnommenen Präparates. Er versicherte mir, es handle sich leider um ein sehr bösartiges metastasierendes Gewebe aus der Brustdrüse. Damit war das Todesurteil endgültig gesprochen. Meine Frau fragte mich natürlich nach dem Untersuchungsergebnis Prof.

Holzners, ich antwortete: „Er fand nur gutartiges Gewebe."
„Ist das wahr?!" „Er hat es gesagt." Meine Frau war medizinisch „infiziert" und kannte sich natürlich in den Dingen, die da im Spiele waren, aus; sicher wußte sie um ihren Zustand Bescheid, lehnte es aber ab, über den Tod, die Grabstelle und ähnliche Dinge zu reden.

Zum Glück hatte sie keine Schmerzen, aber die von Krebsmetastasen durchsetzte Leber nahm allmählich an Größe zu. Das Schriftbild verfiel und jene Buchstaben, die ihr seinerzeit in der Schule die meisten Schwierigkeiten bereitet hatten, machten ihr wieder zu schaffen. Einige Zeit vor dem Weihnachtsfest des Jahres 1971 wurde die Patientin in die chirurgische Klinik aufgenommen, behandelt und ihr Zustand, so gut es ging, gebessert. Kurz vor den Feiertagen kam sie nach Hause zurück. Am Abend des 23. Dezember 1971 sprach ich das letzte Mal mit ihr. Tags darauf fand am frühen Nachmittag die Weihnachtsfeier in der Klinik statt und als ich heimkam, lag meine Frau in tiefem Koma in ihrem Krankenbett. Sie hatte die Toilette aufgesucht, plötzlich laut um Hilfe gerufen und über heftige Kopfschmerzen geklagt. Ihre letzten Worte waren: „Kinder, sagt mir doch endlich was ich habe". Ich fand sie bewußtlos im Bette liegend mit einer Halbseitenlähmung; offenbar hatte eine Metastase eine massive Hirnblutung verursacht. Mein Sohn, der Mediziner, schlug vor, die Kranke in die Klinik zu schaffen, was ich ablehnte, da es sichtlich zu Ende ging. „Lassen wir sie zu Hause ruhig sterben", sagte ich zu meinen Kindern. Der ältere Sohn hielt die Nachtwache, ich zog mich in seine Kammer zurück.

Am nächsten Morgen reagierten die Pupillen bei Belichtung nur noch träge, der Puls war unregelmäßig, das Ende stand bevor. Mein jüngster Sohn hatte bei einer musikalischen Messe in der Minoritenkirche mitzuwirken, meine Tochter und ich standen am Totenbett und erwarteten den letzten tiefen Atemzug. Es war am 25. Dezember knapp vor 11 Uhr.

Nachmittags meldeten ich und mein Schwiegersohn den Todesfall an, bestellten einen schönen Sarg und setzten den Tag der Beerdigung fest. Während wir still beisammensaßen, erschien ein Totenbeschauer, raste durch alle Zimmer meiner Wohnung, sah die Tote kaum an und fragte, wer sie zuletzt behandelt hätte. „Das war ich", war meine Antwort, die den Beschauer offenkundig nicht befriedigte. Als ich ihm alle vorhandenen klinischen Befunde überreicht hatte, war er zufrieden und verschwand; ein unsympathischer, unsauberer Mediziner, der überdies auch die Körperseite der Brustoperation verwechselte. Im Laufe des Nachmittags wurde die Leiche von einer dazu bestimmten Frau gewaschen, bekleidet und in den Sarg gebettet. Es war etwa 5 Uhr nachmittags, als die Leichenträger den Sarg abholten. Die Wartezeiten verbrachte ich mit dem Konzept eines Vortrags über die „Refraktionsbestimmung am Auge" für den im folgenden Jahre stattfindenden Kongreß der Europäischen Ophthalmologischen Gesellschaft in Budapest.

Ich versank in eine tiefe Depression, die mich schon einige Monate vorher geplagt hatte. Durch 1½ Jahre nahm ich täglich 3 Tabletten Neurolepsin (Lithiumcarbonat), um der schlimmsten Hölle depressiver Verstimmungen zu entgehen. Über mich als Patienten werde ich noch in einem eigenen Kapitel berichten.

Die Beerdigung fand im engsten Familienkreis auf dem Wiener Zentralfriedhof statt, wo im April desselben Jahres meine im 89. Lebensjahr verschiedene Mutter bestattet worden war. Die Totenanzeigen wurden erst nachträglich verschickt. Zu beiden Seiten des aufgebahrten Sarges brannten je drei voluminöse Kerzen, die uns nach der Bestattung mitgegeben wurden und heute noch zu Hause an Gedenktagen für die Verstorbene angezündet werden. Die Öffnung und Schließung des Sarges, die ich veranlaßte, wurde mit S 50,— verrechnet. Der Sarg wurde nicht auf dem üblichen Wägelchen, das so häßlich wirkt, sondern in einem Leichenauto zum Grabe gefahren. Unmittelbar dahinter schritten der Metropolit der Griechisch-orthodoxen Kirche, der mein Patient war, und ich, die Auspuffgase des Autos bliesen uns ins Gesicht. Die Begräbiszeremonie nach evangelischem Ritus vollzog Herr Superintendent Prof. Wilhelm. Als Abschiedsgruß hatte ich einen Korb voll Blumensträußchen vorbereiten lassen, die die Trauergäste ins offene Grab fallen ließen. Nach dem Begräbnis lud ich die Trauergäste zu einem Mittagessen im Rathauskeller ein, wo ich zufällig meine langjährige Patientin, Frau Stadträtin Jakobi, antraf, deren Mutter ich an beiden Augen wegen Grauen Stars operiert hatte. Als ich gegen 3 Uhr aufbrechen mußte, um meine Sprechstunde zu beginnen, ließ ich mich von meinem älteren Sohn vertreten; er sollte sich weiterhin um die Trauergäste kümmern.

Nun war also der mit schicksalhafter Gewißheit bevorstehende Tag vorüber und ich dachte weiterhin, bis an mein Ende Witwer zu bleiben. Meine Tochter war bereits verheiratet und hatte ihr eigenes Heim, die beiden Söhne lebten noch mit mir. Sie und zwei dienstbare Geister wirtschafteten an Stelle meiner Frau, mir war der Haushalt ziemlich gleichgültig geworden. Morgens stand ich um 5 Uhr auf, kurz nach 6 Uhr war ich an der Klinik und erledigte zunächst schriftliche Arbeiten. Um 7.45 Uhr begannen die Visiten. Wenn ich aufgehalten wurde, läutete das Telefon und meine Stationsschwester Angela fragte an, ob mir etwas fehle, da ich noch nicht erschienen war. Der Vormittag war wie früher ausgefüllt mit Visiten, Operationen, Vorlesungen und Prüfungen. Nach einem kleinen Imbiß fuhr ich in meine Ordination und ruhte eine Stunde, dann begann die Sprechstunde, die oft bis in den Abend reichte. Das eheliche Schlafzimmer hatte ich verlassen und mich in ein Kabinett zurückgezogen. Gegen meine depressive Verstimmung und Schlaflosigkeit nahm ich große

Dosen Antidepressiva bzw. Schlafmittel, die mir als Arzt in sündhaften Mengen zur Verfügung standen.

Einen Großteil meines Sommerurlaubs 1971 verbrachte ich mit meiner Familie in einem Hotel in Vouliameni bei Athen, just im Bereich der Einflugschneise der großen Flugzeuge, die auf dem nahe gelegenen Flughafen landeten. Auch diesmal fand eine Reihe griechischer Patienten den Weg zu mir, ähnlich wie bei meinem ersten Besuch in Griechenland.

Die letzten zwei Wochen meines Sommerurlaubs verbrachte ich wieder im Martinschloß in Klosterneuburg diesmal mit meinem älteren Sohn. Das erste Jahr meines Witwertums neigte sich dem Ende zu.

XVII. Kapitel:
Ende des Witwertums und Verehelichung mit Elfriede, geb. Frick (1972—1981)

Meine beiden Söhne waren im Begriffe, mir ein Wohnzimmer einzurichten, in dem ich den Rest meines Lebens als Witwer verbringen sollte. Da gebot ich Einhalt, weil ich entschlossen war, mich nach Ablauf des Witwerjahres wieder zu verehelichen. Meine Familie hatte gelernt, meine Entschlüsse als endgültig und unwiderruflich zur Kenntnis zu nehmen und so erhob sich auch kein Widerspruch. Zunächst stellte sich die Frage, wie der neue Ehepartner gefunden werden sollte: Durch ein Zeitungsinserat, via Vermittlungsbureau, durch Wahl aus dem Bekanntenkreis? Da griff ich zum Telefonbuch und fing an darin zu blättern. Bei dem Namen Frick Elfriede, Bundesbeamtin, stockte ich. Sie war von der 2. bis 4. Klasse der Deutschen Mittelschule meine Schulkameradin gewesen. Ich hatte sie später, selten genug, gelegentlich getroffen. Ihre Eltern und meine Mutter wohnten im gleichen Wohnblock, so daß wir über unseren Werdegang unterrichtet waren und schließlich war sie ledig. Ich schrieb ihr kurzer Hand einen Brief mit der Frage, ob sie meine zweite Ehefrau werden möchte und erhielt eine Zusage.

Die Vorfahren der Sippe Frick waren vor Jahrhunderten aus dem Fricktal in der Schweiz in die evangelisch-reformierte Rheinpfalz eingewandert. Als nach einer Teilung Polens Galizien unter Kaiserin Maria Theresia als Kronland zu Österreich kam, bereiste ihr Sohn und spätere Kaiser Josef II. das rückständige Land. Um es in die Höhe zu bringen, wurden Kolonisten aus dem südwestlichen Deutschland angeworben. Der damalige Kinderreichtum begünstigte dieses Vorhaben des Kaisers und viele wanderten 1782 und später nach Zusicherung religiöser Toleranz, zehnjähriger Steuerfreiheit usf. nach dem ungewohnten kalten Osten, darunter namentlich

Söhne und Töchter, die keine Hoferben waren. Schon von weitem konnte man eine deutsche Siedlung von einem polnischen oder ruthenischen (ukrainischen) Dorf unterscheiden. In Galizien wurden im Laufe der Zeit über 200 deutsche Dörfer und Tochtersiedlungen gegründet, die bis zum Winter 1939/40 bestanden. Da nach dem Polenkrieg und der neuerlichen Teilung Polens die Enteignung und Kollektivierung durch die einmarschierende sowjetische Armee bevorstand, entschlossen sich die Galiziendeutschen östlich des Flusses San, auf deutsches Gebiet zurückzukehren, wo sie allerdings zu Kriegsende 1945 den neuerlichen Verlust von Land, Hab und Gut sowie ihre Vertreibung aus dem Osten des Reiches erleiden mußten.
Die Eltern meiner zukünftigen zweiten Frau waren Kolonistendeutsche und beide evangelisch. Die Eltern hatten einander in der ehemaligen Garnison Przemysl bei einem Ball kennengelernt und Elfriede wurde dort am 1. Jänner 1913 geboren. Ihr Vater Adam Frick machte nach Kriegsausbruch im Jahre 1914 alle Vormärsche und Rückzüge der ersten Armee unter General Dankl als Leutnant-Rechnungsführer des Mobilen Spitals 2/10 auf dem russischen Kriegsschauplatz mit, während seine Gattin und sein Kind nach Evakuierung der Festung Przemysl eine vorläufige Bleibe auf dem größeren Besitz der Schwiegermutter Frick und ihrer Nachkommen in Ostgalizien (Woczkowa bei Kolomea) fanden. Nach der zweiten Russeninvasion flohen Mutter und Kind über die Karpathen und durch Ungarn nach Kremsmünster zu einer Landsmännin und später zu einer verheirateten Schwester nach Posen, das damals zum Deutschen Reich gehörte. Erst 1916 kam die Familie in Wien wieder zusammen, da Vater Adam Frick aus dem Felde in die Waffenhauptfabrik Wien-Arsenal als Rechnungsbeamter versetzt wurde. Auch Elfriede wurde nach Ende ihrer Schulausbildung Staats-(Bundes)Beamtin in der Verwaltung der Bundespolizei, wo

sie vier Jahrzehnte hindurch mit Leib und Seele ihren Beamtenberuf erfüllte. Elfriedes Verlobter war aus dem 2. Weltkriege nicht zurückgekehrt, und so erlitt auch sie das Schicksal vieler Frauen ihres Alters, deren Verlobte oder Männer dem Kriege zum Opfer gefallen waren.
Als ich meinen Antrittsbesuch in Elfriedes Eigentumswohnung machte, öffnete mir eine alte Dame die Türe und ich erschrak, da ich nicht daran gedacht hatte, daß ihre Eltern noch lebten, zumal die meinen beide schon gestorben waren. Im Wohnzimmer saß ein alter Herr, hörte schlecht und ordnete eine Briefmarkensammlung. Das waren also die Eltern meiner Erwählten und sie selbst erschien zuletzt strahlend und schön gekleidet. An diesem ersten Abend unseres Wiedersehens besuchten wir eine Theatervorstellung in der Josefstadt und zelebrierten ein Abendessen; dazu gab es eine Flasche Beaujolais, aber Elfriede war dem Beispiel ihres Vaters gefolgt und hatte dem Alkohol weitgehend abgeschworen, so daß die ganze Last des Trinkens auf mir lag. Elfriede war im Begriffe, ihren Herbsturlaub in Südtirol anzutreten, aber sie versprach mir, mich an jedem Abend zu Hause anzurufen, was sie auch trotz aller Schwierigkeiten mit dem italienischen Telefonnetz tat.
Als einziges Hindernis war wieder die Verschiedenheit unseres Religionsbekenntnisses zu überwinden. Meine erste Frau war zwar auch evangelisch gewesen, aber in einer durchaus katholischen Umwelt aufgewachsen und nur ihre Mutter war anläßlich ihrer Verehelichung zum evangelischen Glauben übergetreten. Elfriede geb. Schindler ging nur zweimal des Jahres in den evangelischen Gottesdienst, nämlich am Karfreitag und anläßlich des Reformationsfestes. An allen Freitagen sah sie aber streng darauf, daß die katholischen Angehörigen der Familie das Fastengebot einhielten. Die Trauung war am 11. 7. 1937 von meinem ehemaligen Religionsprofessor Leo Maria Trapp vorgenommen worden, nachdem ich

vom erzbischöflichen Ordinariat in Wien die Dispens erwirkt hatte, eine Mischehe einzugehen; die Kinder mußten katholisch erzogen werden. Darüber wurde aber schon berichtet.

Mit Elfriede Frick war die Sache nicht so einfach, denn sie war eine überzeugte und strenge Evangelische. Wieder hatte ich die Dispens zur Schließung einer Mischehe erwirkt, die Trauung sollte von einem katholischen Geistlichen vorgenommen werden, bezüglich der Kinder gab es diesmal keine Probleme mehr. Hinzugekommen war die obligate standesamtliche Trauung, die 1937 noch nicht nötig gewesen war, und am Vormittag des 27. Dezember 1972 im Standesamt des dritten Wiener Gemeindebezirkes erfolgte. Danach gab es ein Mittagessen für das Brautpaar und deren Gäste. Es war nicht leicht gewesen, Elfriede zu einer katholischen Trauung zu überreden, aber in meiner Stellung konnte ich als Mitglied katholischer Studentenverbindungen auf Lebenszeit nicht anders handeln. Immerhin sollte die Trauung in der Kirche des Deutschen Ordens in der Singerstraße vor sich gehen und P. Bernhard, ein Sudetendeutscher, der uns trauen sollte, versprach, alles zu vermeiden, was die evangelischen Gefühle der Braut verletzen könnte. Leider war P. Bernhard am 27. Dezember 1972 verhindert und wurde von Herrn Dr. Haugk würdig vertreten. Das Manuskript seiner Brautrede überreichte er mir nach der Zeremonie, aber in meiner begreiflichen Aufregung habe ich es verloren und nicht wiedergefunden. Zum Jahrestag unserer Trauung erhielten wir von Dr. Haugk noch Glückwünsche; ein weiteres Jahr später weilte er leider nicht mehr unter den Lebenden. Nach der Trauung stellten wir uns dem Photographen, während sich die Gäste zur Hochzeitstafel ins Hotel Imperial begaben. Ein Verwandter meiner Braut, Dr. Wilhelm Frick aus Stuttgart, war ihr Trauzeuge, der meine mein Bruder Hofrat und Landesschulinspektor Eugen Hruby, der eine Ansprache hielt. Die Tafel verlief fröhlicher als die nach meiner ersten Trauung, da diesmal viel junges Volk anwesend war. Etwa um 10 Uhr abends brachte mein Sohn Michael meine angetraute Frau in ihre Wohnung und anschließend auch mich nach Hause, weil wir am nächsten Tage zeitlich morgens unsere Hochzeitsreise nach Athen antreten sollten.

Am Athener Flughafen wurden wir von unseren griechischen Freunden empfangen und in das Hotel Grand Bretagne gebracht. Wieder schlug die unübertreffliche griechische Gastfreundschaft ihre hohen Wellen. Tagsüber gab es Besichtigungen und Ausflüge, abends Festessen, die über Mitternacht hinausreichten, und als wir am Dreikönigstag 1973 wieder in Wien waren, mußte ich mich einige Tage in die Klinik von Prof. Dr. Fellinger legen, um mich zu restaurieren. Leider konnte ich deshalb an den Feierlichkeiten zum 90. Geburtstag meines Schwiegervaters nicht teilnehmen. Nach der Entlassung aus der Klinik verbrachten wir einige Zeit in Heilbrunn bei Bad Mitterndorf in der Steiermark.

Zu Hause machte sich meine Frau an die Arbeit, den devastierten Haushalt wieder in Ordnung zu bringen. Die Wirtschafterin, die sich die führende Stellung im Hause anmaßte, wurde reichlich entlohnt und entlassen. Meine Frau achtete streng auf die Einhaltung meiner Diabetikerkost, die etwas vernachlässigt worden war.

Das Medizinstudium meiner Tochter Johanna und meines älteren Sohnes Karl Martin näherte sich dem Ende. Johanna hatte zunächst Dolmetscherin werden wollen, fiel aber in Graz bei der Aufnahmsprüfung im Französischen durch, obwohl sie im Maturazeugnis eine sehr gute Note erhalten hatte, während sie die Prüfung im Italienischen bestand, obwohl sie zwar Latein, aber nie italienisch gelernt hatte. Nach diesem Mißerfolg wandte sie sich der Medizin zu und auch mein älterer Sohn Karl Martin wollte zunächst Augenarzt, später Kardiologe werden. Da meine Tochter mit dem Studium einige Zeit ausgesetzt hatte, um sich ihrer Familie zu widmen, auf meinen Rat hin aber das Studium nach einiger Zeit fortsetzte — ein Arztdiplom in der Schreibtischlade kann immer von Nutzen sein — wurden Johanna und Karl Martin am gleichen Tage, dem 18. Juni 1974, an der Wiener Universität promoviert, wobei ich die Ehre hatte, als Promotor aufzutreten. Ich hatte die lateinische Promotionsformel zu verlesen und jedem Promovenden mit Handschlag und einigen aufmunternden Worten das Diplom zu überreichen. Dr. Johanna Wiesflecker absolvierte zunächst die vorgeschriebene Ausbildung in Innerer Medizin in einer Städtischen Spitalsabteilung, dann trat sie bei Prof. Slezak zur augenärztlichen Fachausbildung in die 2. Wiener Universitäts-Augenklinik ein. Dr. Karl Martin Hruby stellte sich bei unserem Professor für Kardiologie, Dr. Kaindl, vor und erhielt den Bescheid, er müßte zunächst an einer Klinik für Innere Medizin ausgebildet werden und könnte sich dann erst dem Fach der Kardiologie speziell zuwenden. Kollege Prof. Dr. Erwin Deutsch, Vorstand der 1. Medizinischen Klinik, hatte die Freundlichkeit, meinen Sohn in die Schar seiner Mitarbeiter aufzunehmen, wo er zuletzt in der Giftinformationszentrale landete.

Dr. Karl Martin Hruby ehelichte am 23. 1. 1976 Frl. Eva W., die am 19. 6. 1980 von mir zum Doktor der gesamten Heilkunde promoviert wurde. Der sogen. „Hippokratische Eid" wird von unseren Promovenden der Medizin nicht abgelegt, die aktuelle Promotionsformel lautet völlig anders. Mein jüngster Sohn Michael Andreas wurde Musiker, ehelichte am 25. 6. 1976 Frl. Beata N., hatte das musisch-pädagogische Gymnasium in der Wiener Wasa-Gasse besucht, lernte Klavier bei Prof. Panhofer an der Musikakademie, widmete sich dem Lehrfach und mußte daher noch einen zweiten Gegenstand studieren; er wählte Geschichte. Am 24. 10. 1979 erfolgte seine Sponsion zum Magister und am 20. Oktober konnten wir dieses Ereignis im Familienkreise zusammen mit Michaels und meinem Geburtstag feiern. Magister Michael Andreas

Hruby unterrichtet Musik an einem Wiener Gymnasium, ist Mitglied eines Chores und eines Kammermusik-Trios und spielt nebenbei auch Orgel bei Sonntagsmessen und anderen kirchlichen Feiern.

Einige Zeit lang las ich sonntags in der Frühmesse der Servitenkirche die Episteln, da ich mich immer ärgerte, wenn die schönen Texte schlecht gelesen wurden. Diese Tätigkeit habe ich nach meiner letzten Krankheit aufgegeben.

An meiner Klinik konnte ich meinen Assistenten Dr. H. Schenk und Dr. Funder den Titel eines außerordentlichen Professors erwirken. Auch Herr Primarius Dr. Erich Kutschera, Vorstand der Augenabteilung am Landeskrankenhaus in Salzburg, hat diesen Titel erhalten. Zu Universitätsdozenten wurden während meiner Wiener Tätigkeit die Herren Dr. Heinrich Freyler, Dr. Hermann Kemmetmüller, Dr. Ido Egerer, Dr. Hans-Dieter Gnad und Frau Dr. Stangler-Zuschrott ernannt. Mir wurde vor meinem Abschied das große Silberne Ehrenzeichen für Verdienste um die Republik Österreich verliehen und die Österreichische, die Deutsche Ophthalmologische Gesellschaft sowie der Club Jules Gonin (Lausanne) wählten mich anläßlich ihrer Jahrestagungen 1981 bzw. 1982 zum Ehrenmitglied.

In der Gesellschaft der Ärzte berichtete ich während meiner Wiener Zeit mit meinen Mitarbeitern an einem Abend über diabetische Augenkomplikationen und deren Behandlung, an einem zweiten Abend über die Verwendung von Kunststoffimplantaten in der Augenheilkunde. Nach welchen Gesichtspunkten die Vorsitzenden für die Sitzungen der Gesellschaft der Ärzte ausgewählt werden, blieb mir ein Rätsel. Ich wurde niemals dazu aufgefordert, das Präsidium für eine Abendsitzung zu übernehmen, die Präsidenten wurden anscheinend aus einem engen Kreis ausgewählt, in den nicht jeder ordentliche Universitätsprofessor Eingang fand. Ähnlich verhielt es sich bei der Auswahl der Präsidenten der alljährlichen wissenschaftlichen Sitzungen der van Swieten-Gesellschaft.

Die Gesellschaft der Ärzte spielte früher eine große Rolle in der Wiener medizinischen Wissenschaft. Alle Neuerungen, besondere Forschungsergebnisse u. dgl. m. wurden erstmalig in der „Gesellschaft"vorgetragen und diskutiert. Die Sitzungen finden regelmäßig an Freitagabenden statt, wenn nicht gerade Studienferien eine Unterbrechung bedingen. Heutzutage gibt es zu viele Fachgesellschaften, so daß jedes Mitglied des Kollegiums nicht umhin kann, mehreren Gremien beizutreten; auf diese Weise kommen viele Kollisionen zustande, sodaß die Sitzungen der ehrwürdigen Wiener Gesellschaft der Ärzte im Billrothhaus in der Frankgasse an Glanz und Bedeutung verloren haben.

Vater Adam Frick wurde am 2. Oktober 1972 beim Überqueren des Landstraßer Gürtels von einem Auto angefahren und verletzt. Der Fahrer hätte die „Rettung" und Polizei verständigen müssen, gab jedoch der Bitte des Verletzten nach und brachte ihn zunächst zum Postamt, wo Vater Frick Zahlungen erledigen sollte; dann wollte er zu seiner Hausärztin gebracht werden, diese machte aber gerade ihre vormittäglichen Hausbesuche und war nicht anzutreffen; schließlich brachte der Fahrer den Verletzten in das „Triesterspital", wo er lange warten mußte, weil er nicht mit der „Rettung" eingeliefert worden war, und zog sich eine Erkältung zu. Nach der ärztlichen Versorgung eines Bruches des rechten Oberarmes wurde der Patient nach Hause gebracht; seine Familie hatte ihn inzwischen verzweifelt gesucht. In den folgenden Tagen traten Fieber sowie die Symptome einer Lungenentzündung auf, so daß der Kranke wieder ins Spital gebracht werden und dort einige Tage verbringen mußte. Da man bei dem alten Patienten auf eine exakte Heilung des Knochenbruchs keinen übertriebenen Wert legte, „heilte" die Fraktur schließlich mit einer erträglichen Verschiebung der Knochenfragmente und der Patient konnte mit Mühe und Selbstdisziplin auch wieder schreiben.

Vater Frick litt seit Jahren an einem Leistenbruch, der angesichts seines damaligen hohen Alters nicht operiert worden war, obwohl dies meines Erachtens möglich gewesen wäre. Vor den Sommerferien 1974 traten abdominelle Beschwerden auf, so daß ich — es war ein Feiertag — den „Notarzt" herbeirief und ein Bett in der 1. Chirurgischen Universitätsklinik beschaffte. Dort schlugen die Kollegen zunächst eine Operation vor, es folgte aber das Wochenende, der Zustand des Patienten besserte sich und die Operation unterblieb. Zur weiteren Beobachtung nahm ich meinen Schwiegervater in *meine* Klinik auf, wo er ein Zimmer mit einem katholischen Prälaten teilte, bei dem ich eine Hornhautüberpflanzung ausgeführt hatte. Die beiden alten Herren unterhielten sich recht gut und Vater Frick meinte schließlich, es gäbe auch unter den Katholiken ordentliche Leute. Meine Frau und ich verbrachten unseren Sommerurlaub zunächst in Baden bei Wien, um zur Stelle zu sein, wenn sich der Zustand des Patienten wieder verschlechtern sollte. Das war aber nicht der Fall und so reisten wir schließlich nach Hove bei Brighton in England, um im Sprachinstitut „Inlingua" unsere Englischkenntnisse zu verbessern.

Während der Karwoche des Jahres 1975 verbrachten meine Frau und ich einige Urlaubstage in der Ramsau am Dachstein. Da erreichte uns die telefonische Nachricht, die abdominellen Beschwerden meines Schwiegervaters hätten sich so verschlechtert, daß er in moribundem Zustand in die chirurgische Abteilung des Rudolfsspitales (Vorstand: Prof. Kyrle) eingeliefert werden mußte. Nach einer kurzen Erholungspause verschied er frühmorgens am 4. 4. 1975 im 93. Lebensjahr. Eine Obduktion wurde nicht durchgeführt, ich vermute einen Ivaginations-Ileus als Ursache des letalen Ausgangs.

Das Schicksal meines Schwiegervaters erinnert mich an einen Patienten, der seit Jahren herzleidend war und daher nicht operiert wurde, als eines seiner Augen an einer Netzhautablösung erkrankte und erblindete; er hätte ja noch ein zweites Auge, meinte der konsultierte Augenarzt, eine Kapazität auf dem Gebiete der Netzhautablösung. Jahre später trat auch im Partnerauge eine Netzhautablösung auf und der Patient wurde in einem Privatspital erfolglos operiert. Als ich als „Feuerwehr" zugezogen wurde und den Patienten zu Hause besuchte, riet ich zu einer zweiten Operation, nahm den Patienten in meine Klinik auf und führte die schwierige Operation durch. Obwohl der Patient infolge seiner kardial bedingten Atemnot alles tat, was ein Patient nach der Operation einer Netzhautablösung nicht tun darf, war der Eingriff erfolgreich. Später habe ich dem Patienten noch den Grauen Star operiert, der sich allmählich entwickelt hatte, und er konnte bis zu seinem Ende genügend sehen. Ich habe mich immer dagegen gesträubt, einen Menschen blind sterben zu lassen, wenn die augenärztliche Behandlung oder eine Operation nicht völlig aussichtslos waren.

Mutter Christine Frick verblieb zunächst als Witwe allein in der Wohnung meiner Frau. Die Urlaubsmonate Juli und August verbrachte sie während unserer Abwesenheit in einem Heim in der Hinterbrühl. Im Jahre 1979 erkrankte sie knapp vor unserer Urlaubsreise an einer Gürtelrose (Zoster) im Bereiche der rechten Schulter und wurde von uns in die Universitätsklinik für Hautkrankheiten (Vorstand: Prof. Dr. J. Tappeiner) gebracht. Nach drei Wochen konnte sie von der Heimleiterin wieder zurückgeholt werden. Nach Ende unseres Urlaubes entschlossen wir uns, die alte Dame in unsere gemeinsame Wohnung in der Berggasse aufzunehmen, wo sie sich in Gesellschaft ihrer Tochter recht wohl fühlte. Im September d. J. begleitete mich meine Gattin wie üblich zur Tagung der Deutschen Ophthalmologischen Gesellschaft in Heidelberg, und als wir zurückkehrten, hatte sich der Gesundheitszustand der alten Dame unerwartet verschlechtert, so daß im Einvernehmen mit der Hausärztin eine stationäre Behandlung in der 2. Medizinischen Universitätsklinik (Vorstand: Prof. Dr. Georg Geyer) eingeleitet wurde. Sobald ihr Zustand es zuließ, kehrte sie zu uns zurück. Es konnte aber kein Zweifel darüber bestehen, daß sie allmählich ihrem Ende entgegenging. Durch die aufopfernde Pflege meiner Frau und einer zusätzlichen Pflegerin konnten wir die Patientin noch 8 Monate lang in unserem Heim behalten. Da vor den Pfingstfeiertagen 1980 eine sichtliche Schwäche eingetreten war, sagte meine Frau ihre Begleitung zu einem Kongreß in Posen ab und die Patientin wurde wieder in die oben genannte Klinik eingeliefert, wo sie am 24. Mai 1980 im 89. Lebensjahr verschied.

In meiner Klinik ließ die Disziplin sichtlich nach, als meine vorzeitige Emeritierung mit 28. Feburar 1981 bewilligt worden war. Am letzten Tage, einem Samstag, bat ich eine meiner drei Sekretärinnen zum Diktat und erhielt die Antwort, sie wäre nicht im Dienst. „Wenn ich alles das, was ich während meines Lebens ‚außer Dienst' getan habe, nicht getan hätte, wäre viel nicht getan worden" war meine Antwort. Vormittags fand eine Abschiedsfeier mit allen meinen Mitarbeitern statt, abends gab ich für meine ärztlichen Kollegen ein feierliches Abschiedsessen im Hotel „Imperial".

XVIII. Kapitel:
Der Arzt als Patient

Ärzte, so sagt man, sind schlechte Patienten. Was mich betrifft, habe ich mich immer bemüht, meinen Kollegen, die mich als Patienten behandelten, das Leben nicht schwerer zu machen, als es der Lage nach unbedingt nötig war.

Über meine erste bemerkenswerte Bekanntschaft mit der ärztlichen Kunst habe ich in einem früheren Kapitel bereits andeutungsweise berichtet. Dem wäre noch einiges hinzuzufügen. Meine Mutter hatte mich damals — ich besuchte die 2. Klasse der „Deutschen Mittelschule" — im Kinderspital abgeliefert und ich sah der angekündigten Appendektomie gefaßt entgegen. In Sammlungen medizinischer Anekdoten wird nicht selten behauptet, es würden zu viele Wurmfortsätze, im Volksmund als „Blinddarm" bezeichnet, aus dem Bauch geschnitten. Als Augenarzt kann ich diesbezüglich kein verbindliches Urteil abgeben. Nachdem ich in die übliche häßliche Spitalsuniform gesteckt worden war, erhielt ich von einer Schwester den Auftrag, kleinere Patienten mit Spinat zu füttern. Diese Tätigkeit hatte zur Folge, daß die Gesichter der kleinen Patienten, ihre Hemdchen und das Bettzeug grün verfärbt wurden. Die Schwester war mit dem Erfolg meiner Verpflegungsaktion nicht ganz zufrieden und ich erhielt keinen weiteren Auftrag ähnlicher Art.

Am folgenden Morgen wurde ich mit meinem Bett in den Operationssaal gefahren und hörte, wie der Operateur dem Narkotiseur eine Inhalationsnarkose mit einem Gemisch von Alkohol und Chloroform empfahl. Damals wußte ich noch nicht, daß Chloroform ein scheußliches Gift ist, das lehrte mich erst viele Jahre später mein Professor für Pharmakologie, Dr. P. Pick. Der Alkohol war mir schon eher vertraut. Nun wurde mir die Narkosemaske über Mund und Nase gestülpt und ich wurde aufgefordert zu zählen. Es dauerte nicht lange, da trat in meinem Kopf ein dröhnendes Sausen auf, wie ich es später in Flugzeugen kennen lernte; das Sausen nahm zu und schließlich schlug eine Woge über mir zusammen und mein Bewußtsein war ausgelöscht.

Als ich erwachte, lag ich in einem Gitterbett, neben mir stand eine Schwester, die mich maßlos beschimpfte, weil ich im berauschten Zustande aus dem Bett gestiegen und im Zimmer spazieren gegangen war. Das nächste Mal würde man mich ohne Narkose operieren, drohte die Gute. Tatsächlich wäre es Aufgabe der Schwester gewesen, mich zu überwachen, bis ich aus der Narkose erwacht und wieder völlig bei Sinnen war. Nun, ich ließ die Schimpfkanonade über mich ergehen und verließ nach einigen Tagen „geheilt" das Spital. Um auch für die Schule einigen Nutzen aus der Operation zu ziehen, entzog ich mich, so lange es anging, dem Turnunterricht.

Im Spätherbst 1942 erkrankte ich in Prag an einer linksseitigen basalen exsudativen Rippenfellentzündung (Pleuritis) und wurde in die Medizinische Universitätsklinik (Prof. Dr. Rühl) eingeliefert. Da ein Tuberkulin-Hauttest positiv ausfiel, vermutete man eine tuberkulöse Erkrankung, was sich später als Fehldiagnose herausstellte. Nach der Spitalsentlassung verbrachte ich mit meiner Frau einen kurzen Erholungsurlaub bei ihrem Onkel Johann Dorn in Wolfsthal bei Hainburg a. d. Donau, wo sie später unser erstes Kind zur Welt bringen sollte. Die Zeit der Rekonvaleszenz benützte ich zur Niederschrift eines Skriptums für Prüfungskandidaten der Augenheilkunde. Das Manuskript wurde nach der Rückkehr nach Prag vervielfältigt und fand reißenden Absatz. Der Erlös wurde allerdings vom Laboranten, der den Vertrieb übernommen hatte, veruntreut. Immerhin bildete dieses Skriptum die Grundlage für mein später erschienenes Lehrbuch, dessen erste Auflage unter dem Titel „Die bedrohlichen Erkrankungen und Verletzungen des Auges" 1961 bei Urban &

Schwarzenberg, München, erschienen ist. Die 5., erweiterte Auflage, erschien 1979.

Graz und Prag sind in einem Kessel gelegene Städte mit schlechtem Luftaustausch und haben kein gutes Klima. Mein älterer Sohn litt in Graz an Anfällen eines Bronchialasthmas und erkrankte 1960 trotz Impfung an Kinderlähmung, die ihn ein Schuljahr kostete und eine irreparable Schwäche seines rechten Beines zur Folge hatte. Bei mir begann mit der oben erwähnten Rippenfellentzündung eine Kette von rezidivierenden „rheumatischen" exsudativen Entzündungen des Rippenfells, später trat eine exsudative Herzbeutelentzündung (Pericarditis) auf sowie eine Entzündung des Herzmuskels (Myocarditis); nur die innere Herzhaut, das Endokard, mit den Herzklappen blieb verschont. Jede dieser wiederholten Attacken war mit Schmerzen, Herz- und Kreislaufstörungen, stark erhöhter Senkungsgeschwindigkeit der roten Blutkörperchen und langen Spitalsaufenthalten verbunden. Als im Verlauf dieser Rezidive eine Pause eingetreten war, die an ein Ende der Erkrankung denken ließ, wurde ich zur Kur nach Karlsbad geschickt. Es war wie eine neue Welt, als ich nach Monaten Prag verlassen und mit der Bahn nach Karlsbad fahren durfte. Mitten in dieser freudigen Stimmung trat wieder ein Rezidiv mit starker Mitbeteiligung des Herzens auf, so daß ich in das Karlsbader Krankenhaus eingeliefert werden mußte, dessen Primarius sich sehr um mich bemühte. Ich hatte die Hoffnung auf Genesung fast aufgegeben und begann mich mit meinem vermutlich bevorstehenden Tod auseinanderzusetzen. Abends hatte ich Angst einzuschlafen, da ich befürchtete, nicht mehr aufzuwachen. Da ein Herdgeschehen zu vermuten war, hatte ich mich in der Prager Klinik einer Mandeloperation unterzogen, die von Kollegen Dr. Link von der Universitätsklinik für Hals-, Nasen- und Ohrenleiden ausgeführt wurde. In Karlsbad gingen wir nun daran, alle toten Zähne als mögliche Streuherde des

„rheumatischen" Geschehens zu entfernen. Eine Zahnärztin kam zu mir ins Krankenhaus und vollführte das vorgesehene Werk. Dabei brachen am linken Unterkiefer Alveolarwände ein und es entstanden Knochensequester, die unter heftigen Schmerzen langsam abgestoßen wurden. Nachdem ich mich einigermaßen erholt hatte, verließ ich das Krankenhaus und mietete mich mit meiner Frau in einem Hotel ein. Da ich mich einer Bahnreise nicht gewachsen fühlte, wurde ich schließlich mit einem Krankenwagen zurück nach Prag in meine Wohnung gebracht, wo ich mich endgültig zu erholen hoffte.

Da die entscheidende Besserung nicht eintrat und ich in den Verdacht geriet, meine Erkrankung absichtlich in die Länge zu ziehen, um dem Wehrdienst zu entgehen, ließ ich mich nochmals in die Medizinische Klinik aufnehmen; kurz vor meiner Aufnahme war in meinem Bett ein junger Mann einer Herzklappenentzündung (Endocarditis lenta) erlegen. Allmählich besserte sich mein Gesundheitszustand so weit, daß ich die im gleichen Gebäude befindliche Augenklinik besuchen und meine Arbeiten in zunehmendem Maße wieder aufnehmen konnte. Schließlich durfte ich auch wieder in meine Wohnung zurückkehren.

Indessen ging der Krieg offenkundig dem Ende entgegen, und um den voraussehbaren körperlichen Belastungen gewachsen zu sein, unterzog ich mich einer Digitalisierung, um mein Herz zu kräftigen. Als ich zu Kriegsende, wie bereits berichtet, in Haft genommen wurde, war ich tatsächlich imstande, die seelischen und körperlichen Belastungen, die ich durchzustehen hatte, zu verkraften.

Unter unseren Patientinnen der Klinik Lindner befand sich eine Dame, die wegen einer Netzhautablösung mit Erfolg operiert worden war. Als Inhaberin eines Autobusunternehmens stellte sie uns einen Reisebus für einen Sonntagsausflug zur Verfügung. Wir fuhren mit unserem Chef in die

Wachau bis Dürnstein, wo wir das Mittagessen einnahmen und Wachauer Weine verkosteten, wobei einige Kollegen die zuträgliche Dosis sichtlich überschritten. Vor der Rückfahrt lief ich einen Wiesenhang zum Donauufer hinunter, dabei verstauchte ich mir den rechten Fußknöchel und konnte nicht mehr auftreten. Ein Kollege trug mich Huckepack zum Autobus und wir fuhren in Wien zunächst in die 1. Unfallstation des Allgemeinen Krankenhauses, um eine Röntgenuntersuchung durchzuführen. Dabei zeigte sich, daß nur das Seitenband des rechten Fußknöchels gezerrt worden war, aber keine Knochenfraktur bestand. Ich wurde angewiesen, einige Tage zu Hause liegen zu bleiben, Umschläge zu machen und die bestehende Schwellung abklingen zu lassen. Danach erhielt ich einen Zinkleimverband und konnte mich humpelnd bewegen und meinen Dienst wieder aufnehmen. Das Gehen mit Hilfe eines Stockes war ziemlich schmerzhaft und die Sache dauerte länger als ich gedacht hatte; schließlich war aber alles wieder in Ordnung.

Die nächste ernste Erkrankung erlitt ich während meiner Grazer Tätigkeit. Im Juni des Jahres 1961 hatte ich einen arbeitsreichen Tag sowie eine Sitzung des Kollegiums hinter mir, als ich spät abends erschöpft nach Hause kam; gleichzeitig entlud sich ein heftiges Gewitter über der Stadt und am folgenden Tage sollte die verstorbene Kollegin, Frau Prof. v. Zawisch (Histologie), bestattet werden. Als ich am nächsten Morgen aufgestanden war, packte mich ein heftiger Drehschwindel mit Doppelbildern und Erbrechen, so daß ich das Bett wieder aufsuchen mußte. Der Zustand war nur erträglich, wenn ich im Liegen meinen Kopf völlig gerade hielt, bei jeder Wendung traten wieder Schwindel, Erbrechen und Doppelbilder auf, so daß ich die Augen am liebsten geschlossen hielt. Meine Frau bat die Gattin meines Assistenten Doz. Dr. Hofmann, die Fachärztin für Innere Medizin war, an mein Bett; sie diagnostizierte ein Zervikalsyndrom. Die den hinteren Gehirnteil versorgenden Arterien durchlaufen die obersten Halswirbel in einigen Krümmungen; wenn die Halswirbel im vorgerückten Lebensalter Exostosen (Auswüchse) bekommen und die Blutgefäße dadurch irritiert werden, treten die erwähnten Symptome auf. Frau Dr. Hofmann verordnete mir wirksame Medikamente, als Angehöriger des Kollegiums konnte ich aber die zuständigen Professoren nicht übergehen und so ließ ich auch die Herren Professoren Dr. K. Gotsch (innere Medizin) und H. Bertha (Neurologie) zu mir bitten, die nach meiner Untersuchung und einer kurzen Besprechung zur Aufnahme in die Medizinische Klinik rieten, wo ich sechs Wochen verblieb. Nach der Entlassung aus der Klinik sollte ich einen mehrwöchigen Urlaub in Strobl am Wolfgangsee verbringen. Da ich selbst noch nicht fähig war, einen Wagen zu lenken, mietete ich einen Opel-Kapitän für mich und meine Frau, die übrigen Mitglieder meiner Familie wurden von einer zweiten Lenkerin in meinem Wagen gefahren. In Strobl war der Schwindel noch immer nicht völlig vergangen, ich konnte aber Spaziergänge unternehmen und mein Auto über kurze Strecken selbst steuern. Zu Ende des Urlaubs legten wir die Heimfahrt in zwei Etappen zurück und verbrachten eine Nacht in Rottenmann. Zu Beginn des Studienjahres 1961/62 war ich so weit wiederhergestellt, daß ich das Amt des Dekans, zu dem ich vor meiner Erkrankung gewählt worden war, übernehmen konnte.

Nach einer Reise nach Israel im Herbst 1967, wo ich an einem Symposium über Glaukomprobleme teilgenommen hatte, wurde ich von heftigem Durst geplagt. Zu dieser Tagung war ich neben anderen ausländischen Kollegen eingeladen worden und hatte meine beiden Söhne mitgenommen. Die Tagung fand in Haifa statt, wo wir im Hotel „Dan Karmel" untergebracht wurden. Das Hafenpanorama, das sich beim Blick vom Karmel unter uns bot, war faszinierend. Weitere Einzelheiten über diese Reise sollen in einem späteren Kapitel erzählt werden. Das erwähnte Durstgefühl hätte mich bei jedem Patienten an einen Diabetes denken lassen, nicht aber bei mir, denn sich selbst gegenüber ist man als Arzt nicht objektiv. Mein Assistent Dr. Kutschera schlug eine Untersuchung des Blutzuckerspiegels vor; tatsächlich überschritt er 200 mg%; etwa 100 mg% entsprechen der Norm. Damit war die Diagnose eines Diabetes gesichert und nach einer Besprechung mit einem Kollegen von der 2. Medizinischen Klinik wurde ich auf Diabetikerdiät gesetzt. Der Blutzuckerspiegel ließ sich tatsächlich diätetisch normalisieren und ich brauchte lange Zeit keine Medikamente. Da ein Diabetes bekanntlich unheilbar ist und sich in der Regel allmählich verschlechtert, mußte ich später regelmäßig antidiabetische Medikamente nehmen, aber Augenkomplikationen, die in der Regel nach etwa zehnjähriger Dauer der Erkrankung auftreten, wurden bisher nicht festgestellt. Die letzte gründliche Augenuntersuchung hat meine Tochter ausgeführt, danach hatte ich heftige Kopfschmerzen und da kam mir erst so recht zu Bewußtsein, was wir Augenärzte unseren Patienten manchmal zumuten, wenn es auch kaum zu vermeiden ist. Nebenbei möchte ich noch erwähnen, daß die Direktion des Allgemeinen Krankenhauses in regelmäßigen Abständen ärztliche Atteste von mir verlangte, aus denen hervorging, daß ich mittags in der Klinik nach wie vor Diabetikerkost nötig hätte.

Im Spätherbst des Jahres 1969 packte mich morgens bei der Frühtoilette ein Schwindel, so daß ich zu Boden stürzte, ohne das Bewußtsein zu verlieren oder eine Verletzung zu erleiden. Immerhin fühlte ich mich dem Tagesbetrieb in Klinik und Praxis nicht gewachsen und ließ mich zwecks genauerer Untersuchung in die 2. Medizinische Universitätsklinik (Prof. Dr. K. Fellinger) aufnehmen. Dort wurde mein Blutzuckerspiegel geprüft, der Kreislauf behandelt, physikalische Therapie (Turnen, Massage) betrieben und so mein Gesundheitszustand wieder gebessert. Kollege Fellinger fragte mich, ob ich anschließend einen Erholungsurlaub in den Bergen oder am Meer verbringen möchte. Ich zog das Meer vor, und da es schon spät im Herbst war, mußte man einen weit im Süden gelegenen Urlaubsort ins Auge fassen. Wir entschlossen uns für die Kanarischen Inseln und zusammen mit meinem Schwiegersohn buchten wir ein Zimmer in einem guten Hotel auf der Hauptinsel Gran Canaria. Der Anflug erfolgte über Frankfurt am Main, wo wir in ein Flugzeug der spanischen Linie „Iberia" umstiegen und nach einer Zwischenlandung in Genf schließlich in Las Palmas eintrafen. Dort verbrachten wir zwei Wochen bei mildem Wetter, fuhren mit einem Mietauto kreuz und quer über die subtropische Insel bis hinauf ins nebelumhangene Gebirge, besuchten Tiergarten und Museum, kauften uns spanische Hüte und kehrten vor Eintreffen des großen Fremdenstromes zur Weihnachtssaison wieder in die Heimat zurück.

Meine Frau behauptet, ich gehöre dem pyknischen Konstitutionstyp nach Kretschmer an; dieser Typ hat einen zyklothymen Charakter, d. h. manische und depressive Phasen wechseln miteinander ab, was für mich tatsächlich zutrifft. Es gibt Phasen, in denen ich eine lebhafte Aktivität entwickle, und Phasen mit Verstimmung und Antriebslosigkeit. Mit zunehmenden Lebensalter hat sich dieser Phasenwechsel deutlich verstärkt. Die Weihnachtsferien 1979/80 verbrachte ich mit meiner Frau und deren Mutter in einem Hotel in Baden und ich war mit dringenden schriftlichen Arbeiten beschäftigt, die mir keine Freude bereiteten. Nach den Ferientagen begann ich wieder meine Tätigkeit in der Klinik und Ordination, nahm auch Operationen vor und hoffte, bald wieder in Schwung zu kommen. Aber am Vormittag des dritten Arbeitstages fühlte ich mich nicht wohl und bat einen meiner Assistenten, meinen Blutdruck zu messen und ein Elektrokardiogramm abzuleiten; ein Kollege von der 2. Medizinischen Klinik wurde zum Konsilium gebeten. Er verabreichte mir eine herz- und kreislaufstützende intravenöse Infusion, der Blutzuckerspiegel wurde geprüft und insgesamt ein befriedigender somatischer Zustand festgestellt. Trotzdem litt ich unter einer starken psychischen Verstimmung mit Antriebslosigkeit, Schweißausbrüchen, Trockenheit im Mund, Angstgefühlen und somit allen Anzeichen einer depressiven Verstimmung, wie ich sie in solchem Grade bisher nie erlebt hatte. Der psychiatrische Kollege Prof. Arnold verordnete intravenöse Infusionen des Antidepressivums Noveril und einige zusätzliche Medikamente ähnlicher Wirkung. Ich war sofort bereit, dem Rate der Kollegen zu folgen und mich zur Behandlung in *meine* Klinik aufnehmen zu lassen. Unter der antidepressiven Behandlung erholte ich mich allmählich, am somatischen Zustand war weiterhin nichts auszusetzen und mit einem Abklingen der Depression innerhalb von zwei bis drei Wochen konnte man rechnen. Dies war deshalb von Bedeutung, weil mich die „Society of Eye Surgeons", eine Hilfsorganisation für die augenärztliche Betreuung unterentwickelter Länder, als „guest of honour" zu einer Tagung in Nairobi eingeladen hatte, der ein kurzer Besuch in Kairo vorausgehen sollte. Der Abflug war für Freitag, den 25. Jänner, vorgesehen. Im Laufe der dritten Woche meiner Erkrankung durfte ich bereits Spaziergänge unternehmen, zuletzt solche von einer Stunde Dauer, um mich für die bevorstehende Afrikareise fit zu machen. Weiterhin durfte ich einige Nachmittagsstunden zu Hause verbringen und meine Stimmung mit Schallplattenmusik aufheitern. Die letzte Nacht vor dem Abflug über Athen nach Kairo verbrachte ich zu Hause. Vorbeugend ließ ich mich von einem Assistenten begleiten, der meinen Gesundheitszustand überwachen sollte, vor allem den arteriellen Blutdruck, der mehrmals täglich gemessen wurde. Die Reise verlief gut, mein Vortrag anläßlich eines Kongresses in Nairobi (Kenia) ging glatt über die Bühne

und anschließend nahm ich noch an einer Safari teil, über deren Verlauf später berichtet werden wird.
Am 10. Februar 1980 kehrte ich von Kenia via Zürich nach Wien zurück und nahm meine Tätigkeit wieder auf. Immerhin beschäftigte mich aber von da ab der Gedanke, um vorzeitige Emeritierung vor Vollendung des 70. Lebensjahres anzusuchen. Nach Vollendung des 65. Lebensjahres können Universitätsprofessoren mit 80% der letzten Bezüge in den Ruhestand treten, später ist eine vorzeitige Emeritierung möglich. Da ich frühzeitig Ordinarius geworden war und den Plafond des Gehaltsschemas längst erreicht hatte und dazu auch noch Alterszulagen bezog, konnte ich auch bei vorzeitiger Emeritierung einen vollen Ruhegenuß erwarten. So entschloß ich mich, nach Beginn des Studienjahres *1980/81* mein Gesuch um vorzeitige Emeritierung einzureichen; als Begründung führte ich meinen Gesundheitszustand und die bevorstehende Vollendung des 68. Lebensjahres an. Da ich im Oktober 1912 geboren wurde, hätte ich bei normaler Emeritierung bis zu Beginn des Studienjahres 1983/84 im Dienste verbleiben müssen.
Mein Gesuch wurde beim Dekanat eingereicht und an das Ministerium für Wissenschaft und Forschung weitergeleitet. Ein ärztliches Gutachten über meinen Gesundheitszustand von einem Kollegen, der dem Professorenkollegium nicht angehörte, mußte beigelegt werden. Mir wurde zur Wahl gestellt, die Klinik mit Ende des Kalenderjahres 1980 oder zu Ende Februar 1981 zu verlassen; ich wählte den zweiten Termin. Zum provisorischen Leiter der Klinik wurde a. o. Prof. Dr. H. Schenk bestellt. Meine Privatordination übergab ich Ende April 1981 meiner Tochter und zog mich anfangs Mai mit meiner Frau in den Seniorensitz Schloß Liechtenstein zurück. Von hier aus kann ich mit dem Auto leicht Wien erreichen, meine Kinder und Enkel oder Opern und- Theatervorstellungen besuchen und im übrigen vorwiegend das tun,

was mir behagt. Mit Vorliebe befasse ich mich mit wissenschaftlichen Fragen und führe eine umfangreiche Korrespondenz.

Der Posten eines Vorstandes der 1. Universitäts-Augenklinik in Wien wurde dem neuen Universitäts-Organisationsgesetz gemäß ausgeschrieben und als letzter Einreichungstermin der Gesuche Ende August 1981 festgesetzt. 16 Bewerber reichten ihre Gesuche ein, darunter sieben Ausländer. Den Bestimmungen des UOG entsprechend wurde eine Besetzungskommission gebildet, der ich mit beratender Stimme angehörte. Die erste Sitzung der Besetzungskommission war nicht beschlußfähig, da nicht genügend Mitglieder erschienen waren. In der zweiten Sitzung wurde über die Kandidaten beraten und beschlossen, Besetzungsvorschläge von Ordinarien aus dem Deutschen Sprachraum einzuholen. Bei der 3. Sitzung wurde schließlich nach langer Debatte ein Dreiervorschlag erarbeitet. Von dem an zweiter Stelle gereihten Kandidaten erhielt ich, obwohl ich an der Abstimmung nicht teilnehmen durfte, einen sehr unfreundlichen Brief, dessen Inhalt ich dem Herrn Dekan zur Kenntnis brachte; eine Antwort ist ausgeblieben. Obwohl die Mitglieder von Kollegialorganen lt. § 21/4 des UOG zur Wahrung des Amtsgeheimnisses (Art. 20, Abs. 2 Bundesverfassungsgesetz) verpflichtet sind, teilte mir der Verfasser des oben erwähnten Briefes ausdrücklich mit, seine Freunde hätten ihn über meine Ausführungen in der letzten Kommissionssitzung verläßlich unterrichtet. Außerdem hatten von 32 in- und ausländischen (deutschen, schweizer, französischen, holländischen und U. S.-amerikanischen) Ordinarien nur ein einziger den beleidigten Kandidaten primo loco (an erste Stelle) gesetzt. Schließlich wurde mein ehemaliger Oberarzt Univ.-Dozent Dr. Heinrich Freyler mit Beginn des Wintersemesters 1982/83 zu meinem Nachfolger bestellt.

XIX. Kapitel:
Reisen, Einladungen, Kongresse, Vorträge

Mit der Zunahme der Zahl medizinischer Fachgesellschaften hat auch die Zahl der Kongresse, Fortbildungskurse und Symposien zugenommen. Der moderne Flugverkehr gestattet es, Kongresse in fernen Ländern zu besuchen, ohne durch die An- und Heimreise zu viel Zeit zu verlieren. Der Nutzen, seine fachlichen Kenntnisse durch Kongreßbesuche zu vermehren, darf nicht überschätzt werden. Wertvoll sind Vorstellungen und Vorträge aufstrebender junger Fachkollegen und das Zusammentreffen und persönliche Gespräche mit bekannten Fachgelehrten; solche Unterhaltungen können sehr nützlich sein. Die Internationalen Kongresse haben allerdings Dimensionen angenommen, daß die Redezeit für Vorträge auf wenige Minuten beschränkt werden muß; Parallelsitzungen in verschiedenen Sitzungssälen sind unvermeidlich geworden, das gesprochene Wort muß oft durch „wissenschaftliche Ausstellungen" ersetzt werden. Es ist kaum möglich, einen bestimmten Kollegen zu finden. Die Drucklegung der Kongreßvorträge in voluminösen Berichten ist kostspielig und zu einem finanziellen Problem geworden; wenn der gedruckte Bericht erscheint, können manche Dinge schon überholt sein. Vorträge in Kongreßberichten gehen in der Fachliteratur gewöhnlich unter. Trotz aller Bemühungen, mittels Simultanübersetzungen die wichtigen Kultursprachen benützen zu können, hat sich das Englische als internationale Kongreßsprache durchgesetzt. Im Sommer 1981 besuchte ich in Erlangen ein Symposium über die Anatomie des Kammerwinkels anläßlich des 60. Geburtstages von Univ. Prof. Dr. Rohen, dessen seinerzeitige Berufung nach Wien leider durch Intrigen vereitelt wurde. Die Kongreßsprache war ausschließlich Englisch. Die „Association for Eye Research" mit dem Sitz in Bonn korrespondiert und bedient sich bei ihren Tagungen ebenfalls ausschließlich der englischen Sprache. Die Beherrschung des Englischen durch die mittlere und jüngere deutsche Generation ist erstaunlich perfekt, und Bemühungen, der deutschen Sprache ihre frühere Bedeutung in der Wissenschaft zurückzugewinnen, erscheinen mir aussichtslos. Nur die Franzosen beharren auf dem Gebrauch ihrer Sprache bei internationalen Tagungen, und selbst jene französischen Kollegen, die die deutsche Sprache gut beherrschen, machen im Gespräch mit deutschsprachigen Fachkollegen kaum Gebrauch davon. Wenn man das Französische nicht gut genug beherrscht, brechen sie das unterhaltende Gespräch kurzer Hand ab und gehen ihrer Wege.

1863 wurde die „Heidelberger Ophthalmologische Gesellschaft" als erste fachärztliche Vereinigung in der Geschichte der Medizin gegründet und 1920 in „Deutsche Ophthalmologische Gesellschaft" umbenannt. Wir Österreicher haben zwar unsere „Ophthalmologische Gesellschaft in Wien", im übrigen besuchen die österreichischen Fachkollegen aber regelmäßig die Jahrestagungen der Deutschen Ophthalmologischen Gesellschaft, die früher ausschließlich in Heidelberg tagte. Die Verbindung mit den deutschen Kollegen war so eng, daß mein Lehrer Prof. Lindner 1956 sogar zum Präsidenten der Gesellschaft gewählt wurde. Erst 1959 wurde eine „Österreichische Ophthalmologische Gesellschaft" gegründet, deren jährliche Tagungen in verschiedenen Bundesländern stattfinden. Anlaß für die österreichische Gründung war die Notwendigkeit, dem „Internationalen Rat" der Augenärzte anzugehören und dort einen Vertreter mit Sitz und Stimme zu haben.

Die Jahrestagung der Deutschen Ophthalmologischen Gesellschaft besuchte ich erstmalig von Prag aus im Jahre 1940 in Dresden und berichtete über die Ergebnisse der chirurgischen Behandlung der Netzhautablösung, die in den vorhergehenden Jahren an der Klinik Lindner in Wien erzielt worden waren. Dresden war damals noch eine unversehrte Stadt und ich konnte sie in all ihrer Schönheit erleben. Als ich Dresden nach dem Kriege wieder sah, nachdem mich Herr Prof. K. Velhagen (Berlin) zu einer Tagung der Augenärzte der DDR und zu einem Fortbildungsvortrag über die Bedeutung der Glaskörperuntersuchung für die chirurgische Behandlung der Netzhautablösung eingeladen hatte, war das weitflächige Areal zwischen Bahnhof und dem elbenahen, erhaltenen Stadtteil ein von wildem Pflanzenwuchs überwuchertes Ruinenfeld. Im Boden liegen Hekatomben von Leichen jener Flüchtlinge aus dem Osten, die bei dem berüchtigten großen Bombardement ihr Leben verloren haben. Von der berühmten Dresdner Oper standen nur die Außenmauern als bizarre Ruine. Im Stadttheater wurde die Oper „Alexander der Große" von Händel aufgeführt. Auch einige tschechische Kollegen waren zu dieser Tagung gekommen, sie hatten aber, wie dies bei den Oststaaten üblich ist, ihre Visa erst kurz vor der Abreise erhalten und durften keine Familienangehörigen mitnehmen.

Die Jahrestagungen der Österreichischen Ophthalmologischen Gesellschaft regelmäßig zu besuchen und einen Vortrag zu halten, war Ehrenpflicht, die Tagungen der Deutschen Ophthalmologischen Gesellschaft zu besuchen, gehörte seit vielen Jahren zur Tradition aller namhaften österreichischen Ophthalmologen, die zu einem Großteil Mitglieder der Deutschen Gesellschaft sind und vice versa. Während der letzten Jahre hat es sich eingebürgert, die Tagungen der DOG alternierend in Heidelberg und in einer anderen Universitätsstadt abzuhalten, gewöhnlich dort, wo der jeweilige Vorsitzende Ordinarius war (Berlin, Düsseldorf, Essen, Kiel, München).

Die Tagungen der französischen ophthalmologischen Gesellschaft besuchte ich selten, obwohl ich deren Mitglied bin, weil ich die französische Sprache nicht gut beherrsche. Die Kollegen der DDR haben mich, wie bereits erwähnt, einmal nach Dresden und 1980 nach Potsdam zu Tagungen eingeladen, die griechischen Kollegen laden regelmäßig ein. Der Club Jules Gonin mit dem Hauptsitz in Lausanne beschäftigt sich mit Problemen des Glaskörpers, der Netzhaut und der Aderhaut und tagt abwechselnd in Schweizer Orten oder im Ausland. Die Association of Eye Research (Sekretariat in Bonn) hat keinen fixen Tagungsort. Im Herbst 1967 wurde ich von israelischen Kollegen zu einer Tagung nach Haifa eingeladen.

Der erste *Internationale Kongreß* nach dem 2. Weltkrieg fand 1950 in London statt. Damals fuhr ich noch ausschließlich mit der Bahn, die Überquerung des Kanals von Calais nach Folkstone brachte mich an den Rand der Seekrankheit. Ich zeigte einige mit Hilfe der Hruby-Linse *) entdeckte Befunde im hinteren Augenabschnitt. Der zweite internationale Kongreß wurde 1954 in New York abgehalten. Diese Flugreise von Wien nach New York war zu jener Zeit noch diffizil. Zunächst wurde man mit dem Zubringerbus zum amerikanischen Flughafen in Tulln-Langenlebarn gebracht und flog mit einer kleinen Propellermaschine nach Brüssel; die nächste Landung mit einem größeren Propellerflugzeug erfolgte in Shannon an der irischen Westküste. Nach Überquerung des Atlantik an der schmalsten Stelle mit Zwischenlandung in Gander (Neufundland) endete die letzte Etappe in New York. Dort tobte gerade ein heftiger Orkan, so daß eine Ausweichlandung in Pittsburgh erwogen wurde. Schließlich ge-

---

*) Als Anerkennung für die Überlassung der „Hruby-Linse" zum freien Verkauf stiftete die Firma Haag-Streit (Bern-Liebefeld) eine moderne Spaltlampe, die in der 2. Wiener Universitäts-Augenklinik aufgestellt wurde.
Die „Hruby-Linse" ist heute an jeder modernen Spaltlampe zu finden.
— Prof. H. Goldmann (Bern) hat für die Spaltlampenuntersuchung des hinteren Augenabschnittes ein Kontaktglas mit drei eingebauten Spiegeln angegeben, mit deren Hilfe auch die äußerste Funduspheripherie untersucht werden kann. Das Goldmann-Glas kann aber nicht jedem Auge und jedem Patienten (Kinder!) zugemutet werden.

lang es aber dem Piloten doch, das Flugzeug trotz Sturm und Regen in New York zu landen; viele Fluggäste mußten dabei von den Nottüten Gebrauch machen, darunter auch ich. Jeder ausländische Kongreßbesucher wurde von einem amerikanischen Kollegen empfangen und ins Quartier gebracht. Da meine Kasse damals noch spärlich gefüllt war, wohnte ich während der Kongreßwoche in einem Studentenheim; eine zweite Woche, während der die „American Association of Ophthalmology and Otolaryngology" tagte, bezog ich ein billiges Hotel an der Westseite von Manhattan. Auf dem Ophthalmologenkongreß berichtete ich über „Prospects and Limitations of Combined Operation of Retinal Detachment", der Kombination von Rißverschluß und Skleralresektion in prognostisch ungünstigen Fällen von Netzhautablösung. Weitere Internationale Kongresse besuchte ich in Brüssel, (Weltausstellung, 1958) München, Paris und Kyoto. Der Kongreß in München (1966) ging glatt über die Bühne. Der Pariser Kongreß (1974) war nicht ganz so gut organisiert, das Frühstück im Hotel klappte erst nach Absendung eines Beschwerdebriefes an den Hoteldirektor, der Schweizer war, und sich mit Blumenstrauß und Brief in deutscher Sprache entschuldigte. Ich hielt einen Vortrag über biomikroskopische Augenuntersuchungen bei Diabetikern, die Bild-Projektion ging drunter und drüber, und da die meisten Zuhörer englisch verstanden, hielt ich meinen Vortrag nicht wie angekündigt in deutscher, sondern in englischer Sprache.
Die Reise zum Internationalen Kongreß in Kyoto (1978) in Japan wurde von einem österreichischen Reisebüro als Gruppenreise organisiert. Wir flogen zunächst nach Frankfurt a. Main und sodann non-stop nach New Delhi, wo ich von meinem Freund Dr. Chhokar erwartet wurde. In New Delhi verblieben wir einige Tage, besichtigten die Sehenswürdigkeiten der Stadt, wurden natürlich auch zum Taj Mahal gebracht und setzten sodann unseren Flug nach Katmandu, der Haupt-

stadt von Nepal, fort. Nepal ist ein kleines Königreich an der Südflanke des Himalaya und erst seit wenigen Jahren frei zugänglich. Katmandu ist die schmutzigste Stadt, die ich je gesehen habe. An jedem schönen Morgen startete um 7 Uhr früh ein Flugzeug mit etwa 40 Passagieren vom Flugplatz der Hauptstadt und flog die Himalaya-Gebirgskette entlang und wieder zurück. Der Flug dauerte eine Stunde, kostete nicht viel und alle Teilnehmer erhielten ein Diplom, das man einrahmen und daheim an die Wand hängen konnte. Am nächsten Tag unternahmen wir eine Autobusfahrt an die chinesische Grenze, um einen Stempel der Grenzbehörde im Reisepaß als Trophäe heimzubringen. Die Nacht vorher litt ich an heftigen Leibschmerzen mit allem was dazugehört, morgens war ich aber wieder marschfähig. Zur Mittagspause veranstalteten wir ein Picknick im Freien und wurden bald von zahlreichen Eingeborenen, vorwiegend Kindern, umringt. Nachdem sich die Schar auf Geheiß unseres einheimischen Autobuslenkers in einer Reihe niedergelassen hatte, wurden die Reste unseres Picknicks verteilt. Für die Beschenkten war dies ein seltenes und glückliches Erlebnis. Diese Menschen sind unvorstellbar arm und infolge der weiten Zerstreuung der Gehöfte genießen die Kinder auf dem Lande auch keinen Schulunterricht. Von Nepal flogen wir nach Bangkok, einer phantastischen orientalisch-asiatischen Großstadt, wo wir in einem fabelhaften Hotel untergebracht waren. Großen Eindruck hinterließ eine Kanalfahrt; an den Ufern sind bewohnte Kähne verankert, andere, vor allem Händler, fahren hin und her und versorgen die Uferleute mit allem was sie brauchen. Das Kanalwasser wird zum Zähneputzen, Geschirrwaschen, Baden und vielleicht auch zum Kochen verwendet. Die Thai sind schöne Frauen und die Mädchen lernen schon in der Schule ihre Art des Tanzes, bei dem die gelenkigen Hände eine große Rolle spielen. Schon in Nepal konnte man schöne Frauengesichter sehen.

Von Bangkok flogen wir zunächst nach Taiwan (Nationalchina), wo eine kurze Pause eingelegt wurde. Hier verschwand meiner Frau eine Geldbörse, die vorsorglich nur wenig Bargeld enthielt. Die letzte Flugetappe führte von Taiwan nach Osaka; hier stiegen wir in einen Autobus und wurden in unser Hotel nach Kyoto gebracht, wo der Kongreß stattfand. Ein „Shuttlebus" brachte die Kongreßgäste aus den Hotels zum Kongreßzentrum und zurück, die Verbindung war sehr großzügig organisiert.

Zur feierlichen Eröffnung des Kongresses waren der Kronprinz und seine Gemahlin erschienen, ein gutes Orchester spielte die Meistersinger-Ouvertüre von Richard Wagner. Die Kongreßsprachen waren englisch, französisch und spanisch, deutsch war nicht zugelassen; vielleicht hatte man mit der erwähnten Ouvertüre dem deutschen Genius Reverenz erweisen wollen. Ein immenses Vortragsprogramm in mehreren Sälen sowie zahlreiche gesellschaftliche Veranstaltungen und ein Feuerwerk ließen die japanische Gastfreundschaft in hellstem Licht erstrahlen.

Vor dem Kongreß machte unsere Gruppe noch eine Rundreise durch das japanische Land, mit dem berühmten Fudschijama im Mittelpunkt des Panoramas. Eine Nächtigung in einem ländlichen Hotel wurde in japanischem Stil verbracht. Auch Tokio wurde besucht. Besonderen Eindruck machte auf uns die japanische Schnellbahn und die Präzision, mit der ihre Waggons an vorgezeichneten Punkten stehen blieben. Die Menschen sind alle gut gekleidet, die Taxifahrer tragen weiße Handschuhe und sind, wenn sie nicht gerade fahren, mit dem Putzen des Fahrzeugs beschäftigt. Große Scharen uniformierter Kinder werden zu den Sehenswürdigkeiten und Heiligtümern des Landes geführt und eine Christianisierung dieses Landes oder anderer asiatischer Länder ist unvorstellbar.

Mein Vortrag über die intraokulare Injektion antibiotischer

Substanzen bei schweren bakteriellen Augeninfektionen war so spät angesetzt worden, daß unsere Reisegruppe bereits abgeflogen war, als der Vortrag beendet war. Meine Frau und ich mußten die Flugkarten von Osaka nach Hongkong neuerdings voll bezahlen, wozu unsere Mittel nicht mehr gereicht hätten, wenn uns eine junge, bei der Lufthansa beschäftigte Dame nicht aus der Patsche geholfen hätte. Den geliehenen Betrag habe ich ihr nach der Ankunft in Wien auf ein Konto in der BRD überwiesen, wo sie bei ihrem nächsten Urlaub willkommenen Gebrauch davon machen konnte.

Hongkong ist eine merkwürdige Stadt, wird hauptsächlich von Chinesen bewohnt und ist britische Kolonie. Auch hier leben Menschen auf Booten, Knaben werden an den Füßen mit Seilen festgebunden, damit sie nicht ins Wasser fallen und ertrinken, Mädchen dürfen frei herumlaufen. Im Hotel kann man sich anhand eines Katalogs telefonisch Freudenmädchen verschiedener Rassen einladen. Meine Frau hatte sich mit einem verwandten Ehepaar verabredet, das im Begriffe war, von Australien nach Europa zu reisen; eine seltene Gelegenheit zu einem Stelldichein. Textilien und andere Waren kann man in Hongkong billig kaufen; aber wir fanden es unpatriotisch, hier oder anderswo Gebrauch davon zu machen. Von Hongkong flogen wir non-stop nach Frankfurt und schließlich wieder zurück in unser heimatliches Wien.

Der erste Kongreß der *Europäischen Ophthalmologischen Gesellschaft* fand 1960 in Athen statt; das Hauptthema war „Sekundärglaukom". Für einen Großteil der Kongreßbesucher war das „Glaukom" tatsächlich sekundär, die anziehenden klassischen Stätten waren eine kaum schlagbare Konkurrenz. Als wir nach Graz zurückkehrten, fanden sich bei meinem älteren Sohn die Symptome einer Kinderlähmung, an der er lange zu leiden hatte und die bleibende Folgen hinterließ. Der 2. Kongreß der genannten Gesellschaft fand 1964 in Wien statt, in dem Jahr, in dem ich als Vorstand der

1. Universitäts-Augenklinik zurückgekehrt war. Mein Assistent Schwab war offiziell dazu bestimmt worden, über Augentumoren zu referieren. Der nächste Europäische Kongreß wurde 1968 in Amsterdam abgehalten, an dieser Tagung habe ich aber nicht teilgenommen. 1972, während meines Witwerjahres, tagte die Europäische Ophthalmologische Gesellschaft um die Osterzeit in Budapest; hier hatte ich ein Referat über die Refraktionsbestimmung am Auge zu halten. Da zu Weihnachten 1971 meine Frau gestorben war, verbrachte ich den Kongreß in deprimierter Stimmung. 1976 tagte die Europäische Gesellschaft in Hamburg, die meisten Vorträge wurden in englischer Sprache gehalten. Während dieses Kongresses entdeckte ich, wie bereits berichtet, bei meiner zweiten Frau eine Netzhautablösung im rechten Auge, die ich nach unserer Ankunft in Wien in meiner Klinik operativ heilen konnte. Der nächste Kongreß der Europäischen Gesellschaft fand 1980 in Brighton, England, statt, wo ich einen Vortrag über meine Erfahrungen mit der Implantation von Hornhautprothesen hielt. Als nächster Tagungsort für 1984 ist Helsinki vorgesehen.

In *Nordamerika* bin ich sechsmal gewesen und habe New York, Boston, Los Angeles, San Francisco, Minneapolis-St. Paul und Städte in Ohio besucht. Überall habe ich Vorträge gehalten, alte Freunde wiedergesehen und neue Freunde gewonnen. Prof. Dr. Adolph Posner und Dr. C. C. Foster, der kürzlich einem Magenkrebs erlegen ist, halfen mir bei der Herausgabe der Monographie „Slit-lamp examination of the vitreous and retina" im Verlage Williams & Wilkins in Baltimore. In Kalifornien nahm sich Dr. Jungschaffer um uns an, ein Sudetendeutscher, der in Wien Medizin studiert hatte und dann nach Amerika ausgewandert war. Er ist Spezialist auf dem Gebiete der Netzhautablösung und hat meine zweite Frau gründlich untersucht. Er führte uns auch nach Disney-

Land, das von Amerikanern und Fremden in hellen Scharen besucht und genossen wird, obwohl es zum Großteil immenser Kitsch ist. Dr. Samson Weinstein studierte und promovierte mit mir in Wien, wir trafen uns wiederholt in New York; zuletzt erhielt ich von seiner Gattin Fausta die Nachricht, er sei einem Unfall erlegen.

Kanada besuchte ich einmal mit meinem Freunde C. C. Foster, der in der Nähe von Sadbury ein „fishing-camp" besaß, das nur mit einem „bushpilot" zu erreichen war. Hier habe ich zum ersten und letzten Male in meinem Leben Fische gefangen. Auf der Rückreise besuchten wir die Niagara-Fälle auf der kanadischen Seite, und in Toronto hielt ich einen Vortrag vor den Kollegen der Universitäts-Augenklinik. Hier hatte ich auch Gelegenheit, Prof. Best, einen der Entdecker des Insulins (Nobelpreis) kennen zu lernen.

Im Anschluß an einen mit Vorträgen verbundenen Besuch in New York flog ich in Begleitung meines älteren Sohnes über Miami nach Bogota, der Hauptstadt von Columbien. Die Sociedad Americana de Oftalmologia Y Optometria hatte mich zu einem Vortrag eingeladen, außerdem besuchte ich die Privatklinik von Prof. Barraquer, der verreist war; sein Sohn ist ein hervorragender Operateur, er bewirtete mich freundlichst. Auch der österreichische Botschafter lud uns wiederholt ein, zumal gleichzeitig Herr Univ.-Prof. Dr. Hamperl als Gast in Bogota weilte. Er entstammte der Wiener Schule, kam aber in Wien nicht zum Zuge und arbeitete bei den berühmten Pathologen Prof. Aschoff in Freiburg i. Breisgau sowie bei Prof. Rössle in Berlin. Dort erreichte ihn der Ruf an die Deutsche Universität in Prag. Das Prager Institut für Pathoanatomie präsentierte sich nicht gerade einladend, aber der bekannte Berliner Chirurg, Prof. Dr. Sauerbruch, sagte zu Hamperl: „Den ersten Ruf nimmt man an und wenn es ins Scheißhaus geht!" Tatsächlich wirkte Hamperl einige Jahre in Prag, war vorher auch Gastprofessor in Moskau und zuletzt Univ.-Professor für Pathologische Anatomie in Bonn. Prof. Hamperl erhielt Einblick in das abenteuerliche Leben in Bogota, wo er täglich etwa zwei Leichen mit Messerstichen im Rücken auf dem Seziertisch zu obduzieren hatte. Von Bogota, wo sich eine nette österreichische Kolonie zusammengefunden hat, flogen wir über Kingston, der Hauptstadt von Jamaika, New York und Frankfurt a. Mai zurück nach Wien.

Indien habe ich dreimal besucht. Über die erste Reise mit meinem Lehrer Prof. Lindner, habe ich bereits berichtet, ebenso über die letzte Reise, die über New Delhi nach Kyoto (Japan) führte. 1976 nahm ich in Begleitung meines jüngsten Sohnes an einem Kongreß der Afro-asiatischen Gesellschaft für Ophthalmologie in Madras teil. Wieder flogen wir via Frankfurt a. Main zunächst nach New Delhi und anschließend nach Madras. Der Taxifahrer kassierte ein Vielfaches der legalen Summe für die Fahrt zum Hotel, ein Knabe mußte den Wagen anschieben, um ihn in Fahrt zu bringen und bei der allernächsten Tankstelle mußte getankt werden. Das Hotel war sehr gut, das Klima im Jänner angenehm und der Vortrag, zu dem ich eingeladen worden war, wurde mit Beifall aufgenommen. Von Madras aus flogen wir noch nach Cochin, einer Hafenstadt im Staat Kerala, im äußersten Süden der indischen Halbinsel, wo ich in einem katholischen Spital operierte und im Rotary Club einen Vortrag über Österreich hielt. Von Cochin flogen wir über Madras nach New Delhi, wo wir von einem Auto abgeholt wurden, das uns in langer Nachtfahrt nach Aligarh brachte, wo Prof. Pahwa, der in Wien Fortbildungskurse absolviert hatte, das Gandhi Eye-Hospital leitet. Er ist ein recht umsichtiger Mann, guter Organisator und tüchtiger Augenarzt. Dort wurden mir häßliche Fälle vorgestellt, darunter auffallend viele Kinder mit Gliom der Netzhaut („Markschwamm"), das fast immer zum Verlust des Auges und oft infolge krebsartiger Metastasierung und Propagation ins Gehirn zum Tode führt. Mein Freund Dr. Chhokar holte uns in Aligarh mit dem Auto ab, das von seinem einäugigen Chauffeur gesteuert wurde; wir fuhren zunächst nach Agra, wo ich zum ersten Mal den Taj Mahal bewundern konnte. Dann brachte uns Dr. Chhokar zu seiner Familie in Chandigarh, einer architektonisch konstruierten modernen Stadt, von der bereits die Rede war. Seine Ordination hatte mein Freund auf einem Marktplatz in einem Laden untergebracht, den man unmittelbar betreten konnte; ein vorderer Raum diente als Wartezimmer, ein hinterer Raum für die augenärztlichen Untersuchungen. Die augenärztliche Ordination stand mitten zwischen Laden und Buden aller Art, ein ungewohntes, buntes Bild. Dr. Chhokar stellte mir einige Patienten vor, die es wünschten, oder die ihm Schwierigkeiten machten, und ich gab meine Ratschläge. Chandigarh liegt ziemlich hoch im Norden Indiens, die Nächte waren kühl und man brachte uns abends einen Heizstrahler ins Hotelzimmer.

Bei der Heimreise wurden wir zunächst mit dem Auto nach New Delhi gebracht und besuchten noch den Sohn des in Graz operierten ehemaligen Verteidigungsministers, der inzwischen gestorben war. Dieser Sohn führte einen merkwürdigen frauenlosen Haushalt in einer etwas verwahrlosten Villa; er führte anscheinend das Leben eines Playboys. Zu unserem Glück war die Tochter meines Freundes Dr. Chhokar Zollbeamtin, denn an unseren mit Geschenken vollgestopften Koffern platzten die Nähte. Unser Reisegepäck hatte Übergewicht und für die Zollbeamten wären wir auch nicht uninteressant gewesen. So aber wurden wir dem Chef der Zollbehörde am Flughafen vorgestellt, von ihm herzlich begrüßt und bewirtet und als die Zeit dafür gekommen war, zum Flugzeug gebracht. Wir flogen etwas nach Mitternacht mit einem Jumbo-Jet der „Al-Italia" via Athen nach Rom. Da die planmäßige Landung in Athen unterblieb, trafen wir statt um 6 Uhr Ortszeit schon um 5 Uhr früh in Rom ein. Alle Schalter waren geschlossen und die Kontrollbeamten kamen erst allmählich unrasiert und übernächtig zur Amtshandlung, die sich lästig in die Länge zog. Da es ein Sonntag war, konnten wir uns kein Frühstück besorgen und nichts anderes tun als auf den Anschlußflug nach Wien warten, wo wir vormittags um 10 Uhr landeten.

Neben den großen Reisen, deren letzte zum Abschluß dieses Kapitels nochmals erwähnt werden soll, reiste ich im Laufe meiner aktiven Jahre kreuz und quer durch Europa. Einige Städte, die ich besuchte, wurden schon genannt. Zu erwähnen wären noch Berlin, Genf, Barcelona, Rom, Catania (Sizilien), Turin, Genua, Bologna, Sion (Schweiz), Banja Luka (Jugoslawien), Saloniki, Chania auf der Insel Kreta, Rhodos, Amersfoort, Leiden, Tübingen, Würzburg und Posen, wo ich zu Pfingsten 1980 anläßlich einer Tagung der Polnischen Ophthalmologischen Gesellschaft (Sektion Retinologie) einen Vortrag hielt und mit einem Ehrendiplom samt Plakette ausgezeichnet wurde.

Meine letzte große Reise führte mich — wie bereits berichtet wurde — zu Beginn des Jahres 1980 zunächst nach Kairo, wo Museen, die Pyramiden von Gizeh und andere Sehenswürdigkeiten besucht wurden. Anschließend fand ein Kongreß der Society of Eye-Surgeons (Washington) in Nairobi (Kenia) statt. Nach dem Kongreß nahm ich an einer Safari teil, die eine Woche dauerte und durch verschiedene Gegenden Kenias führte, um das Leben der wilden Tiere zu beobachten. Giraffen, Zebras, Hyänen, Gazellen, Flußpferde, Störche, Pelikane u. v. andere Tiere sahen wir, aber die von allen Teilnehmern mit Ungeduld erwarteten Löwen sahen wir erst am letzten Tag. Selbst die eingeborenen Führer hatten es nicht leicht, die im Schatten von Gebüschen bewe-

gungslos liegenden Tiere wahrzunehmen. Man konnte mit dem Safari-Auto ganz nahe an sie heranfahren, ohne daß sie sich rührten; aussteigen war natürlich untersagt.
Ich bin viel gereist, vorwiegend mit dem Flugzeug, und habe nie eine Panne erlebt, verspätete Abflüge ausgenommen. Dies war z. B. in Israel der Fall, wo eine SAS-Maschine statt um 7 Uhr morgens erst nachmittags starten konnte. Über die Reise selbst, nach der mein Diabetes entdeckt wurde, wurde bereits berichtet.

XX. Kapitel:
Das neue Universitäts-Organisationsgesetz vom 11. April 1975

Es kann keinem Zweifel unterliegen, daß auch vor Einführung des neuen Universitäts-Organisationsgesetzes (UOG) brauchbare Theologen, Lehrer, Rechtsgelehrte und Ärzte an unseren Universitäten ausgebildet wurden. Eine zwingende Notwendigkeit zur Einführung eines neuen UOG bestand nicht. Zweck und Ziel des neuen UOG war es, die „Ordinarienuniversität" zu überwinden und dem akademischen „Mittelbau" sowie den Studenten ein gerüttelt Maß an Mitspracherecht einzuräumen. Die Ordinarien wurden vielfach als Sklavenhalter bezeichnet.

Die verpönte „Ordinarienuniversität" unterstand dem Bundesministerium für Unterricht, genoß jedoch weitestgehende Autonomie. An der Spitze der Universität stand bekanntlich der Rector magnificus, der alljährlich von den Wahlmännern der vier (in Wien 5) Fakultäten gewählt wurde; der „Altrektor" stand dem Rektor als Prorektor und Stellvertreter zur Seite. Der Rektor war Vorsitzender des Akademischen Senates, die Senatoren wurden (je ein Mann) von den Fakultätskollegien gewählt und delegiert. Den einzelnen Fakultäten standen die von den Kollegien gewählten Dekane und Prodekane sowie ein Senator vor. In der Regel bestand ein stilles Abkommen der Art, daß die einzelnen Fakultäten den Rektor in bestimmter Reihenfolge stellten. Ähnlich wurden die Dekane der einzelnen Fakultäten, der Dauer ihrer Fakultätszugehörigkeit entsprechend, der Reihe nach gewählt, soferne nicht gesundheitliche Gründe u. dgl. m. dagegen standen.

Die Professorenkollegien der einzelnen Fakultäten tagten etwa dreimal pro Semester, die Tagesordnung wurde vom Dekan rechtzeitig bekanntgegeben, die einzelnen Sitzungen dauerten etwa von 17 bis 21 Uhr. Im Kollegium gab es wohl überall Mitglieder, die gerne, viel und oft redeten, die schweigende Majorität beteiligte sich schließlich nur an den Abstimmungen.

Die Voraussetzung zur *Habilitation* eines Assistenten war eine bestimmte Zahl von Semestern im Dienste einer Klinik oder eines Institutes, eine angemessene Zahl veröffentlichter wissenschaftlicher Arbeiten sowie eine Habilitationsschrift, die bereits im Druck erschienen oder zumindest zur Drucklegung angenommen worden war. Eine vom Kollegium gewählte Kommission mit einem Fachreferenten an der Spitze hatte die wissenschaftlichen Arbeiten zu prüfen und dem Kollegium über das Ergebnis zu berichten. Ein jedem Kollegiumsmitglied zugegangenes Exemplar zweier Fachreferate bildete die Grundlage einer Aussprache und der Abstimmung über die Verleihung der venia legendi; dazu kam noch ein Koloquium, das der Bittsteller im Kollegium abzulegen hatte; auch über die Dignität dieses Kolloquiums wurde abgestimmt. Nach erfolgter „Schlußabstimmung" wurde der Habilitationsakt dem Ministerium zur Entscheidung übermittelt.

Nicht jeder Assistent einer Klinik oder eines Institutes hatte das nötige Talent, den nötigen Fleiß und die für wissenschaftliche Arbeiten erforderlichen Ideen. Daher war es üblich, daß die Ordinarien eine Auswahl trafen und die geeigneten Mitarbeiter zum gegebenen Zeitpunkt aufforderten, eine Habilitationsschrift in Angriff zu nehmen und nach der Veröffentlichung um die Verleihung der „venia legendi" anzusuchen. Es gab Kollegen, die gute Diagnostiker, Therapeuten und Operateure waren, aber die nötigen Voraussetzungen für eine wissenschaftliche Laufbahn nicht besaßen. Es wäre sinnlos gewesen, solche Assistenten der Blamage einer mißlungenen Habilitation auszusetzen. Solche Kollegen taten gut daran, sich nach beendeter Ausbildung als praktizierende Fachärzte niederzulassen; manche hatten auch das Glück, das Primariat einer Augenabteilung zu erwerben. Es war jedoch nicht üblich, daß nicht habilitierte Kollegen nach Vollendung ihrer Fachausbildung auch weiterhin als Assistenten an der Klinik verblieben, dazu eine Praxis eröffneten und so dem Nachwuchs im Wege standen. An der Klinik Lindner erhielten nur die habilitierten Assistenten (höchstens 2) vom Chef die Bewilligung, an der Klinik zu verbleiben *und* eine Privatpraxis (keine Kassenpraxis!) zu eröffnen. Die habilitierten Kollegen (Privatdozenten) erwarben zumeist früher oder später ein Primariat bzw. ein Ordinariat und räumten auch das Feld.

Ein Problem, das mich während meiner Laufbahn dauernd beschäftigte, war die Tatsache, daß alle Fachärzte für Augenheilkunde die gleiche Ausbildung durchmachen mußten, ehe sie von der Ärztekammer den Titel eines Facharztes erhielten und sich niederlassen konnten; eine Habilitation war automatisch mit der Verleihung des Facharzttitels verbunden. Von den nicht habilitierten, als praktische Augenärzte niedergelassenen Kollegen, waren nur sehr wenige operativ tätig. Die mit der Augenchirurgie in einem Privatspital verbundenen Belastungen, die relativ schlechte Honorierung, die Kosten des Instrumentariums usw. standen in keinem vernünftigen Verhältnis zum Erfolg. Fast alle nicht habilitierten niedergelassenen Kollegen schickten daher ihre operativen Fälle in eine Klinik oder Abteilung, in der sie ihre Ausbildung genossen hatten und mit der sie auf diese Weise in Verbindung blieben. Leider hat sich eine Scheidung in nur konservativ und in konservativ *und* operativ tätige praktizierende Kollegen nicht durchgesetzt. Hat es doch wenig Sinn, wenn jungen Kollegen, die späterhin nicht mehr operieren werden, im Verlaufe ihrer Spitalsausbildung einige Augen „geopfert" werden, weil dies für die Erwerbung des Facharzttitels vorgeschrieben ist. Die Augenchirurgie erfordert, wenn sie erfolgreich sein soll, Talent, manuelles Geschick und ständige Übung, ähnlich einem Virtuosen auf einem musikalischen

Instrument. Auch Facharztprüfungen waren hierzulande bisher nicht durchzusetzen, die Abschlußprüfung der Zahnärzte ausgenommen. Wenn Kliniken oder Universitäts-Institute vakant geworden und neu zu besetzen waren, wurde vom zuständigen Professorenkollegium eine Besetzungskommission gewählt, deren Vorsitz ein Kollege des betreffenden bzw. eines naheliegenden Faches innehatte, während die übrigen Mitglieder des Ausschusses dem vakanten Fache wenigstens nahe stehen sollten. Eine Ausschreibung vakanter Ordinariate und die Einsendung von Gesuchen war nicht üblich; was hinter den Kulissen geschah, ist ein anderes Kapitel. Aufgabe der Besetzungskommission war es, im deutschsprachigen Raum Umschau nach geeigneten Kandidaten zu halten und den Qualitäten der Kandidaten entsprechend einen „Dreiervorschlag" zu erstellen. Seltener wurden in der einen oder anderen Reihe oder in allen Reihen zwei oder drei Kandidaten nebeneinander genannt; ganz selten wurde ein besonders hervorragender Fachmann als einziger Kandidat vorgeschlagen. Der Vorschlag wurde im Kollegium diskutiert, manchmal geändert oder ganz abgelehnt, oder auch angenommen und unverändert an das Ministerium weitergeleitet. Es konnte aber auch geschehen, daß der Vorschlag der Kommission verworfen und vom Kollegium ein völlig anderer Vorschlag angenommen wurde. Fairerweise sollte sich die Besetzungskommission vor Nennung ihrer Kandidaten auch vergewissern, daß diese willens waren, mit dem Ministerium in ernstgemeinte Verhandlungen einzutreten. Ich habe es aber auch schon erlebt, daß man an erster und zweiter Stelle namhafte Kandidaten nannte, von denen man wußte, daß sie einem Rufe nicht Folge leisten würden, so daß dem Drittgenannten in den Sattel geholfen wurde. In der Regel hielt sich das Ministerium an den Vorschlag des Kollegiums, es konnte aber auch geschehen, daß der erst- und zweitgenannte Kandidat übergangen und die Verhandlungen a priori mit dem drittgenannten Kandidaten aufgenommen wurden. Das Ministerium konnte auch den ganzen Vorschlag zurückweisen und einen neuen Besetzungsvorschlag anfordern.

Neupromovierte Kollegen, die sich der Fachausbildung in Augenheilkunde unterziehen wollten, habe ich seinerzeit in eine Liste eingetragen und nach einem Punktsystem klassifiziert; sobald eine Ausbildungsstelle frei wurde, habe ich den bestbeschriebenen Bewerber eingeladen, in die Klinik einzutreten. Den Bewerbern riet ich gewöhnlich, vorerst die obligaten sechs Monate Innere Medizin hinter sich zu bringen, damit sie dann die Fachausbildung ohne Unterbrechung durchmachen konnten. Zu Ende der Fachausbildung erhielten sie (ohne Prüfung) ein Zeugnis, aufgrund dessen die Ernennung zum Facharzt für Augenheilkunde seitens der Ärztekammer erfolgte.

Der Papierkrieg der „Ordinarienuniversität" hielt sich in erträglichen Grenzen und kostete nicht viel Zeit.

Wir wollen uns nun mit dem Universitäts-Organisationsgesetz vom 11. April 1975 befassen und dessen Vor- und Nachteile mit den seinerzeit geltenden Bestimmungen vergleichen. Die Tagespresse hat sich ja schon häufig mit dem neuen UOG befaßt und seine Mängel aufgezeigt. Interessenten mögen den vollen Gesetzestext studieren.

Ich möchte mich zunächst auf keine grundsätzliche Auseinandersetzung einlassen und ausschließlich über persönliche Erfahrungen berichten.

Vom Bundesministerium für Unterricht wurde am 24. Juli 1970 das Bundesministerium für Wissenschaft und Forschung getrennt und am 26. 7. 1970 mit Frau Bundesminister Dr. Hertha Firnberg besetzt. Seither unterstehen alle Universitäten dem zweitgenannten Ministerium.

Während früher alle den Professorenkollegien zustehenden Entscheidungen — wie bereits erwähnt — in etwa drei

Abendsitzungen pro Semester erledigt wurden, tagen nunmehr die „Kurien" der Professoren, des Mittelbaus (Assistenten) und der Studenten zunächst getrennt und treten schließlich zu einer Sitzung des gesamten Fakultätskollegiums zusammen. Die Assistenten waren einsichtig genug, ihre Kuriensitzungen nicht vormittags während des Höhepunktes des Klinikbetriebes abzuhalten, denn unter solchen Umständen wäre ein geregelter Klinikbetrieb unmöglich gewesen. Infolge der großen Zahl der Teilnehmer und der umfangreichen Tagesordnung beginnen derzeit die Sitzungen des Fakultätskollegiums in einem der größten Hörsäle des Klinikbereichs an einem Mittwoch um 14 Uhr c. t. und dauern bis in die späten Abendstunden. Das Fakultätskollegium setzt sich, um ein Beispiel zu nennen, wie folgt zusammen: Ordentliche und außerordentliche Universitätsprofessoren einschließlich vakanter Planstellen 111; Vertreter der an der Fakultät tätigen anderen Universitätslehrer (Mittelbau) 56; Vertreter der Studenten 56; Vertreter der sonstigen Bediensteten 2. Insgesamt 225 Teilnehmer. Die Zahl der Sitzungen wurde somit gegenüber dem Zustand vor Inkrafttreten des neuen UOG vervierfacht und die Sitzungen des Fakultätskollegiums wurden in Massenversammlungen umgewandelt, die nicht zu überblicken und vom Dekan schwer zu leiten sind. Das kürzlich erfolgte Ableben des Dekans o. Univ. Prof. Dr. W. Auerswald in relativ jungen Jahren ist bei der Überbelastung, die ihm aufgebürdet worden war, verständlich. Manche Fakultätssitzungen müssen etwa um 22 Uhr beendet werden, weil schon viele Teilnehmer die Sitzung verlassen haben und keine Beschlußfähigkeit mehr besteht; dabei mag die Hälfte der Tagesordnung unerledigt geblieben sein. Abwesende können ihr Stimmrecht einem Kollegen zusätzlich übertragen.

Der *Rektor* ist von einer Universitätsversammlung aus dem Kreise der Ordentlichen Universitätsprofessoren für eine Funktionsperiode von 2 Studienjahren zu wählen. An Universitäten mit Fakultäten besteht die Universitätsversammlung aus den folgenden, von jedem Fakultätskollegium zu entsendenden Mitgliedern: Den Vertretern der an der Fakultät tätigen Ordentlichen und Außerordentlichen Professoren. Diese werden vom Fakultätskollegium aus ihrer Mitte gewählt. Hinzu kommt die gleiche Anzahl von Vertretern der an der Fakultät tätigen anderen Universitätslehrer und der sonstigen Mitarbeiter im wissenschaftlichen Betrieb; ferner die Vertreter der Studenten und zwei Vertreter der sonstigen Bediensteten. Die Wahl ist unter der Leitung des amtierenden Prorektors durchzuführen und hat am Ende des ersten Studienjahres der Funktionsperiode des Rektors stattzufinden.

Die *Dekane* sind von den Fakultätskollegien aus dem Kreise der Ordentlichen Universitätsprofessoren für eine Funktionsperiode von zwei Studienjahren zu wählen.

Die Universitätsversammlung bzw. das Fakultätskollegium als Wahlkollegium ist beschlußfähig, wenn die Hälfte seiner Mitglieder anwesend ist. Die Stimmabgabe hat persönlich, geheim und schriftlich zu erfolgen. Wählbar sind nur Personen, die sich vor der Abstimmung zur Annahme der Wahl bereit erklärt haben. Gewählt ist der Bewerber, der mehr als die Hälfte der abgegebenen Stimmen erhalten hat. Wird im ersten Wahlgang keine Mehrheit erreicht, so ist in einer Stichwahl zwischen jenen Kandidaten zu entscheiden, die im ersten Wahlgang die beiden höchsten Stimmenzahlen erhalten haben. Führt auch die Stichwahl zu keinem Ergebnis, so entscheidet das Los.

Während die Wahl der Dekane keine großen Schwierigkeiten bereitet, kann sich die Rektorswahl über einen Halbtag hinaus erstrecken; dabei sollen alle an der Wahl Beteiligten das Wahllokal nicht verlassen, ehe die Wahl entschieden ist. Da Stichwahlen den Wahlgang ungemein verlängern können, verlassen trotzdem viele Stimmberechtigte das Wahllokal

schon vor der endgültigen Entscheidung. Ist doch die Zahl der Stimmberechtigten erheblich, jeder Abstimmende muß sich ausweisen und Pannen hinsichtlich der Gültigkeit des Wahlergebnisses sind schon vorgekommen und haben das Bundesministerium für Wissenschaft und Forschung, den Verwaltungsgerichtshof sowie die Tagespresse beschäftigt.
Die Befugnise der Ordinarien wurden erheblich reduziert. Die maßgeblichen Organe der Universitäts-Institute sind a) der Institutsvorstand; b) die Institutskonferenz. Der Institutsvorstand ist von der Institutskonferenz für eine Funktionsperiode von 2 Jahren aus dem Kreise der Universitätsprofessoren zu wählen. Ist am Institut nur *ein* Universitätsprofessor tätig, so übt er ohne Wahl die Funktion des Vorstandes aus. An größeren Instituten können Stellvertreter des Vorstandes gewählt werden. — Der Institutskonferenz gehören an: a) die am Institut tätigen ordentlichen und außerordentlichen Universitätsprofessoren; b) Vertreter der am Institut tätigen anderen Universitätslehrer und sonstigen wissenschaftlichen Mitarbeiter; c) Vertreter der Studierenden, die am Institut inskribiert sind; d) ein Vertreter der sonstigen am Institut tätigen Bediensteten. Die Vertreter der sub. lit. b. genannten Personengruppen (und ihre Ersatzmänner) sind in einer Versammlung der Angehörigen dieser Gruppen zu wählen. Die Vertreter der Studierenden sowie ihre Ersatzmänner sind vom zuständigen Organ der gesetzlichen Vertretung der Studierenden zu entsenden. Hiebei ist laut UOG „darauf zu achten, daß die Vertreter und ihre Ersatzleute ausreichende Informationen und Erfahrungen über die Tätigkeit des Institutes besitzen". Welcher Studierende kann aber über solche Kenntnisse tatsächlich verfügen?
Der Vertreter der sub lit. d. genannten Personengruppe ist vom Dienststellenausschuß für die Bediensteten sonstiger Dienstzweige zu bestellen. Die sub lit. b. genannten Personengruppen haben insgesamt so viele Vertreter zu entsenden, als

dem Institut Universitätsprofessoren angehören; ebenso viele Vertreter haben die Studierenden zu entsenden. Ist am Institut nur *ein* Universitätsprofessor tätig oder ist ein provisorischer Vorstand gewählt worden, so stehen diesem *zwei Stimmen* der Institutskonferenz zu. Die sub lit. b. und c genannten Personengruppen haben in einem solchen Falle je zwei Vertreter in die Institutskonferenz zu entsenden.

Der Wirkungsbereich des Institutsvorstandes sowie jener der Institutskonferenz werden im *UOG ausführlich festgelegt.* Die Institutskonferenz hat eine Institutsordnung sowie eine Geschäftsordnung der Institutskonferenz mit Zweidrittelmehrheit zu beschließen. Die Institutsordnung bedarf der Genehmigung durch das Fakultätskollegium und den zuständigen Bundesminister. Der Institutsvorstand hat die Institutskonferenz über seine Tätigkeit zu informieren und einer Institutsversammlung einmal in jedem Studienjahr über die Tätigkeit des Institutes zu berichten.

Für die Kliniken und Institute der Medizinischen Fakultäten gelten *Sonderbestimmungen,* die sich aus dem Ärztegesetz, BGBl Nr. 92/1949, und dem Krankenanstaltengesetz, BGBl Nr. 1/1957, ergeben. Bei der Gliederung einer Universitätsklinik oder eines Institutes in Krankenstationen und andere Abteilungen hat vor Beschlußfassung der Institutskonferenz der Klinik- (Instituts-)vorstand das Einvernehmen mit der für die betreffende Krankenanstalt zuständigen Behörde herzustellen. Die zum Budget und Dienstpostenplan zu stellenden Anträge haben sich nur auf die Erfordernisse der Lehre und Forschung, nicht jedoch auf die Erfordernisse der Krankenpflege und -behandlung zu erstrecken. Zum Vorstand von Universitätskliniken ist vom Bundesminister für Wissenschaft und Forschung nach Anhörung der Institutskonferenz und des Fakultätskollegiums ein Universitätslehrer zu bestellen. Tatsächlich erhielt ich nach Inkrafttreten des neuen UOG eine neuerliche (zweite!) Ernennungsurkunde als Vorstand der 1. Wiener Universitäts-Augenklinik.

Die Institutskonferenz meiner Klinik setzte sich wie folgt zusammen: Als einziger o. Universitätsprofessor oblag mir die Funktion des Vorsitzenden mit 2 Stimmen, hinzu kamen zwei Vertreter der Assistenten, zwei Vertreter der Studierenden und ein Vertreter der sonstigen Bediensteten. *Ich habe bei keiner Sitzung der Institutskonferenz jemals einen Studierenden gesehen,* obwohl die mir namhaft gemachten Kollegen zu jeder Sitzung schriftlich eingeladen worden waren; es hat sich auch keiner der abwesenden Herren jemals bei mir entschuldigt. Die Rumpfkonferenz war aber praktisch sinnlos, da ich mit meinen delegierten Mitarbeitern täglich in engem Kontakt stand und alle einschlägigen Fragen stets beraten wurden.

Vakante Assistentenposten (Ausbildungsstellen) werden ausgeschrieben, die Aufnahme erfolgt auf Antrag der Personalkommission; der zuständige Klinikvorstand wird vor der Antragstellung informiert und seine Stellungnahme eingeholt. Grundsätzlich ist vor der beabsichtigten Wiederbesetzung einer Assistentenstelle beim Ministerium anzufragen, ob einer Wiederbesetzung überhaupt stattgegeben wird. Verlängerungen eines zeitlich beschränkten Dienstverhältnisses werden von der Personalkommission entschieden, Überleitungen in ein dauerndes Dienstverhältnis vom zuständigen Bundesminister.

Die Lehrbefugnis als *Universitätsdozent* wird von einer vom Fakultätskollegium bestellten Kommission aufgrund eines Habilitationsverfahrens verliehen, das vier Abschnitte umfaßt. In der Regel wird sich der die Dozentur anstrebende Assistent bzw. Oberarzt einer Klinik vor Antragstellung mit seinem Chef über seine Absichten äußern, er muß es aber nicht tun. Die Zusammensetzung der Habilitationskommission ist dem Bewerber bekanntzugeben. Daß der Kandidat auf diese Zusammensetzung Einfluß nehmen könnte, ist nicht unmöglich. Nicht alle Abschnitte des Habilitationsverfahrens können hier aufgezählt werden, wir wollen uns auf die wichtigsten beschränken. Dem ersten Abschnitt ist die Prüfung des Bewerbers auf dessen Eignung im allgemeinen vorbehalten. Im 2. Abschnitt des Verfahrens sind die gedruckte Habilitationsschrift sowie die übrigen vorgelegten wissenschaftlichen Arbeiten zu begutachten. Es ist zu prüfen, ob die Habilitationsschrift a) methodisch einwandfrei durchgeführt ist, b) neue wissenschaftliche Erkenntnisse enthält und c) die wissenschaftliche Beherrschung des Habilitationsfaches und die Fähigkeit zu seiner Förderung beweist. Es sind 2 voneinander unabhängige Gutachten von Kommissionsmitgliedern, die Universitätsprofessoren sind, einzuholen. Auch die übrigen Arbeiten sind zu berücksichtigen. Im 3. Abschnitt sind die didaktischen Fähigkeiten des Bewerbers zu begutachten. Dies wird einfach so erledigt, daß der Klinikchef bescheinigt, der Bewerber hätte sich als Stellvertreter in der Hauptvorlesung, im obligaten Praktikum der Studierenden und im Unterricht fremdsprachiger Kollegen, die Fortbildungskurse absolvierten, bewährt, was in der Regel auch zutrifft. Im 4. Abschnitt des Habilitationsverfahrens ist ein öffentliches Kolloquium über den Inhalt der Habilitationsschrift und der sonstigen wissenschaftlichen Arbeiten abzuhalten; eine Diskussion schließt sich an.

Gegen die Zurückweisung eines Habilitationsansuchens steht dem Bewerber innerhalb von 2 Wochen die Berufung an den Bundesminister für Wissenschaft und Forschung offen. Es gibt verschiedene Varianten der Berufung, für die hier kein Platz ist. Das Verfahren wird von einer besonderen Habilitationskommission neu durchgeführt, die vom Ministerium einzusetzen ist. Die Zusammensetzung dieser Kommission wird im UOG ausführlich geregelt. Gegen die Entscheidung der besonderen Habilitationskommission ist kein ordentliches

Rechtsmittel zulässig. Tatsächlich ist es sehr schwierig, untaugliche Kandidaten auszuscheiden.

Vorlesungen von Dozenten werden nur ausnahmsweise inskribiert und besucht, sie stehen daher zumeist nur im Vorlesungskatalog und nichts mehr. Meine Hauptvorlesung habe ich so mit Hörern gefüllt, daß die für die jeweilige Woche ausgeschriebenen Praktikanten anwesend sein und die demonstrierten Fälle mit mir untersuchen mußten.

Der Papierkrieg hat seit Einführung des neuen UOG sehr zugenommen und nimmt einen Großteil der dem Klinikvorstand verfügbaren Zeit in Anspruch. Ihm obliegen aber auch die Lehre, Prüfungen und Forschungen auf seinem Fachgebiet, Sitzungen in verschiedenen Kommissionen, die Kurien- und Fakultätssitzungen, Kongreßbesuche mit Vorträgen, die Niveau haben sollen, die Korrespondenz mit Fachkollegen, das laufende Literaturstudium, die Betreuung der in der Klinik aufgenommenen Patienten, Operationen, insbesondere schwierige Eingriffe, für die jüngeren Mitarbeitern noch die Erfahrung fehlt usw. Viele Eingaben an vorgesetzte Behörden müssen in letzter Zeit in Form von Formularen eingereicht werden und es ist nicht erfreulich, wenn man ein Formular mit dem Bemerken zurückbekommt, für die angesprochene Sparte seien kürzlich schon wieder andere Formulare eingeführt worden.

XXI. Kapitel:

Quo vadis universitas? Pressestimmen zur gegenwärtigen Lage der Österreichischen Universitäten und ihre Zukunft

An den österreichischen Universitäten kann jedermann immatrikulieren, der ein Reifezeugnis besitzt; irgendeine Auswahl findet nicht statt. Dieser Zustand kann Maturanten dazu verleiten, ein Studium pro forma zu beginnen, um die Benefizien eines Studenten zu genießen, ohne ein Studium ernstlich zu betreiben; daß viele Immatrikulierte ihr Studium nicht beenden und im Laufe der Zeit das studentische Leben aufgeben, ist bekannt.

Da im vorklinischen Abschnitt des Medizinstudiums zwei Sezierkurse absolviert werden müssen, die Zahl der verfügbaren Sezierplätze aber begrenzt ist, ist hier bis zu einem gewissen Grade ein „numerus clausus" eingebaut; wer aber genügend Geduld aufbringt, kommt schließlich doch an die Reihe.

Während die ärztlichen Standesorganisationen meinen, es würden zu viele Ärzte produziert, wurde diese Ansicht vom Bundesministerium für Wissenschaft und Forschung nicht geteilt. Tatsache ist, daß in letzter Zeit nicht mehr alle neu promovierten Jungärzte eine Ausbildungsstelle finden können und daß es arbeitslose Ärzte gibt.

„Die Lage der Universitäten und Hochschulen in Österreich ist gekennzeichnet durch enorme Expansion" schreibt Frau Bundesminister Hertha Firnberg in der Österreichischen Hochschulzeitung vom Jänner/Feber 1982. Und weiter: „Das gesamte Hochschulwesen in Österreich befindet sich in ständigem Ausbau und einer Ausweitung der Budget- und Sachmittel ... Damit soll keineswegs gesagt werden, daß bereits alle Probleme gelöst sind oder nicht auch verschiedene Schwierigkeiten zu überwinden sein werden ... Wenn etwa Studentenzahlen von einem auf das andere Jahr Zuwachsraten von 40% verzeichnen, wie dies etwa bei der Informatik der Fall ist, werden trotz großzügigem EDV-Ausbau Schwierigkeiten nicht zu vermeiden sein. Sprunghaftes Ansteigen der Studentenzahlen ergibt immer wieder unvermeidbare Engpässe, beim Lehrangebot, bei spezifischen Arbeitsplätzen, im Bibliotheksbereich. Auf der anderen Seite ist immer wieder festzustellen, daß die Kapazitäten der Universitäten — jedenfalls die des Lehrbereiches, welche im Zusammenhang mit den Ferienregelungen ohnedies nur 29 Wochen im Jahr genützt werden — keinesfalls eine optimale Nutzung aufweisen ... Eine Bilanz des österreichischen Hochschulwesens, insbesondere ein internationaler Vergleich, ergibt auch bei gebotener kritischer Sicht, daß wir in Österreich in vielfacher Hinsicht Probleme besser bewältigt haben als im Ausland. Sicher ist unser Hochschulsystem nicht perfekt, aber wir haben ohne Frage eines der liberalsten Hochschulsysteme: offen, demokratisch und wissenschaftlich leistungsfähig zugleich."

Andererseits liest man in einer Tageszeitung vom 11. März 1982 von „Trüben Aussichten für Studenten — Privilegien der Akademiker werden fallen." Die künftigen Absolventen der Universitäten würden zwar einen akademischen Titel besitzen, aber nicht mehr mit den bisher üblichen Berufsbedingungen rechnen können. Manche Studienzweige, wie Psychologie, Politologie, Theaterwissenschaften, Publizistik u. a. m. haben nur beschränkte Chancen. Auch der Staat werde in Zukunft weniger Hochschulabsolventen aufnehmen können als früher. Eine Ausnahme bilden nur die technischen Studienrichtungen, in denen der Anteil der Erstinskribenten zurückbleibt. Der Akademiker wird nach einer Studie von Firnberg-Dallinger andere, nicht-akademische Berufe ergreifen müssen, er wird den Nichtakademiker aus seinem Beruf verdrängen. Das Studium der Journalistik bereitet nicht unmittelbar auf den Journalismus vor. Noch im Dissertationsstadium rechnen die Studenten damit, nach Studienabschluß eine Wartezeit in Kauf nehmen zu müssen; von den Absolventen glaubt die Hälfte an Wartezeiten von (mindestens) einem Jahr und länger. Würden die Jungakademiker einem Erstsemestrigen den Beginn des Publizistikstudiums empfehlen? 60% antworten mit einem klaren Nein. Aber die „wissenschaftliche und technische Entwicklung ist nicht zuverlässig genug prognostizierbar". Die Zahl berufstätiger Akademiker wird weiter steigen. Und diese werden sich gegenseitig in einer bisher nicht üblichen Weise konkurrenzieren; der Stärkere wird sich durchsetzen. „Eine verstärkte Konkurrenz der Akademiker untereinander, bei der Berufserfahrung, Zusatzqualifikation und bestimmte Persönlichkeitseigenschaften Vorteile bringen, ist eine der Folgen."

Zumindest an der Medizinischen Fakultät der Wiener Universität wurden früher *Hausberufungen* kaum vorgenommen. In der alten Monarchie war neben den heutigen drei österreichischen Universitäten auch die Lehrkanzel der Prager Deutschen Universität zu besetzen. Ehe ein Ordinariat an der Wiener Medizinischen Fakultät besetzt wurde, mußte sich der Kandidat in der Regel seine Sporen erst an anderen österreichischen Universitäten verdienen; die Reihenfolge Innsbruck-Prag-Graz-Wien findet sich in der Vergangenheit immer wieder. Nach dem 2. Weltkrieg sind „Hausberufungen" geradezu die Regel geworden; der erste oder zweite Oberarzt folgt dem abtretenden Ordinarius auf dem Fuße.

In einer Wiener Tageszeitung wurde kürzlich „Zur Mitbestimmung laut UOG als Mittel zur Zementierung verfilzter Strukturen" treffend Stellung genommen. Nach 1945 wurde nicht viel unternommen, Österreichs wissenschaftliche Isolierung zu überwinden. Diejenigen Wissenschafter, die versuchten, diese Isolation zu durchbrechen, indem sie ihre Ausbildung an erstklassigen Universitäten des Auslandes vervollkommneten und vielfach dort verblieben, um ihre Forschungsprojekte und Publikationen an internationaler Qualität auszurichten, waren in der Minderheit. Solche Bemühungen waren nicht schon Voraussetzung für eine entsprechende akademische Karriere, vielmehr kamen oft diejenigen zum Zug, die sich der Meinung und dem herrschenden Niveau der jeweiligen Fakultät angepaßt hatten, was sicher schon zum Niedergang mancher Fächer an der einst berühmten Wiener Schule beigetragen hat. In der Theorie sollte zwar die Mitbestimmung von Vertretern des „Mittelbaus" und der Studenten besonders Vorgänge und Verfahren, die zu Personalentscheidungen wie Habilitation und Berufung führen, variantenreicher, überprüfbarer und erstmals vor der akademischen Öffentlichkeit verantwortbar machen. Alle haben jedoch dabei übersehen oder es nicht wahrhaben wollen, daß Mitbestimmung zwar formal eine Voraussetzung, aber keine Garantie für den Erfolg der Reform sein konnte, wenn dadurch in erster Linie die Quantität, nicht aber die Qualität der Entscheidungen und Entscheidenden erhöht wurde.

Dazu war der durch das Gesetz zur Mitbestimmung neue berufene Personenkreis auch gar nicht in der Lage, setzte er sich doch vorwiegend aus Assistenten zusammen, die nie andere Verhältnisse gesehen hatten und geneigt waren, die gewohnten Verhältnisse für der Weisheit letzten Schluß zu halten. Durch Einführung der Mitbestimmung wurden die Einzelinteressen der Professoren keineswegs modifiziert, sondern nur um die Gruppeninteressen des Mittelbaus und der Studenten „bereichert". Daher liegen viele Personalentscheidungen, die die wissenschaftliche Forschung und Lehre an den Universitäten auf lange Zeit bestimmen werden, Erwägungen der Assistenten- und Studentenvertreter zugrunde, die ausschließlich einer bewußten Personalvertretungspolitik — und in bestimmten Fällen auch Parteipolitik — entsprachen oder sich aus der Abschätzung der Nützlichkeit für die eigene Laufbahn ableiteten.

Es ist daher leicht einzusehen, daß das UOG keinesfalls zur gewünschten Reform der Personalstruktur geführt hat. Vielmehr kam es aus zusätzlichen Gründen zu einer wahrscheinlich schon irreversiblen Situation, die zwar noch nicht offen diskutiert wird, sich aber vielerorts als Unbehagen ausbreitet. Die Reform des Habilitationsverfahrens hat zu einer Zunahme der Zahl erfolgreicher Habilitationen geführt, die aber allzu oft nur ein sehr bescheidenes Niveau aufweisen. Für den Erfolg garantierte nicht die Qualität der wissenschaftlichen Arbeiten, eher eine im vorhinein geschickt zusammengestellte Habilitationskommission, in der bei einkalkuliertem Interesse der studentischen Mitglieder und bei Uneinigkeit der Professoren dem Druck der als Personalvertreter agierenden Assistenten alle Möglichkeiten offenstehen.

Das ist nur eine von verschiedenen Erfolgsvarianten, die je nach Interessenslage für den Einzelfall durchaus kalkulierbar sind. Dies trifft aber auch auf die Ablehnungen von Habilitationsansuchen zu, die vordergründig wegen mangelnder wissenschaftlicher Qualifikation ausgesprochen werden, in Wirklichkeit aber Ergebnis eines hauptsächlich durch Geschäftsordnungstricks gelenkten Verfahrens sind, das durch persönliche Mißgunst oder handfeste Gruppeninteressen bestimmt wurde. So werden beispielsweise das Stimmverhalten der Habilitationsbewerber in den diversen Kommissionen sowie das „Wohlverhalten" bei Prüfungen von den studentischen Mitgliedern der Habilitationskommissionen als Richtschnur für ihre Entscheidung genommen.

Weiters brachte es die relativ große Zahl der bis vor kurzem noch verfügbaren Stellen für außerordentliche Universitätsprofessoren mit sich, daß diese hauptsächlich nach dem Sprichwort: „Wer zuerst kommt, mahlt zuerst", besetzt wurden, so daß fast im Handumdrehen viele Institutsstrukturen zementiert worden sind. Überlegungen oder gar Planungen hinsichtlich des fachlichen Bedarfes oder gar eines zukunftsorientierten Aufbaues einer Fakultät bzw. Universität wurden aus Zeitmangel und wegen Unüberschaubarkeit der Vorgänge gar nicht angestellt. Viele auch von Strukturkommissionen ausgesprochene Befürwortungen hatten daher kaum etwas mit Strukturüberlegungen zu tun und waren im besten Fall nur Ausdruck einer Einstellung, die einem Kollegen nicht wehtun wollte. Ablehnungen solcher Ansuchen gab es nur dann, wenn die wissenschaftliche Qualität für das Niveau der jeweiligen Fakultät unzumutbar erschien oder — ganz im Gegenteil — wenn der Stellenbewerber aufgrund seiner wissenschaftlichen Leistung plötzlich Opfer prestigereicher, rivalisierender Lobbies wurde.

So gibt es nun an einzelnen Fakultäten ein Sammelsurium von Extraordinariaten für die abenteuerlichsten Spezialisierungen, die der möglichst breiten und niveauvollen Repräsentanz eines Faches in Forschung und Lehre entgegenstehen und sie auch in Zukunft verhindern werden, wenn diese Stellen wieder unter demselben Titel besetzt werden müssen.

Niemanden wird es da wunder nehmen, daß auch Berufungsverfahren immer wieder zur Farce werden und somit der Mechanismus zur personellen Erneuerung immer weniger funktioniert. Wenn auch das Ministerium mit seinen bekannten politischen Entscheidungen daran nicht unbeteiligt ist, zeigt doch die Tatsache, daß diese oft nur aufgrund der Fakultätsvorschläge möglich sind. Ein gerüttelt Maß an Schuld liegt also auch bei den Fakultäten, die sich dadurch selbst um das letzte Maß an Autonomie bringen, das ihnen noch zustehen würde. Es gibt genug Fälle, wo die Berufungskommission schon dem Ministerium das „Hölzl wirft", indem sie den politisch genehmen Kandidaten unter Außerachtlassung der wissenschaftlichen Qualifikation an die richtige Stelle des Berufungsvorschlages bringt.

Unterläßt das der Vorschlag, dann erfolgt nicht selten die Aufforderung von seiten des Ministeriums, den Berufungsvorschlag, besonders wenn er Ausländer oder Auslandsösterreicher aufweist, um einen heimischen Kandidaten zu erweitern, weil laut Finanzministerium Ausländer ja gar nicht mehr zu bezahlen seien. Aus diesen Gründen werden oft auch — wie früher bereits erwähnt wurde — mit vorgereihten namhaften Ausländern nur noch Scheinverhandlungen geführt, so daß die Berufung dann aus finanziellen Gründen oder wegen mangelnder Ausstattung des ausgeschriebenen Ordinariates nicht zustandekommen kann.

Alles weitere, das Auslesen der Bewerber, das Einladen zu Probevorträgen und die daran anschließenden Diskussionen, die an und für sich die Chance böten, Bewerber von anderen Universitäten persönlich kennenzulernen, sind dann nur noch ein Ritual für die „Auslage". Diese Praxis ist ein Ärgernis, das auch in der westlichen Umwelt schon mit unverhohlener Verachtung kommentiert wird.

Es wäre aber weit gefehlt, die große Zahl der *„Hausberufungen"*, die an kleineren Universitäten schon die Hälfte aller Ordinarien ausmachen soll, nur einem speziellen Stimmverhalten der Kommissionsmitglieder anzurechnen; in bestimmten Fällen sind sie gerade durch eine vom UOG geschaffene Situation nicht zu umgehen. Dies ermöglichte eine an und für sich sinnvolle Gliederung der Institute in Arbeitsgruppen und Abteilungen, die — einmal festgelegt — gar nicht so leicht zu ändern ist, was auch für eine kontinuierliche wissenschaftliche Arbeit abträglich wäre. Andererseits läßt es diese Gliederung aber auch zu, daß manche Ordinarien knapp vor ihrer Emeritierung sich noch formell mit der Leitung des Institutes beschäftigt glauben, während die eigentlichen wissenschaftlichen und administrativen Arbeiten längst auf (außerordentliche) Professoren und Dozenten übergegangen sind. Es gibt tatsächlich Ordinarien, die sich von ihrer Stellung nicht trennen können, und es war ein guter Gedanke des Ministeriums, das Ehrenjahr abzuschaffen. Ausnahmen hat es in letzter Zeit aber immer noch gegeben. Überlagert wird das Problem der erstarrten Strukturen an einzelnen Fakultäten, die akademische Karrieren nur unter ganz bestimmten Konstellationen möglich machen, durch spezielle Praktiken mancher Universitäten, die entweder nur ihre eigenen Absolventen zum Zuge kommen lassen oder nur Bewerbern aus dem nördlichen Nachbarland den Vorzug geben, die dann, einer den anderen nach sich ziehend, auch nur die Erwägung einer Berufung von Österreichern erfolgreich zu verhindern wissen. So sehr im Prinzip die Internationalität einer Fakultät zu wünschen ist, weil gerade kleinstaatliche bis provinzielle Isolierung zum Erlahmen jedweden wissenschaftlichen Elans führen muß, so kann einseitige Überrepräsentanz gelegentlich auch Fremdenfeindlichkeit wecken.

In einer Tageszeitung vom 12. März 1982 ist zu lesen, von den 180 Assistenten, die sich von 1964 — dem Zeitpunkt der Wiederbegründung der Salzburger Universität — bis 1981 habilitierten, haben inzwischen 58 eine Professorenstelle eingenommen. Schlechte Aussichten, einen Lehrstuhl zu erhalten, haben vor allem Naturwissenschafter. Von 50 Habilitierten gelang dies nur sieben. Ein krasses Mißverhältnis herrscht nach Auffassung des *Rektors der Salzburger Universität* zwischen den Berufungen ausländischer Professoren und dem „brain drain" ins Ausland. Während jeder dritte Ordinarius in Salzburg ein unösterreichisches Idiom spricht, sind von allen Habilitierten nur elf im Ausland untergekommen. An das Beispiel eines „anerkannten Kollegen", der bereits dreimal an erster Stelle gereiht, jedesmal aber vom zuständigen deutschen Ministerium abgeblockt wurde, knüpft der erwähnte Rektor die Forderung, das Ministerium möge gegen diese unzumutbare Tendenz im Nachbarland einschreiten. Er werde die Frau Minister ersuchen, daß sie den Kultusministern in Deutschland das Befremden des österreichischen Akademikerstandes über diese illiberale Politik nahebringt. Eine drastische Konsequenz könnte sein, daß künftig bei der Berufungspraxis in Salzburg mit gleicher Münze heimgezahlt wird. Von anderen Bundesländern hat man ähnliche Klagen nicht gehört.

Ob sich ein Ausweg aus dem versteinerten Labyrinth der Personalstrukturen an Österreichs Universitäten finden läßt? Auch das prinzipielle Abgehen von der Praxis der „Hausberufung", das — wie man hört — sogar schon im Ministerium erwogen wird, könnte neue Ungerechtigkeiten ergeben, weil es durch den Wunsch, der „Inzucht" Einhalt zu gebieten, noch verbliebene Karrierechancen mancher qualifizierter Wissenschafter zunichte machen würde. Da sie statt kausaler nur symptomatische Behandlung brachte, hat die Rettung der Universitäten von außen schon einmal versagt. Die durch das UOG geschaffene Situation ist leider unösterreichisch ernst, da fast hoffnungslos.

Das Ansehen des medizinischen Ordinarius von heute gleicht demjenigen von einst längst nicht mehr. Er ist kein „Gott in weiß", bestenfalls ein primus inter pares. Die wissenschaftlichen Erkenntnisse nehmen rasant zu, neue Untersuchungs-, Behandlungs- und Operationsmethoden werden in zunehmendem Maße angeboten. Der Ordinarius eines medizinischen Faches von heute kann bestenfalls Neuerungen noch überblicken, aber selbst nicht mehr alle vollkommen beherrschen. Spezialuntersuchungsmethoden müssen an Oberärzte und Assistenten delegiert werden, von denen auch wieder jeder nur einen Ausschnitt seines Faches vollkommen beherrscht. Aus der Schar der Superspezialisten werden aber künftig die neuen Ordinarien hervorgehen, die den Überblick über das ganze Fachgebiet zwangsläufig immer mehr verlieren werden. Quo vadis universitas?

Gegenwärtig wird Latein, sei es als Unterrichtsgegenstand im Maturazeugnis, sei es als nachgeholtes „Latinum", das in einem Jahr (!) absolviert werden kann, als unerläßliche Voraussetzung für das Studium der Medizin gefordert. Als wir noch ausländische Anfänger aufnehmen konnten, mußten diejenigen, die das Lateinstudium im eigenen Lande wie bei uns als Voraussetzung für das Medizinstudium nachweisen mußten, die lateinische Sprache als absolviertes Unterrichtsfach nachweisen; andere Ausländer, die an ihren Universitäten Latein nicht als Voraussetzung zum Medizinstudium absolviert haben mußten, haben wir analog ihrem eigenen Lande behandelt. *Meines Erachtens ist Latein für das Medizinstudium unerläßlich.* Wie soll der angehende Mediziner allein schon beim „Knochenkolloquium" vor dem ersten Sezierkurs an die Sache herangehen, wenn er Latein nicht gelernt hat. Als Beispiel von vielen zitiere ich die Leserzuschrift von Dr. Much in einer Wiener Tageszeitung. Er vertritt die Meinung, daß der Lateinunterricht die Erlernbarkeit aller anderen europäischen Fremdsprachen um vieles erleichtert. Der Unterricht in der lateinischen Grammatik „trainiert" das Verständnis für den Aufbau aller anderen europäischen Sprachen „unglaublich". Dieser Meinung kann ich mich nur anschließen und ich möchte meine Lateinkenntnisse nicht missen; sie haben mir tatsächlich das Erlernen anderer Sprachen wesentlich erleichtert. Wollen wir hoffen, daß die Instanzen, die darüber zu entscheiden haben, ob Latein für das Medizinstudium auch weiterhin eine conditio sine qua non bleiben soll, die wertvollen Aspekte des Lateinunterrichtes — nicht nur für das Medizinstudium — auch weiterhin zur Grundlage ihrer Entscheidung machen werden.

XXII. Kapitel:

Über die Grenzen der Augenheilkunde. (Gekürzte und ergänzte Antrittsvorlesung anläßlich der Übernahme der Leitung der Grazer Universitäts-Augenklinik, gehalten am 24. 10. 1955)

Ganz offenkundig sind unserem ärztlichen Handeln durch den Umfang unseres gegenwärtigen Wissens im allgemeinen Grenzen gesetzt. Noch enger gesteckt sind die Grenzen der individuellen Kenntnisse, um deren Erweiterung wir uns täglich bemühen. In diesem Bemühen erscheint mir bei unserer empirischen Wissenschaft ein günstiges Verhältnis zwischen der Menge des Krankenguts und der zu dessen Prüfung und Auswertung verfügbaren Zeit von wesentlicher Bedeutung. Daß die Möglichkeiten zur Bereicherung unserer ärztlichen Kenntnisse mit der Zahl der beobachteten Fälle zunächst zunehmen, ist ohne weiteres verständlich. Indessen sind die Möglichkeiten zur fruchtbringenden Vermehrung persönlicher Erfahrungen erschöpft, sobald für die materielle und geistige Bewältigung der verfügbaren Fälle nicht mehr genügend Zeit zur Verfügung steht. Die Abwicklung der ärztlichen Arbeit geschieht dann mit einer Flüchtigkeit, die für den Kranken nicht mehr das Bestmögliche gewährleistet und für den Arzt keinen geistigen Gewinn abwirft. Ich würde daher eine weise Beschränkung des Arbeitsfeldes für notwendig und die Beschäftigung mit seinen Kranken für die vordringlichste Aufgabe eines Klinikleiters halten; Forschung und Lehre werden daraus nur Vorteile ziehen.

Sie alle wissen, daß unserem Handeln oft auch durch die Beschränkung der verfügbaren Mittel Grenzen gesetzt sind. Sollen unseren Kranken alle Wohltaten der modernen Heilkunde zugute kommen, — die immer aufwendiger und kostspieliger werden —, dann können wir auf einen gewissen personellen und materiellen Aufwand bei der Krankenunter-

Neben Bakterien und Pilzen können auch *Viren* Augenentzündungen hervorrufen. Die epidemische Bindehautentzündung (auch die Hornhaut kann ergriffen werden) wird durch Erreger der sogen. APC-Virusgruppe Typ 8 bzw. Typ 3 verursacht und kommt auch bei uns epidemisch vor; die Erkrankung ist sehr ansteckend und jede bisher versuchte Behandlung wenig wirksam.

Jedem von uns sind „Fieberbläschen" an den Lippen bekannt, die zumeist im Gefolge von Erkältungen oder im Verein mit einer grippösen Erkrankung auftreten. Der Erreger ist das Herpes-Virus hominis, das auch die Hornhaut des Auges befallen und zu langwierigen Entzündungen mit Geschwürsbildung führen kann. Bei diesem Augenleiden stehen uns bereits wirksame Mittel (Virostatika) zur Verfügung, so daß schwere Narbentrübungen der Hornhaut mit erheblicher Beeinträchtigung der Sehschärfe zumeist vermieden werden können. Bedrohlicher ist das Zoster-Virus, das die zum Auge führenden Nerven befällt und einer direkten Behandlung, wie das oberflächlich angesiedelte Herpes-Virus, nicht zugänglich ist. Daher ist auch die Prognose nicht so günstig. Machtlos sind wir immer noch beim sogen. Pemphigus des Auges, bei dem der Bindehautsack allmählich schrumpft, das Auge gewissermaßen austrocknet und die Hornhaut so trüb wird, daß Erblindung eintreten kann.

Allergische Augenentzündungen sprechen gut auf Kortison an, z. B. der sogen. Frühjahrskatarrh, der die Patienten in der warmen Jahreszeit belästigt.

Was die wirksame Behandlung mancher Augenkranker erschwert, ist die nicht immer aufgeklärte Ursache des Leidens. Besonders gilt dies für die *Entzündungen der Gefäßhaut,* zu der die frei sichtbare Regenbogenhaut, der Strahlenkörper und die nur mit dem Augenspiegel sichtbare Aderhaut gehören. Die Entzündungen der Gefäßhaut können einzelne Abschnitte oder alle Teile gleichzeitig befallen. Jene Fälle, in

Großhirnrinde können elektrische Potentiale für diagnostische Zwecke abgeleitet werden.

Am augenfälligsten ist die Diskrepanz zwischen der hochentwickelten augenärztlichen Diagnostik und den begrenzten therapeutischen Möglichkeiten bei *Erkrankungen im hinteren Augenabschnitt*. Die Altersveränderungen des Glaskörpers, seine Entmischung und Ablösung mit Retraktion oder Kollaps sind resistent und irreversibel. Besonders deutlich wird dies im kurzsichtigen Auge mit übernormaler Achsenlänge, das biologisch gesehen ein vorzeitig alterndes Auge darstellt. Die mit den erwähnten Glaskörperveränderungen einhergehenden Trübungen, die vom Patienten entoptisch störend wahrgenommen werden („fliegende Mücken"), können mit den dagegen angepriesenen Mitteln nicht beeinflußt werden. Einer wirksamen Behandlung eher zugänglich sind solche Glaskörpertrübungen, die bei einer Blutung oder Entzündung in das Gerüstwerk des Glaskörpers eingedrungen sind und auch wieder resorbiert werden können.

Von den *Erkrankungen der Sehnerven* sind es die Entzündungen, die noch am ehesten erfolgreich behandelt werden können. Durchblutungsstörungen im Bereiche der Zentralgefäße des Sehnerven und der Netzhaut sind nur schwer beeinflußbar. Auch die Netzhauterkrankungen bei Diabetes, Hochdruck, Arteriosklerose etc. sind nur beschränkt besserungsfähig; hier hat sich durch Einführung der Licht- und Laser-Koagulation ein neues Feld augenärztlicher Therapie eröffnet. Das „zystoide Ödem der Netzhautmitte", das als senile Erscheinung, im Verlaufe einer chronischen Entzündung von Iris und Strahlenkörper, nach komplizierten Staroperationen oder als Restzustand nach Heilung einer Netzhautablösung beobachtet werden kann, spricht in frühen Stadien auf lokale Injektionen gefäßerweiternder Mittel (Priscol, Atropin) oft gut an. Machtlos sind wir gegen die Entartungen der Netzhaut, die vererbt werden; die senilen Degenerationen der Netzhautmitte sind im Frühstadium beschränkt beeinflußbar.

Die *operative Behandlung von Augenleiden* bietet einen optimistischen Aspekt, insbesondere seit Einführung der Mikrochirurgie des Auges. Am eindruckvollsten für den Kranken und am meisten befriedigend für den Arzt sind jene Eingriffe, die auf die Wiederherstellung des verminderten oder fast erloschenen Sehvermögens abzielen. Hier ist nach wie vor der wichtigste und häufigste Eingriff die Beseitigung des *Altersstars*. Eine wirksame konservative Therapie dieses Leidens ist vorläufig nur beschränkt möglich. Die „Reife" des grauen Stars (getrübte Linse) spielt für die Operation keine Rolle; die Operation kann vorgenommen werden, wann immer dies aus sozialen Gründen zweckmäßig erscheint. Die „Starbrille", an die sich der alte Patient oft nur schwer gewöhnt, kann heute durch Kontaktgläser oder durch Implantation einer Kunststofflinse ersetzt werden. Auf diese Weise ist auch nach einseitiger Staroperation binokulares (plastisches) Sehen möglich.

Auch die *Keratoplastik* (Hornhautüberpflanzung), bei welcher der zentrale Teil einer trüben Hornhaut durch die klare Hornhaut eines Spenderauges (Leichenauge) ersetzt wird, vermag das Sehvermögen, soferne lediglich eine Trübung oder Verformung (z. B. Hornhautkegel) der Hornhaut besteht, das Auge aber im übrigen gesund ist, in überraschender Weise wiederherzustellen. Die Verankerung der Spenderhornhaut mit feinsten Nähten (Tübinger-Naht) gelingt heute mit Hilfe des Operationsmikroskops weitaus besser als vordem, da nur Operationslupen als vergrößerndes System (meist 1,8 fach) zur Verfügung standen. Diese Naht darf in der Regel nicht früher als 6 Monate nach dem Eingriff entfernt werden, um eine gute Einheilung des Transplantates zu gewährleisten. Wenn die schlechte anatomische Beschaffenheit der peripheren Reste der Empfängerhornhaut kein gutes Dauerresultat welchen aus dem klinischen Bilde oder dem Verlaufe der Erkrankung mit großer Wahrscheinlichkeit oder gar mit Sicherheit auf die Ursache des Leidens geschlossen werden kann, sind nicht häufig. Auch die „Durchuntersuchung" des Patienten und Laboratoriumsteste führen nicht immer ans Ziel. Daß in derartigen Fällen dem subjektiven Ermessen und der Erfahrung des einzelnen Augenarztes ein weites Feld offen steht, liegt auf der Hand. Früher wurde die Bedeutung der Tuberkulose in den Vordergrund gestellt, sicher aber überschätzt. Die Fokalinfektion (beherdete Zähne, chronische Mandelentzündung u. a. m.) ist eine weitere Ursache, die in Betracht zu ziehen ist. Neuerdings sind die Toxoplasmose, Leptospirose und Histoplasmose (U. S. A.) in den Kreis der ätiologischen Faktoren einbezogen worden. Auch Virosen sind nicht auszuschließen.

Unter diesen Umständen ist es verständlich, daß die Behandlung der Gefäßhautentzündung bei weitem nicht immer gezielt durchgeführt werden kann. Tuberkuloseheilmittel werden kaum noch verwendet; Kortisone und sogen. Immunosuppressoren stehen neben der lokalen Anwendung von Atropintropfen u. a. heute im Vordergrund. Die Behandlung ist oft sehr langwierig, Heilungen sind durchaus möglich, oft stellen sich aber nur vorübergehende Therapieerfolge ein und schließlich gibt es Fälle, in denen wir mit unserem heutigen therapeutischen Rüstzeug den unglücklichen Ausgang des Leidens nicht verhindern können.

Die aufgezeigten Schwierigkeiten sind durchaus nicht in Mängeln der *Diagnostik* begründet. Das Auge bietet mit seinen transparenten Medien geradezu ideale Voraussetzungen für eine erschöpfende morphologische Analyse am lebenden Menschen. Vor allem ist es die Biomikroskopie des Auges mit Hilfe der „Spaltlampe", die das Studium feinster Strukturveränderungen im vorderen und hinteren Augenabschnitt gestattet. Für den hinteren Bulbusabschnitt stehen uns außerdem die altbewährten Methoden des Augenspiegelns (Ophthalmoskopie) zur Verfügung. Mit Hilfe der Fluoreszein-Angiographie können die Durchblutungsverhältnisse und viele krankhafte Prozesse im Augenhintergrund genau studiert und verfolgt werden. Tonometrie (Druckmessung) und Tonographie gestatten einen tiefen Einblick in den Flüssigkeitswechsel im Augeninnern. Die Ophthalmodynamometrie und -dynamographie erlauben Blutdruckmessungen in den Netzhautgefäßen bzw. deren Einflußgebiet. Die Ultraschall-Echographie gibt uns Aufschluß über die anatomischen Verhältnisse vieler Augenstrukturen ohne Rücksicht auf deren direkte Sichtbarkeit.

Die Schattenprobe oder ein Computer ermöglicht die genaue objektive Bestimmung der *Refraktion* (optische Einstellung) des Auges. Subjektive und objektive Methoden zur Bestimmung der Sehschärfe dienen der Funktionsprüfung der zentralen Netzhaut, Perimetrie und Skotometrie geben Aufschluß über den Leistungsgrad der peripheren Retina. Die Fähigkeit der Netzhaut, sich wechselnden Beleuchtungsverhältnissen in hohem Grade anzupassen, wird mit Hilfe der Adaptometrie geprüft. Zur Bestimmung der Farbentüchtigkeit stehen leistungsfähige Anomaloskope zur Verfügung. Der Muskelapparat des Auges kann mit Hilfe verschiedener Methoden geprüft werden, wobei auch die Qualitäten des beidäugigen Sehens (Stereoskopie) getestet werden können.

Die *Elektrophysiologie* des Auges ist jüngeren Datums, hat sich aber rasch zu nützlichen Untersuchungsmethoden entwickelt. Das Elektro-Retinogramm (ERG) wird durch Belichtung der Netzhaut ausgelöst und ermöglicht Aussagen über deren Beschaffenheit und die Gefahr künftiger Funktionsstörungen. Die Elektro-Okulographie wird zur Aufzeichnung der Augenbewegungen verwendet. Die Elektro-Myographie gibt Aufschluß über Funktionsstörungen der äußeren Augenmuskeln. Auch von der Sehsphäre im hinteren Abschnitt der erwarten läßt, kann statt einer Keratoplastik eine *Hornhautprothese* aus Kunststoff implantiert werden; die Dauerresultate sind beim heutigen Stande der Operationstechnik allerdings noch nicht sehr ermutigend.

Dem Schweizer Augenarzt Jules Gonin (1870—1935, Lausanne) verdankt die Augenheilkunde den größten Fortschritt dieses Jahrhunderts, die Heilung der *Netzhautablösung* durch Verschluß der Netzhautrisse, von denen die Ablösung ihren Ausgang genommen hat. Anfangs als brutaler Eingriff abgelehnt, setzte sich Gonin's Prinzip der Abhebungschirurgie bald durch und blieb bis heute unverändert gültig. Die genaue Rißlokalisation mittels Transillumination im verdunkelten Operationssaal und exakter Rißverschluß durch wohldosierte entzündungserregende Reize — heute wird die Kältekoagulation (Kryopexie) vorgezogen — sind wichtige Voraussetzungen für den Erfolg. Die Wiederanlegung der Netzhaut wird in den meisten Fällen durch Aufnähen einer elastischen Plombe aus Kunststoff (z. B. Silastik), durch Verkleinerung des Augapfels mittels Lederhautresektion (Bulbusverkürzung nach Lindner), Umschnürung des Augapfels oder Auffüllung des von der Netzhaut umschlossenen Raumes nach vorausgegangener Drainage der unter der abgelösten Netzhaut befindlichen Flüssigkeit begünstigt. Die Heilungsziffern bei Netzhautablösung erreichen in augenärztlichen Zentren zwischen 80 und 90%. In Fällen von durchblutetem Glaskörperraum (Diabetes), geschrumpftem Glaskörper u. dgl. m. kann der pathologische Inhalt des inneren Auges mittels *Vitrektomie* entfernt und durch eine geeignete Flüssigkeit ersetzt werden; dem Verf. hat sich eine Lösung von Natriumhyaluronat bewährt.

Weniger eindrucksvoll für den Kranken und weniger dankbar für den Ophthalmologen, aber umso verantwortungsvoller, sind jene Eingriffe, die auf die Erhaltung des bedrohten Sehvermögens abzielen, vor allem die Eingriffe gegen die intraokulare Drucksteigerung, das *Glaukom*. Der Patient kann es nicht immer verstehen, warum das Sehvermögen nach dem Eingriff nicht besser ist als vorher, oder weshalb an seinem „gesunden" Auge eine Operation ausgeführt werden soll. Umso wichtiger ist die Auswahl eines möglichst risikoarmen Eingriffs und eine perfekte Operation mit Hilfe des Mikroskops.

Bei den *Geschwülsten des Auges* kommt in erster Linie die chirurgische Behandlung in Frage. Lidtumoren können zumeist leicht exzidiert und die entstandenen Hautdefekte plastisch gedeckt werden. Bei den intraokularen Tumoren haben wir es leider oft mit sehr bösartigen Pigmentgeschwülsten zu tun, am häufigsten mit Melanoblastomen der Gefäßhaut. Hier stehen wir nicht selten vor der Entscheidung, ein oft noch sehfähiges Auge zu opfern oder das Risiko einer Ausschneidung oder Lichtkoagulation der Geschwulst einzugehen. Die Tendenz geht immer mehr dahin, das betroffene Auge, wenn irgendwie möglich, zu erhalten. Bei wenig vorgeschrittenen Pigmentgeschwülsten der Regenbogenhaut kann man die Exzision im Gesunden in der Regel verantworten. Tumoren des Strahlenkörpers werden in zunehmendem Maße ausgeschnitten und das Auge nicht entfernt; mein Lehrer Lindner war einer der ersten, der diesen gewagten Eingriff ausführte und deswegen anfangs von den Fachkollegen angegriffen wurde. Pigmenttumoren der Aderhaut geben in der Regel Anlaß zur Entfernung des befallenen Auges; der Erfolg einer radikalen Zerstörung des Tumors durch Elektro- bzw. Lichtkoagulation oder eine intensive Strahlentherapie ist selbst bei kleinen Geschwülsten problematisch.

Noch schwieriger liegen die Dinge beim *Retinoblastom,* einer sehr bösartigen Geschwulst, die von der kindlichen Netzhaut ihren Ausgang nimmt. Das Gewächs wird in der Regel erst im Stadium des „amaurotischen Katzenauges" entdeckt, die Entfernung des Auges ist die einzige vertretbare Therapie.

Gar nicht so selten findet man im Partnerauge solcher Kinder ein beginnendes Retinoblastom, das in der Regel auf Kältekoagulation und Strahlentherapie gut anspricht. Bei Kindern mit beidseitigem vorgeschrittenem Retinoblastom stehen Eltern und Ärzte vor der schweren Entscheidung, beide meist schon erblindeten Augen zu entfernen oder die Patienten dem Tod auszuliefern.

Die *Schieloperation* bildet heute nur einen Baustein in einem größeren Behandlungsplan. Das Ziel ist die Herstellung eines normalen beidäugigen Sehaktes. Dazu bedarf es oft recht mühevoller jahrelanger Übungen zur Beseitigung einer beim einseitigen Schielen vorhandenen Schwachsichtigkeit bzw. zur Anbahnung eines normalen beidäugigen Sehens mit Stereoskopie beim alternierenden Schielen. Sobald die Möglichkeiten der unblutigen Behandlung mit dem Ziel der Parallelstellung der Gesichtslinien erschöpft sind, tritt die Schieloperation in ihre Rechte, die ich in den letzten Jahren meiner Tätigkeit in der Regel ambulant ausgeführt habe. Auch ohne Operation sind Behandlungserfolge beim sogen. Begleitschielen unbestreitbar. Es erhebt sich allerdings die Frage, ob die an den Übungsapparaten gelösten Aufgaben auch tatsächlich allen Qualitäten eines normalen beidäugigen Sehaktes restlos entsprechen. Gewiß ist die Wiederherstellung eines solchen Sehaktes das Idealziel aller Bemühungen der Ärzte, Eltern, Orthoptistinnen und kleinen Patienten; dem Patienten selbst allerdings, dem der Mangel stereoskopischen Sehens gar nicht bewußt sein kann, geht es wohl in erster Linie um ein gutes kosmetisches Resultat.

Was die *Sehhilfen* angeht, die uns zur Verfügung stehen, ist eine Besserung der Sehschärfe naturgemäß auch nur innerhalb gewisser Grenzen möglich. Mit den üblichen Brillengläsern können grundsätzlich nur Anomalien der optischen Einstellung des Auges ausgeglichen werden, wobei zunächst durch die individuelle Toleranz der Brillenkorrektur und den

Grad der Regelmäßigkeit vorhandener Refraktionsanomalien Grenzen gezogen sind. Darüber hinaus hängt die erzielbare Sehschärfe vom anatomischen Zustand des Auges, der Sehbahn und des Sehzentrums im hinteren Anteil der Großhirnrinde ab. Endlich ist auch der Grad der funktionellen Entwicklung des Sehapparates von Bedeutung; konnte sich der Sehakt aus irgendeinem Grunde im Verlaufe der ersten Lebensjahre nicht ungehemmt entwickeln, dann besteht späterhin eine praktisch irreparable Schwachsichtigkeit. Hoimar von Ditfurth meint, daß neben einer guten Sehschärfe binnen der beiden ersten Lebensjahre auch noch andere Eigenschaften erworben werden, die — wenn Hindernisse auftreten — später nicht mehr erworben werden können.

Patienten mit Refraktionsanomalien, die eine Brille aus kosmetischen, beruflichen, medizinischen oder anderen Gründen nicht tragen können, fragen gerne nach einem Haftglas. Diese Art der Sehhilfe ist im Verlaufe der letzten Jahre in mancher Hinsicht weiterentwickelt worden, bedarf aber doch einer gewissen Disziplin hinsichtlich des Gebrauchs und der unerläßlichen Pflege und Reinigung der Haftgläser.

Die *chirurgische Behandlung von Refraktionsfehlern* des Auges ist noch recht problematisch. Vor allem war es die hochgradige Kurzsichtigkeit, die immer wieder zur chirurgischen Behandlung Anreiz bot. Das Verfahren von Fukala, die klare Linse aus dem kurzsichtigen Auge zu entfernen und auf diese Weise die Achsenmyopie durch eine Brechungshyperopie zu kompensieren, wird nicht mehr geübt, da die Gefahren postoperativer Komplikationen (Netzhautablösung, Sekundärglaukom) zu groß sind. Versuche, die hochgradige Kurzsichtigkeit durch Operationen an der Lederhaut zu beseitigen, haben sich nicht durchgesetzt. Ebenso nicht die von dem japanischen Augenarzt Sato geübten Einschneidungen der Hornhaut von innen her, die durch die postoperative Narbenbildung zu einer Abflachung der Hornhaut führen sollen. Neuerdings ist ein ähnliches Verfahren mit radiären Inzisionen der Hornhaut von außen her ins Versuchsstadium getreten. Bei der „Keratomileusis" wird die eigene Hornhaut nach entsprechenden komplizierten Berechnungen mittels Computers operativ so verändert, daß die erwünschte optische Korrektur wenigstens annähernd erzielt wird. Dieser Eingriff bleibt Superspezialisten vorbehalten, und es ist die Frage, wie weit der chirurgisch tätige Augenarzt moralisch berechtigt ist, Risiken einzugehen, die kaum noch vertretbar sind.

Wenn die heutigen Grenzen therapeutischer Möglichkeiten zur Besserung oder Wiedergewinnung eines nützlichen Sehens erreicht sind, ist der Zeitpunkt gekommen, in dem sich der Patient damit abfinden muß, mit seinem Gebrechen zu leben und wie er das am ehesten meistern kann. Oft werden bestehende Fürsorgeeinrichtungen in Anspruch genommen werden müssen (Blindenfürsorge). Von den Angehörigen solcher Patienten wird man oft gebeten, dem Patienten zu seinem Troste die Möglichkeit einer späterhin vielleicht noch möglichen Besserung seines Zustandes in Aussicht zu stellen; auf diese Weise beläßt man ihn in einer vagen Hoffnung, die ihm allmählich schwindet. Fragwürdig erscheint mir die Einleitung oder Fortsetzung einer Behandlung, von deren Mißerfolg der Arzt von vornherein überzeugt sein muß. Wenn solche Patienten auch noch finanziell ausgenützt werden, sind die Grenzen ärztlicher Ethik überschritten.

Zum Schluß möchte ich noch einige Worte an unsere Studenten und Jungärzte richten. Sie sind dazu berufen, die Grenzen, die uns heute noch gezogen sind, morgen zu erweitern. Fortschritte sind unbedingt zu erwarten und werden sich wahrscheinlich immer schneller einstellen. Wenn ich an die Anfänge meiner Tätigkeit zurückdenke, muß ich gestehen, daß manche Ansichten und Behandlungsmethoden von ehedem sinnlos waren. Dem angehenden Augenchirurgen wurde

z. B. gelehrt, den Glaskörper des Auges bei allen Operationen möglichst zu schonen. Heute tragen wir den nach Entbindung einer trüben Linse vorgefallenen Glaskörper so weit ab, bis vor der Iris und in der Pupille kein Glaskörper mehr vorhanden ist (vordere Vitrektomie). Oder wir entfernen bei schweren diabetischen Augenkomplikationen den durchbluteten Glaskörper geradezu vollständig (Vitrektomie via pars plana). In weiteren Jahrzehnten werden unsere Nachfahren dahinterkommen, welche unserer heutigen Ansichten falsch waren und es besser machen.

Mein Lehrer Lindner richtete unmittelbar vor seinem Tod am Vortragspult das Wort an die Jugend, erkannte Unzulänglichkeiten zum Anlaß zu nehmen, die Dinge nicht ruhen zu lassen, sondern, gleichgültig ob sie als Ärzte in einer Klinik, Spezialabteilung oder in der freien Praxis tätig sind, nach Verbesserung und Vervollkommnung unserer Kenntnisse und Behandlungsmethoden zu suchen.

Zum 100. Geburtstag meines Lehrers (19. Januar 1983), dessen langjähriger Assistent, Stellvertreter und engster Mitarbeiter ich gewesen war, wurde es mir verwehrt, in der Ophthalmologischen Gesellschaft in Wien Worte des Gedenkens zu sprechen. Einen Kranz am Grabe niederzulegen konnte mir niemand verwehren, ebensowenig Würdigungen des Verewigten in zwei Fachzeitschriften und in der Wiener Tageszeitung „Die Presse".

XXIII. Kapitel:
Kurze Abschiedsvorlesung, die nie gehalten wurde

Während meiner Studentenzeit war es ein regelmäßig geübter, schöner Brauch, daß jeder Ordinarius am Ende seiner Laufbahn eine feierliche Abschiedsvorlesung hielt, sozusagen als Gegenstück zur feierlichen Antrittsvorlesung. Kollegen, Mitarbeiter und Studenten füllten den Hörsaal und ließen es sich nicht entgehen, ihren Lehrer in Ehren zu verabschieden. Heutzutage wird dieser schöne akademische Brauch nicht mehr geübt. Akademische Feiern werden von unseren heutigen Studenten nur noch wenig geschätzt. Vorübergehend verzichteten die Promovenden sogar auf die feierliche Promotion und nahmen ihre Diplome in der Rektoratskanzlei formlos in Empfang, wie ein Butterbrot. Aber die feierliche Promotion mit Chargierten, Blumen, Rektor, Dekan und Promotor im Talar, mit einer Ansprache des Rektors, während Freunde und Verwandte in der Aula versammelt sind, kam wieder. Feierliche Abschiedsvorlesungen werden nicht mehr gehalten.

In meinen vielen Vorlesungen habe ich mich bemüht, meinen Studenten das Auge, seine Entwicklung, seine Welt und seine Leiden näher zu bringen. Viele Stunden habe ich fern dem Sonnenlicht in verdunkelten Räumen zugebracht und bei der Fülle der Arbeit den Wechsel der Jahreszeiten nur am Rande bemerkt. Nächtliche Stunden dienten der Niederschrift von Vorträgen, wissenschaftlichen Publikationen, Referaten, Handbuchartikeln und Monographien. Wohl ist die Augenheilkunde noch ein Prüfungsfach und die fachärztliche Ausbildung zum Ophthalmologen dauert $5\frac{1}{2}$ Jahre. Dazu kommen 6 Monate Innere Medizin. Die Chirurgie wurde anscheinend vergessen. Aufgrund eines Zeugnisses, das vom Klinikchef und Anstaltsdirektor unterzeichnet wird, verleiht die zuständige Ärztekammer den Berufstitel eines Facharztes für

Augenheilkunde. Wer auf dem Laufenden bleiben will, muß Fortbildungskurse, Kongresse und Symposien besuchen. Der „Praktische Arzt", der den dreijährigen „Turnus" absolviert, braucht sich nach dem Doktorat mit der Augenheilkunde nicht mehr zu befassen und kann daher selbständig auf diesem Gebiete nicht viel Ersprießliches leisten. Ein praktischer Arzt stellte mir an der Grazer Augenklinik seine Frau wegen einer Augenentzündung vor. Sie litt an einer einseitigen subakuten Regenbogenhautentzündung, und als ich dem Kollegen die Symptome der Erkrankung an der Spaltlampe demonstrieren wollte, bedankte er sich mit den kurzen Worten: „Interessiert mich nicht!"
In der Industriegesellschaft und im Straßenverkehr werden heute hohe Anforderungen an das Auge gestellt. Geringe Refraktionsfehler oder leichte Störungen des Augenmuskelgleichgewichts verursachen unter den heutigen Verhältnissen asthenopische Beschwerden, die unter den früheren Arbeits- und Verkehrsverhältnissen nicht aufgetreten wären. Auch die Umstellung von der Glühlampenbeleuchtung zur Beleuchtung mit Leuchtstoffröhren kann Schwierigkeiten bereiten, obwohl die Leuchtstoffröhrenbeleuchtung die vorteilhaftere Art künstlicher Beleuchtung sein kann. Ungünstige Leuchtfarben bereiten Unbehagen, zumal wenn alle Gesichter Leichenfarben zeigen; die ungewohnte Schattenbildung kann ebenfalls anfangs Schwierigkeiten bereiten.
Die *Entstehungsgeschichte* des menschlichen Auges ist langwierig und kompliziert. Hoimar von Ditfurth hält es für ein biologisches Prinzip, daß die Bedeutung eines Reizes für den eigenen körperlichen Zustand und seine Rolle als mögliche Quelle von Informationen über die Außenwelt sich gegenseitig ausschließen. Nur dadurch, daß sie sich zur Energiegewinnung auf einen Teil des Lichtspektrums beschränken, haben sich die Pflanzen noch einen Wellenbereich des Lichts ausgespart, den sie für orientierende Reaktionen benutzen

können. Weiter als bis zu derartigen Bewegungsreaktionen haben es die Pflanzen nicht gebracht. Wie die Grundausrüstung aus dem pflanzlichen Bereich, in dem sie erfunden worden war, in das der Tiere gelangte, ist in diesen frühen Tagen der Weltherrschaft der Einzeller unentschieden, zumal die Zugehörigkeit zu dem einen oder anderen Reich noch unbestimmt war. Arten und Individuen schwankten als Grenzgänger zwischen beiden Reichen hin und her.

Dann aber nahm die Evolution einen raschen Verlauf. Der erste Schritt dürfte in einer mehr oder weniger wahllosen Streuung lichtempfindlicher Zellen über die ganze Körperoberfläche primitiver Mehrzeller bestanden haben. Die Konzentration der Sinneszellen am Vorderende bereitete den nächsten Entwicklungsschritt vor. Rezeptoren für Reize, die von der Außenwelt eintrafen, wurden hier am dringendsten benötigt. Dort rückten sie zusammen und begünstigten derart den künftigen Zusammenschluß. Im Laufe der weiteren Entwicklung wurden die Lichtsinneszellen von Pigmentschalen umgeben, so daß sie nur noch auf einer Seite vom Licht getroffen wurden. Die am Vorderende am dringendsten gebrauchten Sinneszellen sind allerdings auch am ehesten durch Verletzungen gefährdet. Wo ist ein Ausweg? Die Sinneszellen rückten zusammen und die Stelle der Oberfläche, wo sie konzentriert waren, senkte sich in die Tiefe. Mit der Tiefe des entstandenen *Augenbechers* wurde die Funktion nicht beeinträchtigt, aber Verletzungen wurden seltener. Damit war gleichzeitig ein Lichtrezeptor entstanden, der Lichtsignale empfangen sowie die Richtung und Geschwindigkeit von Bewegungen melden konnte.

Aus welchen Gründen immer begann die Öffnung des Augenbechers sich im Verlaufe von Jahrmillionen langsam zu verengen. Je kleiner die Öffnung und je tiefer der Becher wurde, um so genauer ließ sich die Richtung bestimmen, aus der das Licht einfiel. So entstand das „Lochauge".

Erstmals bildet die Außenwelt sich im buchstäblichen Sinne ab. Die Gesetze der Physik brachten es mit sich, daß in der verdunkelten Hohlkugel die Bedingungen einer Camera obscura entstanden. Aber wie sollte das Auge dem Widerspruch genügender Helligkeit bei ausreichender Bildschärfe entrinnen? Die Lösung besteht in der Einführung einer Linse. Diese Lösung kam auf einem Wege zustande, der eigene Ursachen hatte. Das durch die Verbesserung des Richtungssehens herausgezüchtete Lochauge hatte nämlich die Verminderung der Verletzungsgefahr wieder zunichte gemacht. Aus diesem mechanischen Grund wurden von der Selektion jetzt Mutanten begünstigt, bei denen die Öffnung des Lochauges vom Rand her durch eine Fortsetzung der Körperhaut verschlossen wurde. Das Häutchen mußte allerdings so dünn und pigmentarm sein, daß es genügend Licht hindurchließ. Die Vorteile des „geschlossenen Lochauges" müssen derart überwogen haben, daß die Evolution an dieser Stelle nicht abgebrochen wurde. Als der häutige Verschlußdeckel erst einmal existierte, bekam die Kraft der Selektion die Gelegenheit, diesen Deckel zu einer Linse zu gestalten. Damit hat die Entwicklung des menschlichen Auges ihren heutigen Stand im wesentlichen erreicht. Diese Betrachtung der Entwicklung des Auges kann uns die Einsicht verschaffen, wie klein der Anteil ist, den das „Sehen" einnimmt. Die noch rudimentäre Ausbildung des Großhirns machte zunächst ein „Sehen" im heutigen Sinne sicher noch nicht möglich. Das Welterleben durch „Sehen" im heutigen Sinne dürfte nach Hoimar v. Ditfurth erst seit etwa 30 Millionen Jahren realisiert sein. Damit erhebt sich aber die Frage, wozu Augen geschaffen wurden, wenn „Sehen" gar nicht das ursprüngliche Funktionsziel gewesen ist. Unsere Netzhäute mit ihren Sinneszellen haben es nur in einem sehr kleinen Bezirk zu einer echten Abbildungsleistung gebracht, nämlich im Bereich der Netzhautmitte, wo die für das „photopische Sehen" eingerichteten „Zapfen" in größter Dichte beisammenliegen. Das „skotopische oder Dämmerungssehen" vermitteln die in der peripheren Netzhaut befindlichen „Stäbchen". Wir überspielen das beschränkte photopische Sehen im alltäglichen Leben unbewußt dadurch, daß wir durch kontinuierliche Augenbewegungen die Umwelt durch den Fixationspunkt regelrecht abtasten. Die Evolution hat keine Kamera, sondern eine optische Alarm- und Orientierungsapparatur herauszuzüchten sich bemüht.

Der äußerste Rand der Netzhaut vermittelt keine optischen Eindrücke mehr, sondern erzeugt unbewußt Blickbewegungen in Richtung auf bewegte Gegenstände. Dieser Teil der Netzhaut ist bis auf den heutigen Tag ein reines Alarmorgan geblieben. Netzhaut und Sehnerv sind zur Körperoberfläche ausgestreckte Teile des Gehirns und zwar des Zwischenhirns; hier befindet sich das „primäre Sehzentrum". Die Sehbahn endet also zunächst in einem archaischen Hirnteil, der ein bewußtes Erleben und die optische Wahrnehmung der Umwelt noch nicht ermöglicht. Aber das Netzhautbild war da und es blieb über Hunderte von Jahrmillionen hinweg, bis sich schließlich eine Großhirnrinde zu entwickeln begann, die mit ihm etwas anfangen konnte. Dabei stellt sich die Frage, ob und inwieweit wir mit unserem Sehorgan in der Lage sind, die „Welt" naturgetreu zu erfassen; optische Täuschungen sind jedem bekannt und sicher kennen wir nicht alle. Die vollkommen unbeabsichtigten Netzhautbilder sind somit als eine der Ursachen anzusehen, welche die Entstehung des Großhirns ausgelöst haben. Bekanntlich endet die Sehbahn im Bereich des Hinterhauptlappens der Großhirnrinde im Bereich der „Fissura calcarina".

Hoimar von Ditfurth beschreibt „unsere Situation" in seinem Buche „Der Geist fiel nicht vom Himmel" wie folgt: „Das Gehirn hat das Denken nicht erfunden ... Die Augen waren eine Reaktion der Entwicklung auf die Tatsache, daß die Oberfläche der Erde von einer Strahlung erfüllt ist, die

von festen Gegenständen reflektiert wird. Dieser Umstand erst gab der Evolution die Möglichkeit, Organe zu entwickeln, die sich dieser Strahlung zur Orientierung bedienen. Augen sind ein Beweis für die Existenz der Sinne. Deshalb dürfen wir auch vermuten, daß unser Gehirn ein Beweis ist für die reale Existenz einer von der materiellen Ebene unabhängigen Dimension des Geistes. Es ist eine wahrhaft aberwitzige Vorstellung, wenn wir immer so tun, als sei das Phänomen des Geistes erst mit uns selbst in dieser Welt erschienen. Als habe das Universum ohne Geist auskommen müssen, bevor es Menschen gab. Genau die umgekehrte Perspektive dürfte dem wahren Sachverhalt sehr viel näherkommen: Geist gibt es in der Welt nicht deshalb, weil wir ein Gehirn haben. Die Evolution hat vielmehr unser Gehirn und unser Bewußtsein allein deshalb hervorbringen können, weil ihr die reale Existenz dessen, was wir mit dem Wort Geist meinen, die Möglichkeit gegeben hat, in unserem Kopf ein Organ entstehen zu lassen, das über die Fähigkeit verfügt, die materielle mit dieser geistigen Dimension zu verknüpfen."
Hoimar von Ditfurth schließt sein Buch wie folgt: „Wenn die Welt unserer täglichen Erfahrung mit der objektiven Realität der ‚Welt an sich' wirklich so nahtlos übereinstimmte, wie unser naives Welterleben es uns suggeriert, dann brauchten wir keine Naturwissenschaft. Die geistige Anstrengung, die wir mit diesem Begriff meinen, ist nichts anderes als die Reaktion des Menschen auf die Erkenntnis, daß sich der Augenschein mit der Realität nicht deckt. Es ist, wenn man die Situation einmal durchschaut hat, alles andere als erstaunlich, daß sich die Welt außerhalb des engen Rahmens unserer Anschauung unserem Vorstellungsvermögen entzieht. Erstaunlich ist es vielmehr, daß es uns über den indirekten Weg der Wissenschaft gelingt, über diesen Rahmen hinaus, in die Realität einzudringen. Zwar ist das nur auf den Krükken abstrakter, selbst unanschaulicher Formeln und Symbole

möglich. Die Fachsprache des Wissenschaftlers ist aus der Not geboren, Zusammenhänge beschreiben zu müssen, die außerhalb des Bereichs unserer Alltagserfahrung liegen und für deren Beschreibung unsere aus dieser Alltagserfahrung entstandene Sprache daher weder Begriffe noch Syntax bereithält. Daß wir uns dabei aber tatsächlich uns sonst unerkennbar bleibenden objektiven Eigenschaften der Welt annähern, wird durch überprüfbare Resultate am Ende derartiger Formelketten bewiesen. Etwa dann, wenn sie uns die Auslösung einer Atomexplosion ermöglichen, mit der wir Materie in Energie umwandeln."

Es ist erstaunlich, in wie hohem Grade die Evolution bei der Entwicklung des Auges den Kompromiß zwischen der unvermeidlichen Lage an der Körperoberfläche mit allen damit verbundenen Gefahren und die hohe Differenzierung dieses Organs gelöst hat. Daß es sich in der Tat aber nur um einen Kompromiß handelt, beweist die tägliche Arbeit des Augenarztes und die stetige Weiterentwicklung der ophthalmologischen Diagnostik und Therapie. Diese Weiterentwicklung wird zwangsläufig zu einer Aufsplitterung in augenärztliche Superspezialfächer zur Folge haben, wie dies in den U. S. A. dank der großen Bevölkerungszahl schon weitgehend möglich ist. Solche Superspezialisten sind denn auch imstande, die bestmöglichen therapeutischen Ergebnisse zu erzielen. Mögen die Superspezialisten der Zukunft nicht dazu verleitet werden, die gebotenen Grenzen der ärztlichen Kunst so zu überschreiten, daß Hybris und Chaos auch zu physischer Blindheit und psychischer Verblendung führen.

Personenregister

Albrecht, Kurt, Dr. Univ.-Prof. 80, 81
Amalric, Pierre, Dr. 167
Ammon, Robert, Dr., Univ.-Prof. 131
Amsler, Marc, Dr., Univ.-Prof. 100—102
Andreas II., König von Ungarn 20
Angela, Stationsschwester 175
Arbesser, Leo von Rastburg, Dr., Medizinalrat 144
Arlt, Ferdinand, Ritter von, Dr., Univ.-Prof. 148
Arnold, Ottokar, Dr., Univ.-Prof. 196
Arruga, Hermenegildo, Dr., Univ.-Prof. 102
Arzt, Leopold, Dr., Univ.-Prof. 57, 62—64, 73, 112
Ascher, Karl Wolfgang, Dr., Univ.-Prof. 156
Aschoff, Ludwig, Dr., Univ.-Prof. 208
Athenagoras, Patriarch 166
Atlee, Clement 160
Auersperg, Karl Fürst von 1
Auerswald, Wilhelm, Dr., Univ.-Prof. 218
Ayoub, John, Dr. 107

Bachmann, Arthur, Ing. 28
Bangerter, Alfred, Dr., Univ.-Prof. 100
Barraquer, José, Dr. 208
Barrenscheen, Hermann Karl, Dr., Univ.-Prof. 45
Barth, Joseph, Dr. 148
Bauer, Karl Heinz, Dr. Dr. h. c., Univ.-Prof. 144
Beata N., verehel. Hruby 169, 170, 182
Beer, Joseph Georg, Dr., Univ.-Prof. 148
Berger, Karl 15
Bernhard, Pater 180
Bernheimer, Stephan, Dr., Univ.-Prof. 148
Bertha, Hans, Dr., Univ.-Prof. 136, 193
Best, Charles, Herbert, Dr., Univ.-Prof. 208
Billroth, Theodor, Dr., Univ.-Prof. 168
Binder, Mathias 2
Bock, Fritz, Dr. 151
Böck, Josef, Dr., Univ.-Prof. 57, 93, 105, 110, 111, 128—130, 132, 137, 142, 149, 156, 158, 163, 167
Böhm, Karl, Dr. 134
Böhm, Karl Heinz 134
Böhm, Leopold, Dr. 133
Böhm, Peter, Dr. 134
Bornschein, Hans, Dr., Univ.-Prof. 152, 157

Breitenecker, Leopold, Dr., Univ.-Prof. 57, 163
Bruckner, Anton 27
Brücke, Theodor, Dr., Univ.-Prof. 129, 154
Buhl, Hans, Dipl.-Ing. 87
Burkl, Wilhelm, Dr., Univ.-Prof. 137

Chhokar, K. G. Singh, Dr. 116, 118, 153, 154, 203, 210
Chhokar, Balbir, Dr. 153
Chiari, Hermann, Dr., Univ.-Prof. 53, 167
Chotek, Sophie, Gräfin; Herzogin von Hohenberg 48
Churchill, Winston 160
Coronini, Carmen von, Dr., Univ.-Prof. 53

Daluege, Kurt 77
Dankl, Viktor, General; 1917 Freiherr; 1918 Graf 178
Danopoulos, Evangelos, Dr., Univ.-Prof. 171, 172
Danopoulos, Iphigenie, Dr. 171
Davis, Gustav 40
Denk, Wolfgang, Dr., Univ.-Prof. 53, 54, 57, 61—63
Deutsch-Kempny, Erwin, Dr. Dr. h. c., Univ.-Prof. 136, 182
Dienstel, Karl, Dr., Univ.-Dozent 168
Dieter, Walter, Dr., Univ.-Prof. 71
Dimmer, Friedrich, Dr., Univ.-Prof. 67—70, 127, 139, 148
Ditfurth, Hoimar von, Dr., Univ.-Prof. 246, 250, 252, 254
Doden, Wilhelm, Dr., Univ.-Prof. 156
Dollfuß, Engelbert, Dr. 49, 100
Domanig, Erwin, Dr., Univ.-Prof. 111
Dorn, Johann 91, 92, 97, 189
Drimmel, Heinrich, Dr. 49, 110, 143, 144, 149
Durig, Arnold, Dr., Univ.-Prof., Hofrat 46, 47

Edlinger, Erich Dr., Primarius 154
Edward, Prince of Wales 128
Egerer Ido, Dr., Univ.-Dozent 183
Eiselsberg, Anton von, Dr., Univ.-Prof. 53, 54, 69, 96, 168
Elisabeth, Kaiserin 74
Elschnig, Anton, Dr., Univ.-Prof. 69, 74
Engelberg, Adele, Dr. 73
Eppinger, Hans, Dr., Univ.-Prof. 53
Eugling, Max, Dr., Univ.-Prof. 55, 60, 61
Eva W., verehel. Hruby 182
Eyb, Christian, Dr., Primarius 94, 98

Fanta, Helmuth, Dr., Univ.-Prof. 93, 132, 156, 157, 159
Fantl, Erich, Dr. 73

Feller, Adolf, Dr., Univ.-Dozent   52, 58
Fellinger, Karl, Dr. Dr. h. c., Univ.-Prof.   53, 151, 154, 163, 167, 181, 194, 195
Feßl, Rudolf, Dr.   94
Firnberg, Hertha, Dr.   152, 157, 158, 217, 225, 226, 233
Fischel, Alfred, Dr., Univ.-Prof.   46
Foster, Clifford Charles, Dr.   106, 207, 208
Franceschetti, Adolph, Dr., Univ.-Prof.   101
Frank, Karl Hermann   76, 77, 81
Franz Ferdinand, Erzherzog-Thronfolger   13, 48, 84
Franz Joseph I., Kaiser von Österreich etc.   143
Freud, Sigmund, Dr., Univ.-Prof.   151
Frey, René Georg, Dr., Univ.-Prof.   94
Freyler, Heinrich, Dr., Univ.-Prof.   183, 198
Frick, Adam   178, 179, 181, 184, 185
Frick, Christine   178, 179, 186, 187, 195
Frick Elfriede, verehel. Hruby   29, 88, 161, 162, 177—180, 195, 206, 207
Frick, Wilhelm, Dr. (Reichsprotektor)   77
Frick, Wilhelm, Dr.   180
Frisch, Alfred, Dr., Univ.-Prof.   53
Fuchs, Adalbert, Dr., Univ.-Prof.   68
Fuchs, Ernst, Dr., Univ.-Prof., Hofrat   63—69
Fuchsig, Paul, Dr., Univ.-Prof.   167
Fürth, Otto von, Dr., Univ.-Prof.   45, 140
Fukala, Vinzenz, Dr.   246
Funder, Friedrich, Dr.,   139
Funder, Wolfgang, Dr., Univ.-Prof.   94, 123, 133, 139, 141, 147, 150, 183

Geyer, Georg, Dr., Univ.-Prof.   187
Geza II., König von Ungarn   20
Ghandi Mahatma   116
Gittler, Rudolf, Dr., Univ.-Dozent   163, 167
Gnad, Hans-Dieter, Dr., Univ.-Dozent   183
Goethe, Johann Wolfgang von   27
Goldmann, Hans, Dr., Univ.-Prof.   100, 106, 202
Gonin, Jules, Dr., Univ.-Prof.   70, 101, 102, 105, 160, 183, 202, 243
Gorbach, Alfons, Dr.   144
Gotsch, Karl, Dr., Univ.-Prof.   136, 154, 193
Graefe, Albrecht von, Dr., Univ.-Prof.   106
Graßberger, Roland, Dr., Univ.-Prof.   55
Grillparzer, Franz   36

Grögor, Franz   27, 39
Grün, Peter, Dr.   94
Guist, Gustav, Dr., Univ.-Dozent   102

Hafferl, Anton, Dr., Univ.-Prof.   44, 137
Hänsel, Ludwig, Dr.   27
Häusler, Hans, Dr., Univ.-Prof.   136
Hainisch Michael, Dr.   8
Halberstädter, Ludwig, Dr.   66
Hallermann, Wilhelm, Dr., Univ.-Prof.   167
Hamburger, Franz, Dr., Univ.-Prof.   54, 60
Hamburger, Franz Anton, Dr., Univ.-Prof.   71, 93
Hamburger, Wilhelm   54
Hamperl, Herwig, Dr., Univ.-Prof.   77, 208, 209
Handl, Otto, Dr.   94
Harms, Heinrich, Dr., Univ.-Prof.   79
Haugk, Leopold, Dr. Msgr.   180
Haugwitz, Carl Wilhelm, Reichsgraf von, und Eugenie geb. Reichsgräfin von Hardegg   12, 14, 16
Haugwitz, Max, Graf von   12
Haugwitz, Franziska, Carolina, Maria Camilla, Komtessen von   12, 16
Haydn, Franz Josef   144
Haydn, Rudolf, Dr., Primarius   62
Hayek, Heinrich von, Dr., Univ.-Prof.   142, 154
Hedorfer, Alexander   31
Hegner, August, Dr., Univ.-Prof.   101
Hegner, Hansjörg, Dr.   100
Heydrich, Reinhard   76, 77
Heinrich IV., Deutscher Kaiser   30
Heinrich Heribert, Dr.   94
Heinz, Karl, Dr., Univ.-Prof.   111
Hochstetter, Ferdinand von, Dr., Univ.-Prof.   44, 47
Hofer Gustav, Dr., Univ.-Prof.   136
Hoff, Hans, Dr., Univ.-Prof.   55, 154, 192
Hofmann, Gertrude, Dr.   192, 193
Hofmann, Hans, Dr., Univ.-Prof.   139—141, 147, 154
Hohlbaum, Josef, Dr., Univ.-Prof.   76
Holasek, Anton, Dr., Univ.-Prof.   137, 140
Holzer, Wolfgang, Dr., Univ.-Prof.   136, 140
Holzner, J. Heinrich, Dr., Univ.-Prof.   172
Honter(us), Johannes   20
Horak Hans,   42
Hruby, Eugen, Mag., Hofrat   2, 16, 19, 180

Hruby, Johann 2
Hruby Johanna, verehel. Wiesflecker, Dr. 91, 92, 134, 136, 158, 159, 168, 169, 173, 175, 181, 182, 194, 197
Hruby, Karl (Großvater) 2, 34
Hruby, Karl (Vater) 1—4, 6—8, 11—14, 16—20, 26, 32, 33, 99, 100
Hruby, Karl Martin, Dr. 98, 99, 104, 134, 136, 169, 173, 181, 182, 190, 206, 208
Hruby, Michael Andreas, Mag., Prof. 134—136, 169, 172, 181, 182, 209
Hruby, Therese, geb. Zdrahal 1—5, 7, 12, 14—18, 21, 24—27, 33, 88—90, 174, 188
Huber, Konrad 41
Hurdes, Felix, Dr. 110, 112, 113

Innitzer, Theodor, Dr., Kardinal Erzbischof 49

Jagić, Nikolaus von, Dr., Univ.-Prof. 53, 59
Jahn, Dietrich, Dr., Univ.-Prof. 80, 81
Jakobi, Maria 175
Jettmar, Heinrich-Manfred von, Dr., Univ.-Prof. 136
Jonas, Franz, Dr. h. c. 149, 159
Josef II, Römisch-deutscher Kaiser 143, 177
Junger, Franz, Dr., Mag. pharm., Hofrat 146
Jungschaffer, Otto, Dr. 207

Kärcher, Karl Heinz, Dr., Univ.-Prof. 168
Kahr (Katz), Heinrich, Dr., Univ.-Prof. 56, 61
Kaindl, Fritz, Dr., Univ.-Prof. 182
Kálman, Imre 13
Kaltenböck, Karl 58
Karl, Erzherzog von Innerösterreich (1585) 143
Kastner, Gabriele 2
Kemmetmüller, Hermann, Dr., Univ.-Prof. 183
Kerl, Wilhelm, Dr., Univ.-Prof. 49, 63
Klaus, Josef, Dr. 111, 163
Klausing, Friedrich, Dr., Univ.-Prof., Rektor 80
Klausing, Friedrich-Karl 80
Kleinert, Heinz, Dr. 94
Knaus, Hermann, Dr., Univ.-Prof. 75
König, Franz, Dr., Kardinal Erzbischof 155, 163
Königsmark, Anna 2
Köppner-Brausewetter, Gertrude, Dr. 94
Körner, Theodor von, Dr. h. c. 159
Konschegg, Theodor, Dr., Univ.-Prof. 136

Krainer, Josef, Ökonomierat   143, 144
Kraupp, Otto, Dr., Univ.-Prof.   158
Kraus, Herbert, Dr., Univ.-Prof.   154
Kreibig, Wilhelm, Dr., Univ.-Prof.   131
Kreisky, Bruno, Dr.   159
Kretschmer, Ernst, Dr., Univ.-Prof.   195
Krüger, Paul, Dr., Univ.-Prof.   45
Kubik, Jaroslav, Dr., Univ.-Prof.   74
Kurt („Capo im Lager Theresienstadt)   85
Kurz, Leopold, Dr.   94
Kuschinsky, Gustav, Dr., Univ.-Prof.   79
Kutschera, Erich, Dr., Univ.-Prof   94, 133, 139, 147, 151, 183, 194
Kyrle, Martha, Dr.   149
Kyrle, Paul, Dr., Univ.-Prof.   185

Langbehn, Julius   38
Langer, Hans, Dr., Univ.-Prof.   154
Lauber, Hans, Dr., Univ.-Prof.   68, 69
Laudenbach, Karl   46
Leb, Anton, Dr., Univ.-Prof.   137
Lehner, Hans sen. und jun.   13
Lehner, Hedi   13
Lehner, Therese, geb. Hruby   13
Leipert, Theodor, Dr., Univ.-Prof.   45, 140
Lessing, Gotthold Ephraim   36
Ley, Robert   76
Lieb, Hans, Dr., Univ.-Prof.   132, 133, 137, 140
Liechtenstein, Franz Josef II., Fürst von   151
Lindner, Karl David, Dr., Univ.-Prof.   57, 62—64, 66—71, 73, 74, 88, 90, 92, 93, 96, 100—105, 109—111, 114—117, 119, 121—125, 127, 129, 132, 135, 137—139, 141, 142, 149, 153, 154, 156, 157, 191, 200, 209, 215, 243, 244, 248
Link, Rudolf, Dr., Univ.-Prof.   190
Löwi (Loewi), Otto, Dr., Univ.-Prof.   145
Lorenz, Ernst, Dr., Univ.-Prof.   136
Lorenz, Konrad, Dr., Univ.-Prof.   44
Lorenz, Roland, Dr.   94
Lueger, Karl, Dr.   154

Mahler-Lorenz, Johanna, Dr.   94
Manhart, Erich Edler v. Manstein   151
Maresch, Rudolf, Dr., Univ.-Prof.   52
Maria Theresia, Kaiserin   20, 177

Massinger, Franz   2
Maußer, Johann   1
May, Gerhard, D.   142
Mejer, Fritz, Dr., Primarius   94
Meller, Josef, Dr., Univ.-Prof.   45, 56, 57, 64, 65, 124, 128—131, 148, 150
Merté, Hanns-Jürgen, Dr., Univ.-Prof.   161
Meyer-Förster, Wilhelm   40
Meyer-Schwickerath, Gerd, Dr. Dr. h. c., Univ.-Prof.   105
Möse, Josef, Dr., Univ.-Prof.   136
Moritsch, Hans, Dr., Univ.-Prof.   154
Mozart, Wolfgang Amadeus   35
Much, Viktor, Dr.   234
Musger, Anton, Dr., Univ.-Prof.   136, 143, 144

Nagel-Doornick, Josef Freiherr von   8
Navratil, Ernst, Dr., Univ.-Prof.   136
Nestroy, Johann   40
Neurath, Konstantin, Freiherr von   76
Nichorlis, Stergios, Dr.   153, 162, 169
Niese, August   7
Niese, Hansi   7

OFA (rumänische Holzfirma)   22, 25

Pahwa, Jagdish Mitra, Dr., Univ.-Prof.   209
Panhofer, Walter, Prof.   182
Patzelt, Viktor, Dr., Univ.-Prof.   46
Pellischek, Juliana   1
Pernkopf, Eduard, Dr., Univ.-Prof.   47
Peschaut, Stanislaus   3
Pfaffstätter, Franz   38
Pichler, Alexander, Dr., Univ.-Prof.   74
Pick, Peter, Dr., Univ.-Prof.   54, 59, 129, 188
Piffl, Gustav, Dr., Kardinal Erzbischof   34
Piffl-Perčević, Theodor, Dr.   163
Pillat, Arnold, Dr., Univ.-Prof.   57, 67—69, 93, 124, 128, 137, 142, 146, 148, 163
Pirquet, Clemens von, Dr., Univ.-Prof.   54
Pirquet, Silvio von, Dr.   54
Pischel, Kaspar Dohrman, Dr., Univ.-Prof.   96
Pötzl, Otto, Dr., Univ.-Prof.   55, 60
Posner, Adolph, Dr., Univ.-Prof.   106, 207
Pregl, Fritz, Dr., Univ.-Prof.   145

Pricip, Gavrilo 84
Prowázek, Stanislaus von, Dr. 66

Raab, Julius, Ing 159
Ranzi, Egon von, Dr., Univ.-Prof. 53, 54, 168
Ratzenhofer, Max, Dr. Univ.-Prof. 136
Redl, Theodor, Dr. 94
Renner, Alice, Dr. 94
Renner, Karl, Dr. 159
Reuter, Fritz, Dr., Univ.-Prof. 61
Riethmüller, H. U., Dr., Prof. 154
Rieger, Herwigh, Dr., Univ.-Prof. 74, 78, 82, 132
Rigler, Rudolf, Dr., Univ.-Prof. 137
Ritschl, Franz, Dr., Hofrat 146
Rössle, Robert, Dr., Univ.-Prof. 208
Rössler, Richard, Dr., Univ.-Prof. 54
Rohen, Johannes W., Dr., Univ.-Prof. 199
Roosevelt, Franklin Delano 160
Rosas, Anton von, Dr., Univ.-Prof. 148
Rothberger, Carl Julius, Dr., Univ.-Prof. 55
Rotter, Hans, Dr., Primarius 94
Roy, B. G., Dr. 104, 114, 118
Rudolf IV., der Stifter 163
Rühl, Arthur, Dr., Univ.-Prof. 75, 77, 189

Šafař, Karl, Dr., Univ.-Prof. 102, 105, 124, 131
Sallmann, Ludwig von, Dr., Univ.-Prof. 123, 127—129
Salzmann, Maximilian, Dr., Univ.-Prof. 68, 69, 129
Sato, Totumo, Dr. 246
Sauerbruch, Ferdinand, Dr., Univ.-Prof. 208
Sautter, Hans, Dr., Univ.-Prof. 123, 163
Schärf, Adolf, Dr. 143, 144, 149, 159, 163
Schärpe, Ferry, Dipl.-Ing. 151
Schaffer, Josef, Dr., Univ.-Prof. 46
Schenk, Heinz, Dr., Univ.-Prof. 183, 197
Scherbaum, Gustav, Dipl.-Ing. 144
Schierer, Karl 34
Schindler, Elfriede, verehel. Hruby 38, 50, 51, 71, 91, 92, 100, 134, 167—169, 172, 173, 179
Schindler, Emil 51, 71, 72
Schindler, Maria 50, 51, 72, 99
Schlegel, Hans-Joachim, Dr., Univ.-Prof. 131
Schlögl, Hans, Dr. 28
Schnabel, Isidor, Dr., Univ.-Prof. 69, 148

Schneider, Rudolf, Dr., Univ.-Prof.   129, 130, 132
Schönbauer, Leopold, Dr., Univ.-Prof.   92, 132, 154, 168
Schoiswohl, Josef, Dr., Diözesanbischof   143
Schumann, Franz   2
Schwab, Gustav, Dr.   23
Schwab, Franz, Dr., Univ.-Dozent   147, 166, 207
Schweidler, Egon Ritter von, Dr., Univ.-Prof.   45
Seefelder, Richard, Dr., Univ.-Prof.   68, 69
Semmelweis, Ignaz, Dr., Univ.-Prof.   148
Sen, Kiron, Cpt.   114
Siegl, August, Dr.   86
Simon-Bauer, Senta, Dr.   94
Singh, Baldev   153, 210
Sinowatz, Fred, Dr.   158
Skoupil, Jaroslav   7
Skoupil, Karl   7
Slezak, Hans, Dr., Univ.-Prof.   157, 158, 182
Smekal, Adolf, Dr., Univ.-Prof.   137
Smith, Henry, Cpt.   106
Spath, Franz, Dr., Univ.-Prof.   136, 143, 144
Spieker, Herbert   80, 87, 88
Spiller, Heinrich, Dr.   94
Stangler-Zuschrott, Elfriede, Dr., Univ.-Dozent   183
Stellwag, Carl von Carion, Dr., Univ.-Prof.   148
Stepanik, Josef, Dr., Univ.-Prof.   94, 124, 156, 167
Stifter, Adalbert   27
Strauß, Kurt, Dr., Univ.-Prof.   76
Streiff, Bernardo, Dr., Univ.-Prof.   167
Stroh, Luise, verehel. Lindner   67, 125
Sturminger, Walter, Dr., Sekt.-Chef   138
Subal, Elisabeth, Dr.   94
Szatmári, Ferenc   23

Tandler, Julius, Dr., Univ.-Prof.   44
Tappeiner, Josef, Dr., Univ.-Prof.   186
Tatiček, Franz   46
Teller, Julius, Dr.   51
Thavonat, Baron von   2
Thiel, Ladislaus, Dr., Min.-Rat   138
Thiel, Rudolf, Dr., Univ.-Prof.   131
Thiel, Walter, Dr., Univ.-Prof.   137, 144
Tilde, Operationsschwester   114, 117, 119
Tinti, Hugo, Freiherr von   8
Tinti, Karl Ferdinand, Baron von   8

Tinti, Karl Wilhelm, Freiherr von   8, 12
Tinti, Henriette, Baronin von   10
Trauner, Richard, Dr., Univ.-Prof.   136
Trapp, Leo Maria   30, 37, 179
Truman, Harry   160

Van-Eicken, Carl, Dr., Univ.-Prof.   79
Velhagen, Karl, Dr., Univ.-Prof.   201
Volkmann-Leander, Richard von   135

Wagner, Julius Ritter von Jauregg, Dr., Univ.-Prof.   55, 145
Wagner, Richard   205
Waldmüller, Georg Ferdinand   27
Watzka, Maximilian, Dr., Univ.-Prof.   79
Weibel, Wilhelm, Dr., Univ.-Prof.   55
Weigelin, Erich, Dr., Univ.-Prof.   152
Weinstein, Fausta   208
Weinstein, Samson, Dr.   208
Weiß, Hanns, Dr.   152
Weißkind, Sepp   112
Weninger, Rosalia verehel. Hruby   2, 100
Werkgartner, Anton, Dr., Univ.-Prof.   136
Weve, H. J. M., Dr., Univ.-Prof.   102, 105
Wiesflecker, Heinrich, Dr.   169, 195
Wiesflecker, Johanna, Dr. (siehe Hruby, Johanna, Dr.)
Wilhelm, Erich, Prof., Superintendent   175
Wirth, Josef Otto, Dr.   39, 40, 50
Wrba, Heinrich, Dr., Univ.-Prof.   172

Zawisch-Ossenitsch, Carla von, Dr., Univ.-Prof.   137, 192
Zdrahal, Auguste   1, 2, 5, 15, 21
Zdrahal, Franz   1
Zdrahal, Karoline   26, 27
Zdrahal, Therese (siehe Hruby, Therese)
Zdrahal, Wilhelm   25, 26, 27
Zehetbauer, Georg, Dr., Primarius, Univ.-Prof.   158, 159
Zettl, Wolfgang, Dr.   74
Zirnig, Josef   32
Zwanzger, Hans, Dr.   38
Zwiauer, Alfred, Dr., Primarius   112

Literaturverzeichnis

DITFURTH, H. von: Der Geist fiel nicht vom Himmel. Die Evolution unseres Bewußtseins. Verlag Hofmann & Campe, Hamburg, 1981.

FELLNER, R. und HÖFLECHNER, W.: Die Augenheilkunde an der Universität Graz. Publikationen aus dem Archiv der Universität Graz. Band 2. Akademische Druck- und Verlagsanstalt Graz — Austria, 1973. Festschrift zur Hundertjahrfeier der Grazer Medizinischen Fakultät. Universitäts-Buchdruckerei Styria, Graz, 1963.

FEUCHTMÜLLER, R. (Herausgeber): Schloß Schallabrug, N. Ö. Pressehaus, St. Pölten — Wien, 2. Auf. 1975.

FIRNBERG, H.: Zur Lage und Zukunft der Universitäten und Hochschulen in Österreich. Österr. Hochschulzeitung 34, Nr. 1/2, S 1. (1982).

FUCHS, E.: Wie ein Augenarzt die Welt sah. Urban & Schwarzenberg, Wien, 1946.

FUCHS, E.: Lehrbuch der Augenheilkunde. 18. Auflage, Deuticke, Wien, 1945.

HRUBY, K.: Über eine wesentliche Vereinfachung der Untersuchungstechnik des hinteren Augenabschnittes im Lichtbüschel der Spaltlampe. Graefe Arch. Ophthal. 143, 224 (1941).

HRUBY, K.: Spaltlampenmikroskopie des hinteren Augenabschnittes. Urban & Schwarzenberg, Wien. 1950.

HRUBY, K.: Klinische Untersuchungen zur Entstehung von Netzhautrissen und Netzhautlöchern. Spaltlampenmikroskopie des hinteren Augenabschnittes. Graefe Arch. Ophthal. 147, 364 (1944). — Van-Eicken-Preis 1944.

HRUBY, K.: Prospects and Limitations of the Combined Operation for Retinal Detachment. Concilium Ophthalmologicum XVII, 412, New York (1954).

HRUBY, K.: Die bedrohlichen Erkrankungen des Auges. Urban & Schwarzenberg, München, 1961.

HRUBY, K.: Über die Grenzen der Augenheilkunde. Antrittsvorlesung in Graz am 24. Oktober 1955. Wien. Klin. Wschr. 68, 598 (1956).

HRUBY, K.: Die Erforschung des Glaskörpers. Antrittsvorlesung in Wien am 9. März 1964. Wien. klin. Wschr. 76, 353 (1964).

HRUBY, K.: Slitlamp Examination of the Vitreous and Retina. Übersetzt von A. Posner. Verlag Williams & Wilkins, Baltimore, USA. 1967.

HRUBY, K.: Kurze Augenheilkunde. Urban & Schwarzenberg, München. 5. Aufl., 1979.

LINDNER, K.: Die Bestimmung des Astigmatismus durch die Schattenprobe mit Cylindergläsern. Berlin 1927.

LINDNER, K.: Lehrbuch der Augenheilkunde. Urban & Schwarzenberg, Wien, 1952.
MUCH, V.: Latein sollte die erste Fremdsprache sein. „Die Presse", Spectrum II, Tribüne der Leser. 13./14. März 1982.
„Observator": Österreichs hohe Schulen und ihre Hausberufungen. Mitbestimmung laut UOG als Mittel zur Zementierung verfilzter Strukturen. „Die Presse", Kommentar und Reportage. 10. Febr. 1982, S. 3.
„Die Presse": Uni gegen „chauvinistische Berufungen" Deutschlands, Eigenbericht. 12. März 1982, S. 4.
STURMINGER, W.: Die Türken vor Wien in Augenzeugenberichten. R. Rauch Verlag Wien. Jahresgabe d. Wr. Bibliophilen-Gesellschaft 1969.
Universitäts-Organisationsgesetz (UOG): Bundesgesetz vom 11. April 1975, BGBl. Nr. 258.
WITZMANN, E.: Firnberg: Trübe Aussichten für Studenten, „Privilegien der Akademiker werden fallen". Eigenbericht der „Presse", 11. März 1982, S. 4.
ZILLICH, H.: Siebenbürgen. Ein abendländisches Schicksal. Die blauen Bücher. Verlag H. Köster, Königstein/Taunus.

Kurze Erklärung im Text vorkommender medizinischer Fachausdrücke

Adaptometrie: Bestimmung der Adaptation, d. i. der Fähigkeit des Auges, sich verschiedenen Helligkeitsgraden anzupassen. Gestörte Dunkelanpassung bedingt „Nachtblindheit".

Aderhaut: Mittlere, gefäßhaltige Augenhaut, die außen von der weißen Lederhaut begrenzt wird, innen schmiegt sich die Netzhaut mit den Sinneszellen an.

Aderhautentzündung: In der Aderhaut können an verschiedenen Stellen und in wechselndem Grade Entzündungsherde auftreten; die Behandlung richtet sich nach der Ursache, die allerdings nicht immer eindeutig geklärt werden kann.

Allergie: Angeborene oder erworbene Überempfindlichkeit gegen bestimmte Stoffe (Allergene), z. B. erzeugen Graspollen bei manchen Menschen „Heufieber"; es gibt allergische Reaktionen gegen Lebensmittel, Medikamente u. a. m.

Antibiotika: Von Lebewesen (z. B. Schimmelpilzen) gebildete Stoffe, welche die Entwicklung anderer Lebewesen hemmen oder diese töten. Antibiotika dienen zur Bekämpfung von Krankheitserregern (z. B. Penicillin).

Antidepressiva: Arzneimittel gegen psychische Verstimmung (Depression).

Appendektomie: Operative Entfernunng des Wurmfortsatzes („Blinddarmoperation").

Arteriosklerose: Mit zunehmendem Alter fortschreitende krankhafte Ablagerungen an den Gefäßwänden mit Verhärtung und Einengung des Gefäßlumens.

Asthenopie: Augenbeschwerden.

Astigmatismus (Stabsichtigkeit): Refraktionsanomalie des Auges, bedingt durch aspährische Krümmung der brechenden Medien (Hornhaut, Linse). Regelmäßiger Astigmatismus: die Krümmungsanomalien folgen bestimmten Regeln: Brillenkorrektur mit Zylindergläsern. Der irreguläre Astigmatismus wird zumeist durch Unebenheiten der Hornhautoberfläche bedingt; eine Verbesserung der reduzierten Sehschärfe ist nur mit Kontaktgläsern möglich.

Atropin: 1% Tropflösung bewirkt eine anhaltende Erweiterung der Pupille mit Lähmung des Ziliarmuskels, mit dem die optische Einstellung des Auges (Ferne-Nähe-Ferne) willkürlich verändert werden kann (Akkommodationslähmung). — Erweiterung der Blutgefäße, daher therapeutische Anwendung in Form von augennahen Injektionen beim zystoiden Ödem der Netzhautmitte. — Atropin ist giftig, Dosierung streng beachten.

Billroth II: Eine von Prof. Billroth in Wien eingeführte Methode der Magenresektion.

Biochemie: Lehre von der chemischen Zusammensetzung der Lebewesen und von den chemischen Vorgängen im gesunden und kranken Körper.

Biomikroskopie: Mikroskopische Untersuchungen am lebenden Auge mit Hilfe der „Spaltlampe".

Chemotherapie: Medikamentöse Behandlung mit chemisch aktiven Substanzen.

Chloroform: Trichlormethan; wurde früher zur Inhalationsnarkose verwendet, ist aber heute wegen seiner Giftigkeit nicht mehr im Gebrauch.

Cortison (Kortison): Eines der vielen Hormone der Nebennierenrinde, wirksames Medikament gegen Entzündungen aller Art, besonders bei solchen „rheumatischer" Natur. In der Augenheilkunde wird C. sowohl lokal (Tropfen, Salben) als auch in Form von Tabl. und Injektionen verwendet.

Depression: Psychische Verstimmung mit Antriebslosigkeit; Selbstmordgefahr.

Dermoid: Gutartige Hautgeschwulst.

Diabetes mellitus: „Zuckerkrankheit"; komplexe Stoffwechselkrankheit mit erhöhtem Blutzuckerspiegel und Zuckerausscheidung im Harn. Spätkomplikationen: Gefäßanomalien der Netzhaut mit Blutungen, arterieller Hochdruck, Nierenstörungen. Bei letalem Ausgang Tod im Koma. Bei entsprechender diätetischer und medikamentöser „Einstellung" des Zuckerhaushalts gute Prognose; Augenkomplikationen können wirksam behandelt werden (Lichtkoagulation, Vitrektomie).

Digitalisierung: Kummulation der im „Fingerhut" vorhandenen Herzgifte in entsprechender Dosierung zwecks Stärkung des Herzmuskels.

Duodenum: Zwölffingerdarm, schließt unmittelbar an den Magenausgang (Pylorus = Pförtner) an.

Dynamometrie: Messung des arteriellen Blutdrucks in der Zentralarterie des Auges. — Dynamographie: Aufzeichnung des Ablaufs der erwähnten Druckverhältnisse.

EKG: Elektrokardiogramm. Ableitung der Herzstromkurve zwecks diagnostischer Beurteilung der Herztätigkeit.

Elektronen-Mikroskopie: Verfahren zum Studium feinster Strukturen, die im Lichtmikroskop nicht sichtbar sind.

Elektrokoagulation: Therapeutisches Erhitzen von Gewebestrukturen mittels Diathermie-Elektroden; eine der ersten Methoden zum Verschluß von Netzhautrissen zwecks Heilung der Netzhautablösung.

Elektromyographie: Ableitung der bei Muskelaktionen ablaufenden elektrischen Potentiale zu diagnostischen Zwecken.

Elektrophysiologie: Jener Teil der Physiologie, der sich mit elektrischen Vorgängen befaßt. Die von Lebewesen erzeugten Ströme entstehen bei vielen Lebensvorgängen (siehe z. B. EKG).

ERG: Elektroretinogramm. Aufzeichnung elektrischer Potentiale, die von der belichteten Netzhaut ausgehen, zu diagnostischen Zwecken.

Endocard: Innerste Herzhaut einschließlich der Herzklappen.

Endocarditis lenta: Bakteriell verursachte Entzündung des Endocards und der Herzklappen mit ernster Prognose.

Enzymatische Zonulolyse: „Auflösung" der Aufhängefasern der Linse am Strahlenkörper zwecks Erleichterung ihrer Entbindung bei der Operation des grauen Stars.

Epidemische Bindehautentzündung: Virogene, einzeln oder gehäuft auftretende, sehr ansteckende akute Bindehautentzündung; bei Befall der Hornhaut entstehen zarte, runde Trübungsherde (Nubeculae), die das Sehvermögen vorübergehend beeinträchtigen können. Symptomatische Therapie mit Cortison-Tropfen + Antibiotikum.

Exostosen: Auswüchse der Knochen, die zu Störungen Anlaß geben können (siehe Zervikalsyndrom).

Exsudative Rippenfellentzündung: Entzündung des Rippenfells mit entzündlichem Erguß zwischen Lunge und Brustwand.

Farbenanomaloskop: Gerät zur Testung der Farbentüchtigkeit (Kraftfahrer, fahrendes Personal d. Eisenbahn etc.), insbesondere der als Signallichter verwendeten Farben Rot und Grün.

Fissura calcarina: Sehzentrum der Großhirnrinde im Hinterhauptslappen.

Fluoreszenz-Angiographie: Darstellung der Netzhautgefäße und deren Durchströmung mit Hilfe intravenöser Injektion eines Farbstoffs. Während der Untersuchung werden die einzelnen Phasen der Durchströmung des Fluoreszeins filmartig festgehalten und schließlich analysiert.

Fokalinfekton: Durch ein entzündliches Herdgeschehen im Körper (Tonsillen, beherdete Zähne) an entfernten Stellen (Streuung) verursachte entzündliche Prozesse, die auch im Auge auftreten können.

Frühjahrskatarrh: Allergische Entzündung der Augenbindehaut während der warmen Jahreszeit; spricht gewöhnlich gut auf lokale Behandlung mit Cortison an.
Fungizide: Medikamente gegen Pilzinfektionen.

Gefäßhaut: Siehe Aderhaut.
Gerontologie: „Alterskrankheiten" als medizinisches Fachgebiet.
Glaskörper: Gallertige Substanz, welche die große Augenkammer im hinteren Augenabschnitt ausfüllt.
Glaskörperabhebung: Im kurzsichtigen sowie im alternden Auge löst sich der Glaskörper oft von seiner Unterlage (Netzhaut etc.) ab und kollabiert. Symptomatik: „fliegende Mücken", Blitze in der äußeren Peripherie des Gesichtsfeldes. Manche Fälle von Glaskörperabhebung verursachen im Zusammenwirken mit degenerativen Veränderungen der Netzhautperipherie Netzhautrisse und in deren Gefolge eine Netzhautablösung.
Glaukom: Intraokulare Drucksteigerung in verschiedenen Varianten (akut, chronisch, Sekundär-Glaukom). Ohne medikamentöse oder operative Normalisierung des i. o. Druckes führt des Glaukom („grüner Star") durch Sehnervenatrophie zur Erblindung.
Gonoblennorrhö: Augentripper, akute eitrige Bindehautentzündung mit Gefährdung der Hornhaut, verursacht durch Infektion mit Gonokokken „auf feuchtem Wege". Vorbeugung bei Neugeborenen durch Eintropfen einer Lösung von Silbernitrat (Credé'sche Prophylaxe). Wirksame Therapie durch lokale Anwendung von Antibiotika. Heutzutage selten.
Grauer Star: Trübung der Augenlinse mit entsprechender Herabsetzung der Sehschärfe. Häufigste Form ist der Altersstar. Durch Operation kann das Sehvermögen wiederhergestellt werden.

Herpes virus hominis: Erreger der sogen. „Fieberbläschen" an Lippen (oder Genitale). Auch die Hornhaut des Auges kann betroffen werden. Therapie: lokale Anwendung von Virostatika.
Histologie: Mikroskopische Anatomie, Gewebelehre.
Histoplasmose: In den USA vorkommende Entzündung im hinteren Augenabschnitt, verursacht durch Infektion mit Protozoen.

Infantiler grauer Star: Trübung der Augenlinse im Kindesalter. Therapie: Operation.
Intrakapsuläre Staroperation: Operative Entfernung der trüben Linse einschließlich der Linsenkapsel, so daß kein „Nachstar" verbleibt bzw. sich späterhin bildet.
Invaginationsileus: Darmverschluß durch Einstülpung eines Darmabschnittes in einen folgenden erschlafften Teil. Therapie: Operation.

Immunosuppression: Medikamentöse Bekämpfung autoimmunologischer Prozesse, die Entzündungen im Organismus auslösen oder unterhalten.

kardial: Das Herz betreffend (z. B. Herzschwäche = kardiale Insuffizienz).

Keratitis nummularis (Dimmer): Vermutlich virogen bedingte, in Form multipler Herde auftretende Entzündung der Hornhaut; vorwiegend bei der Landbevölkerung zur Zeit der Getreideernte auftretend. Therapie: lokal Cortison + Antibiotikum.

Keratokonus: Kegelförmige Verkrümmung der Hornhaut mit irregulärem Astigmatismus und Kurzsichtigkeit. Therapie: anfangs Kontaktgläser, später Hornhautüberpflanzung.

Keratomileusis: Operative Änderung der Brechungsverhältnisse der Hornhaut auf Grund entsprechender Berechnungen mittels Computers.

Keratoplastik: Hornhautüberpflanzung.

Kontaktglas: Haftschalen zwecks Korrektur verschiedener Refraktionsfehler des Auges.

Komputer: Refraktionsbestimmungen an fehlsichtigen Augen mit anschließender Brillenverordnung können mit Hilfe entsprechender Komputer (auch von einer angelernten Hilfsperson) vorgenommen werden.

Kortison: Siehe Cortison.

Kryopexie: Kältekoagulation als therapeutische Maßnahme (z. B. Verschluß von Netzhautrissen bei Fällen von Netzhautablösung).

Kurzsichtigkeit: Meist bedingt durch „Langbau" des Auges (Achsenmyopie) bei normaler Hornhaut und Linse; oder verursacht durch zu starke optische Brechung von Hornhaut (z. B. Hornhautkegel) oder Linse (beginnender Kernstar). Korrektur mit konkaven Brillengläsern.

Laparotomie: Operative Eröffnung der Bauchhöhle.

Laserkoagulation: Hitzekoagulation mittels gebündelten Lichts (z. B. zum prophylaktischen Verschluß von Netzhautrissen ohne -ablösung; Therapie diabetischer Netzhautanomalien).

Leberbiopsie: Entnahme eines Stückes lebenden Lebergewebes zwecks mikroskopischer Untersuchung (z. B. Feststellung von Lebermetastasen bei Krebskranken).

Leptospirose: Durch Leptospiren, die zur Gattung der Spirochäten gehören, verursachte Augenentzündung. Hierzulande sehr selten.

Lichtkoagulation: ähnlich der Laserkoagulation.

manisch: an Manie leidend; häufig abwechselnd mit depressiven Phasen.
Mastopathia chron. cystica: gutartige Gewerbsanomalie der weiblichen Brustdrüse; kann in späteren Jahren in Brustkrebs übergehen.
Melanoblastom: bösartige Pigmentgeschwulst, die auch im Bereiche des Auges vorkommen kann.
Metastasen: Tochtergeschwülste bei Krebsleiden (z. B. in der Leber, Lunge, etc.)
moribund: sterbender Patient.
Myocarditis: Entzündung des Herzmuskels (meist rheumatisch).

Natriumhyaluronat: Natriumsalz der Hyaluronsäure; geeignete visköse Lösungen können zur Auffüllung des Auges in der Chirurgie der Netzhautablösung verwendet werden.
Netzhaut: innere Augenhaut, welche die Sinneszellen enthält; Untersuchung mit einem Augenspiegel oder an der Spaltlampe möglich.
Netzhautablösung: siehe Glaskörperabhebung.
Netzhautdegeneration (der Mitte): vorwiegend im Alter auftretender destruktiver Prozeß, der das zentrale Sehen (Lesen) beeinträchtigt, die Netzhautperipherie aber nicht ergreift (gute Orientierung). Therapie problematisch.
Netzhautentartung: verschiedene Prozesse (erblich, senil etc.), die zu Sehstörungen führen. Therapie je nach Lokalisation und Art.
Neurolepsin: Antidepressivum.
Noveril: Antidepressivum zur intravenösen oder oralen Therapie.

Ophthalmo-Dynamometrie: siehe Dynamometrie.
Ödem, zystoides, der Netzhautmitte: spezifisches Krankheitsbild mit wechselnden Ursachen; Störung des zentralen Sehens (Lesen). Therapie: Injektion gefäßerweiternder Mittel nächst dem Auge (Priscol, Atropin).
Orthoptistin: Augenärztliche Hilfskraft, die sich vorwiegend mit der Diagnostik und Therapie von Augenmuskelstörungen (Schielen) befaßt.

Patho-histologische Untersuchung: mikroskopische Untersuchung krankhaft veränderten Gewebes.
Physikalische Therapie: Behandlung mit physikalischen Mitteln (Licht, Wärme, Elekrizität etc.)
Pemphigus: diffuse Entzündung und Schrumpfung der Augenbindehaut mit Eintrübung der Hornhaut; therapieresistent.
Penicillin: ein aus Schimmelpilzen der Gattung Penicillium (Pinselschimmel) gewonnenes Antibiotikum.

Pericarditis exsudativa: Herzbeutelentzündung mit serösem Erguß.
Perimetrie: Untersuchung des Gesichtsfeldes.
Placenta: Mutterkuchen.
Priscol: Arzneimittel mit gefäßerweiternder Wirkung; Tropfen, Tbl., Inj.
Psychopharmaka: Arzneimittel mit antidepressiver, stimulierender, sedativer, anxiolytischer oder ähnlicher Wirkung.
Pyknischer Konstitutionstyp: breite, runde Körperformen mit Neigung zur Fülle (nach Kretschmer).

Refraktion: optische Einstellung des Auges bei Akkommodationsruhe; abhängig von der Achsenlänge des Auges und der Brechkraft der optischen Medien.
Refraktionsbestimmung: objektiv mittels Komputers, Schattenprobe oder Refraktometers; subjektiv mittels Brillenprobe.
Regenbogenhaut (Iris): vorderster Abschnitt der Gefäßhaut des Auges mit heller (blaues Auge) oder dunkler Färbung.
Retinitis pigmentosa: Erbkrankheit; fortschreitende Entartung der Netzhaut mit Pigmenteinwanderung und zunehmender Funktionsstörung.
Retinoblastom: bösartige, von der Netzhaut ausgehende Geschwulst bei Kleinkindern.

Silastik: elastischer Kunststoff, zur „Plombenoperation" bei Netzhautablösung verwendet.
Skotometrie: Bestimmung inselförmiger Gesichtsfeldausfälle (Skotome).
somatisch: körperlich; Gegensatz zu psychisch.
Stabsichtigkeit: siehe Astigmatismus.
Stereoskopie: normales beidäugiges, räumliches (plastisches) Sehen.
Strahlenkörper: Teil der Gefäßhaut des Auges zwischen Iris und Aderhaut. Der Vorderteil des Strahlenkörpers trägt radiäre Fortsätze und bildet das Kammerwasser. Am Strahlenkörper verankert sind ferner die Aufhängefasern der Linse. Ein ringförmiger Muskel ermöglicht die Akkommodation (siehe auch Atropin).

Tonometrie: Messung des intraokularen Druckes mit einem Tonometer.
Tonographie: kontinuierliche Aufzeichnung der Druckverhältnisse während eines Zeitraums von einigen Minuten.
Trabekulotomie: mikrochirurgischer Eingriff bei Glaukom, wobei das Netzwerk der Abflußwege im Kammerwinkel in einem sektorenförmigen Bereich durchtrennt wird, um den Abfluß des Kammerwassers zu erleichtern.
Trachom (ägypt. Augenentzündung, Körnerkrankheit): eine mit Follikelbildung einhergehende ansteckende Entzündung der Bindehaut;

Erblindungsgefahr durch Bindehautschrumpfung und Befall der Hornhaut. Durch lokale Behandlung mit Antibiotika heilbar; Reinfektion möglich!

Trockenes Auge: durch verminderte Tränensekretion verursachte Entzündung des vord. Augenabschnittes. Therapie: Dauerbehandlung mit viskösen Tropfen, ev. Verödung der Tränenkanälchen mittels Glühschlinge.

Tuberkulin: aus der Nährflüssigkeit von Tuberkulosebakterien-Kulturen gewonnene Flüssigkeit (Alt-Tuberkulin) für diagnostische Zwecke. Neu-Tuberkulin aus getrockneten Bakterien wird nicht mehr verwendet.

Tuberkulose: durch Tuberkelbazillen verusachte Infektionskrankheit mit Knötchenbildung (Tuberkel). Lungentuberkulose = Schwindsucht. Tuberkulöse Entzündungen im Bereich der Gefäßhaut des Auges kommen vor, sind heute aber selten.

Übersichtigkeit: Refraktionsanomalie des Auges, die zu einer Überbeanspruchung der Akkommodation (akkommodative Asthenopie) führt; Brillenkorrektur mit Konvexgläsern.

Ultraschall-Echographie: Diagnostisches Verfahren mittels reflektierter Ultraschallwellen.

Virosen: durch Infektion mit Viren verursachte Krankheiten.

Virostatika: Arzneimittel zur Bekämpfung von Virosen.

Virus: kleinste Krankheitserreger mit sehr komplexem Verhalten im Wirtsorganismus.

Vitrektomie: operative Entfernung des krankhaft veränderten (z. B. durchbluteten) Glaskörpers und Ersatz desselben durch eine geeignete Flüssigkeit. — Vordere V.: Entfernung des krankhaft veränderten Glaskörpers durch die Pupille nach Entfernung der Linse. — V. via pars plana: Einführung des Vitrektomiegerätes im Bereich des glatten, hinteren Teils des Strahlenkörpers.

Weitsichtigkeit (Alterssichtigkeit): mit fortschreitendem Alter abnehmende Akkommodationsbreite; Brillenkorrektur.

Zervikalsyndrom: durch Veränderungen der Halswirbelsäule (Exostosen) bedingte komplexe Symptomatik (Kopfschmerzen, Schwindel etc.)

Zoster (Gürtelrose): Virose mit gruppenweiser Bläschenbildung an der Haut, begleitet von starken neuralgischen Schmerzen, die lange anhalten können. — Zoster ophthalmicus: Augenkomplikationen bei Befall des 5. Hirnnerven (N. trigeminus).

Zyklothymer Charakter: schwankende, manisch-depressive Stimmungslage; meist bei Pyknikern.

MEILENSTEINE DER WIENER MEDIZIN
Große Ärzte Österreichs in drei Jahrhunderten
Von ERNA LESKY

Große medizinische Denker und Forscher waren mit der Wiener medizinischen Schule verbunden: Sigmund Freud, Richard Krafft-Ebing, Julius Wagner-Jauregg, Ignaz Semmelweis, Carl von Rokitansky und Johann Peter Frank, um nur einige zu nennen. Erna Lesky stellt in diesem Buch nicht nur ihren jeweiligen Beitrag zur Weltmedizin dar; sie versucht vielmehr das soziokulturelle Ambiente zu durchleuchten, in dem diese Leistungen aus der Metropole eines Vielvölkerstaates erwuchsen. Die Kontakte der Ärzte zum Hofe wie zum Arbeiter in der Ziegelfabrik werden unter geschickter Verwendung von Autobiographischem Material unmittelbar lebendig. Neben der Ringstraßenpracht und ihren arrivierten Ärzten erleben wir auch die Kehrseite dieser Pracht, das Elend der Tuberkulose und Geschlechtskrankheiten, dem der Armenarzt in den Massenquartieren von Ottakring und anderen Armenvierteln gegenübersteht.

Erna Lesky hat es verstanden, nicht nur das große medizinische Panorama der Hör- und Operationssäle neben das soziale zu stellen. Als beide versöhnenden und verbindenen Geist hat sie die Wiener Musik in ihre Darstellung eingebracht. Ist sie doch seit Auenbruggers und van Swietens Zeiten mit der Wiener Medizin einen ebenso dauerhaften wie vielfältigen Bund eingegangen. Eine fesselnde Medizingeschichte eigener Art bietet sich hier an, die nicht nur vom Arzt mit größtem Interesse gelesen werden wird.

Durch seine anspruchsvolle und großzügige Ausstattung ist dieses Werk das ideale Geschenk für jeden an der Medizin Interessierten, es sollte in keiner Ärztebibliothek fehlen.

Der repräsentative Bildband ist in Kunstleder gebunden und hat ca. 200 größtenteils farbige Abbildungen auf 251 Seiten.

Preis: öS 980,—

VAN SWIETENS ERBE
Die Wiener Medizinische Schule heute — in Selbstdarstellungen
Von KARL H. SPITZY und INGE LAU

Die großen Leistungen und Erfolge der österreichischen Ärzte in drei Jahrhunderten wurden durch das prächtige Werk Erna Leskys „Meilensteine der Wiener Medizin" in Erinnerung gebracht. Die begeisterte Resonanz, die dieses Buch fand, zeigte das große Interesse, nicht nur der Fachwelt, an der Entwicklung der Medizin. So stellte sich fast zwangsläufig die Frage nach der Effizienz der heutigen Medizin in Österreich. Gibt es noch eine Wiener Medizinische Schule? Wenn ja, was sind ihre Erfolge und ihre Ziele?

Diese Fragen kann ein Medizinhistoriker kaum beantworten, deshalb wurden 45 hervorragende Vertreter der Wiener medizinischen Fakultät vom Präsidenten der Gesellschaft der Ärzte in Wien und Ordinarius für Chemotherapie, Professor Dr. Karl H. Spitzy und einer erfahrenen Journalistin, Ingeborg Lau, der ehemaligen Pressereferentin des Wiener Gesundheitsstadtrats, über die aktuelle Entwicklung auf ihrem jeweiligen Fachgebiet befragt. Das Ergebnis dieser Selbstdarstellungen ergab eine überaus interessante, mit informativem Bildmaterial ausgestattete Bestandsaufnahme der Wiener Medizinischen Schule von heute und ihrem Weg aus den vorigen in die nächsten Jahrzehnte.

Ein repräsentativer Bildband, die faszinierende „Pflichtlektüre" für jeden an der Medizin Interessierten.

Kunstleder gebunden, 408 Seiten, mit 170 größtenteils farbigen Abbildungen.

Preis: öS 1.280,—

Bei gleichzeitiger Bestellung von Lesky „Meilensteine der Wiener Medizin" und Spitzy—Lau „Van Swietens Erbe" gilt ein um öS 500,— ermäßigter Serienpreis von öS 1.760,—, für beide Bände

Verlag Wilhelm Maudrich, Wien—München—Bern

S 6/31/64
S.53 E/S.54 Pin.
S.144
S.166 ?